KB260564

돈의 열두 가지 얼굴

The Twelve Faces of Money:
A Humanistic Journey to Money and Happiness
By Ryoo Sang Chul, Park Jongho and Jung Taekwan

Published by Hangilsa Publishing Co. Ltd., Korea, 2026

돈의 열두 가지 얼굴

당신의
행복을 위한
돈의 인문학

류상철
박종호
정태관

한길사

그래서 돈이란 도대체 무엇인가

• 프롤로그

나는 한국은행에서 36년을 일했다. 국제금융국, 금융안정국, 은행감독원 등을 거치며 돈의 흐름이 경제에 어떤 파장을 일으키는지 목격했다. 내 손끝에서 돈은 정교한 통계이자 관리해야 할 지표였으며, 시스템 안에서 통제할 수 있는 대상이었다.

하지만 2023년, 정년퇴직하고 남대문로의 한국은행 본관을 나서는 순간 너무나도 평범한 질문 하나가 나를 멈춰 세웠다.

"그래서, 돈이란 도대체 무엇인가?"

가장 쉬운 질문이었지만, 동시에 가장 답하기 어려운 질문이었다.

평생을 돈과 함께했지만 정작 나는 돈의 겉모습만 만지고 있었을 뿐 그 속내를 제대로 들여다본 적이 없었다. 교과서에 나오는 '교환의 매개'나 '가치의 저장' 같은 건조한 정의로는 설명되지 않는, 돈의 진짜 얼굴이 궁금했다.

이 책은 그 대답을 찾기 위한 기록이다.

시작은 거창하지 않았다. 독서 모임 '트레바리'의 뒤풀이 자리, 가볍게 오고 간 대화가 불씨가 되었다. 정통 경제학자인 내가 뼈대를 세우면, 현장의 금융 실무자와 인문학적 시선을 가진 공학도가 살을 붙이기로 했다. 그렇게 서로 다른 배경을 가진 세 사람이 돈의 실체를 파헤치기 위해 머리를 맞댔다.

우리는 1년여간 매주 토요일 오전에 모여 세 시간씩 토론했다. 경제학 원론의 이론이 현실의 욕망과 충돌할 때마다 우리는 치열하게 논쟁했고, 그 파편들을 맞춰가며 돈의 열두 가지 속성을 찾아냈다.

우리는 이 열두 가지 얼굴을 삶의 순서에 맞춰 네 단계로 정리했다.

이야기의 시작은 돈의 본질이다. 톨킨의 소설 『반지의 제왕』처럼 욕망을 증폭시키는 '인격', 기록되지 않으면 사라지는 '기억', 돈과 맞바꾸는 '시간'의 속성을 먼저 들여다본다.

이어지는 장에서는 돈이 세상에서 작동하는 원리를 다룬다. 가격과 구별되는 '가치'의 의미, '신뢰'라는 허구가 경제를 지탱하는 방식, 관계를 확장하는 '교환'의 본질을 살핀다.

중반부에서는 돈의 도구들을 마주한다. 기회를 여는 '레버리지'와 감당해야 할 무게인 '부채', 경제의 혈액인 '유동성'이 만드는 파도에 대해 논한다.

그리고 마침내, 이 모든 논의는 우리의 삶으로 귀결된다. 돈을 버는 행위인 '일'과 우리가 궁극적으로 좇는 '행복' 그리고 돈이 지켜야 할 마지막 보루인 '가족'의 의미를 묻는다.

이 책은 주식시장의 등락을 예측하거나 당장 부자가 되는 기술을 알려주지는 않는다. 다만 돈이 우리 삶의 시간을 어떻게 지배하는지 그리고 우리가 그 지배에서 벗어나 돈이라는 도구를 올바로 쓰기 위해 무엇을 알아야 하는지를 명확히 보여줄 것이다.

한국은행이라는 거대한 조직을 나온 내가, 이제야 비로소 돈을 정면으로 마주 본다. 이 책은 그 정직한 대면의 기록이자, 독자 여러분이 돈의 맨얼굴을 마주하기 위한 안내서다.

2026년 2월
저자를 대표하여
류상철

Part 1

돈의 정체성
내면의 거울이자 시간 속에 기록된 기억

“돈은 차가운 금속이나 종이가 아니다.
그것은 당신을 유혹하고 기억하며,
당신의 시간을 담보로 거래하는 살아 있는 인격체다.
돈의 진짜 얼굴을 마주하는 것,
그것이 부의 주도권을 쥐는 첫걸음이다.”

1 돈과 인격
선택과 가치관을 비추는 거울

◀ 렘브란트 하르먼스 판 레인,
「어리석은 부자의 우화」(The Parable of the Rich Fool),
1627, 베를린 국립 회화관 소장.

속삭이는 존재

돈은 가만히 우리를 들여다본다. 지갑 속에서, 은행 계좌의 숫자 뒤에서, 반짝이는 신용카드 표면 위에서. 의지도 감정도 없는 그것은 그저 침묵하는 사물이지만, 우리는 그 침묵 속에서 기어이 어떤 목소리를 듣고야 만다. 때로는 '이만하면 됐다'는 안도의 한숨을, 때로는 '저것도 손에 넣어라'라는 욕망의 속삭임을, 때로는 '너는 여전히 부족하다'는 차가운 질책을 듣는다.

인간은 왜 이 무심한 대상에게 인격을 부여하고, 기쁨과 슬픔을 투영하며, 심지어 그것과 대화를 시도하는 것일까.

나의 소중한 보물

모든 것은 하나의 속삭임에서 시작되는지도 모른다. J.R.R. 톨킨의 소설 『반지의 제왕』(*The Lord Of The Rings*)에서 스미골은 우연히 절대 반지를 손에 넣은 뒤 서서히 자신을 잃어간다.[1] 그는 반지를 "나의 소중한 보물"(My precious)이라 부르며 대화하고, 그것을 지키기 위해 친구를 죽이고 어두운 동굴로 숨어든다. 반지는 그의 탐욕과 집착을 먹고 자라며 그의 영혼을 잠식하고, 마침내 그는 뒤틀린 존재 '골룸'이 되어버린다.

물론 현실에서 돈은 중간계를 위협하는 절대반지가 아니다. 하지만 골룸이 반지에 대고 중얼거리던 그 기묘한 애착은, 돈 앞에서 우리가 때때로 보이는 비이성적인 모습과 놀랍도록 닮아 있다. 우리는 월급이 입금되기가 무섭게 신용카드 대금으로 빠져나가는 통장을 보며 "내 통장을 스쳐 지나가는구나" 하고 한숨을 쉬고, 애써 부은 청약통장에는 '내 집 마련의 꿈' 같은 이름을 붙여주며 말을 건넨다. 어린아이가 돼지 저금통을 흔들며 "많이 먹고 뚱뚱해져라"라고 응원하는 모습은 순수해 보이지만, 실은 돈이라는 추상적 가치에 생명과 의지를 부여하는 인격화의 첫걸음이다.

내가 그의 이름을 불렀을 때

심리학에서는 이러한 현상을 '의인화' 경향이라고 설명한다. 인간은 예측할 수 없거나 이해하기 어려운 대상에 인간적 특성을 부여함으로써 통제감을 느끼고 불안을 해소하려는 본능이 있다.[2] 돈만큼 우리 삶에 막대한 영향을 미치면서도 그 본질이 모호한 대상이 또 있을까.

손에 잡히는 지폐와 동전이 있는가 하면, 화면 속 숫자로만 존재하는 돈도 있다. 그 가치는 사회적 합의라는 보이지 않는 약속 위에 세워져 있으며, 하루아침에 급등락을 반복하며 우리의 희망과 절망을 동시에 자극한다.

이처럼 강력하고 변덕스러운 힘 앞에서, 우리는 돈을 하나의 인격체로 대함으로써 그것을 길들이고 이해하려 애쓰는 것이다. 가령, 주식 앱에서 빨간불이 솟구칠 때 "가자, 우주로!"라고 외치다가도, 온통 파란불로 뒤덮인 화면 앞에선 "내 월급이 삭제됐네"라며 망연자실하는 것처럼 말이다. 우리는 복잡한 경제 현상을 이해하기 쉽게 단순화하여 심리적 안정을 찾는다.

최근 한 연구는 돈을 의인화하는 경향이 저축 행동에 긍정적인 영향을 미칠 수 있다고 보고했다. 돈을 마치 돌봐야 할 '아이'나 '친구'처럼 여기는 사람들은 돈을 더 소중히 다루고 함부로 낭비하지 않으려는 경향을 보였다.[3] 이는 돈에 인격을 부여하는 행위가 단순히 비합리적인 환상이 아니라, 때로는 재정적 목표를 달성하기 위한 유용한 심리적 전략이 될 수도 있음을 시사한다.

김춘수 시인이 노래했듯, 내가 그의 이름을 불러주었을 때 그는 나에게로 와서 꽃이 되었다. 우리가 돈에 이름을 붙여주고 의미를 부여하는 순간, 차가운 숫자는 비로소 우리 삶의 이야기가 된다.

거울 속 메아리

이 속삭임은 때로 위험한 환상이 되기도 한다. 돈에 인격을 부여하는 행위가 우리에게 일시적인 위안을 줄지는 몰라도, 그것이 돈의 본질은 아니기 때문이다. 돈은 우리를 사랑하지도, 미워하지도 않는다. 돈은 우리에게 충성하거나 우리를 배신할 의지가 없다. 돈이 말을 거는 것처럼 느껴진다면, 그것은 돈의 목소리가 아니라 우리 내면 깊은 곳에 숨겨진 욕망과 두려움의 메아리일 뿐이다. 골룸을 파멸로 이끈 것은 반지의 사악한 의지가 아니라, 그의 마음속에서 증폭된 소유욕이었다.

그렇다면 우리는 돈이 건네는 이 속삭임을 어떻게 들어야 할까. 무시하기에는 그 힘이 너무나 현실적이고, 그대로 믿기에는 그 유혹이 너무나 위험하다. 돈의 인격화는 인간의 보편적 심리이지만, 그 속삭임의 주인이 누구인지를 분별하는 것은 오롯이 우리의 몫이다. 돈이 말을 걸어올 때 그 목소리의 근원을 마주해야 한다. 그곳에는 우리가 외면했던 자신의 얼굴이 있다. 돈은 우리 내면을 비추는 거울이기 때문이다.

욕망을 비추는 거울

우리가 돈에게서 듣는 속삭임이 결국 내면의 메아리라면, 돈은 우리 자신을 비추는 거울이라 할 수 있다. 그 앞에서는 거짓말을 할 수 없다.

철학자 제이콥 니들먼(Jacob Needleman)은 돈이 우리의 진정한 성품과 가치관을 드러낸다고 주장했다.[4] 돈을 어떻게 벌고, 어디에 쓰며, 어떤 태도로 대하는지를 보면, 그 사람이 무엇을 중요하게 여기고 무엇을 두려워하는지가 고스란히 드러난다는 것이다.

선한 사람은 돈을 통해 더 큰 선을 실천할 기회를 얻지만, 탐욕스러운 사람은 돈을 무기로 타인에게 상처를 입힌다. 결국 돈이라는 거울에 비친 모습은 돈의 얼굴이 아니라, 바로 우리 자신의 민낯인 셈이다.

벌거벗은 임금님

돈이 우리를 변화시키는 것일까, 아니면 우리의 본모습을 드러낼 뿐일까. 안데르센의 동화 『벌거벗은 임금님』은 이 질문에 대한 흥미로운 통찰을 준다. 임금님은 눈에 보이지 않는 옷을 세상에서 가장 화려한 옷이라 믿으며 거리를 활보한다. 모든 어른이 임금님의 권위와 자신의 어리석음이 드러날까 두려워 거짓을 말할 때, 한 아이만 "임금님이 벌거벗었다!"라고 외친다.

돈도 이와 비슷하다. 우리는 종종 돈이 행복, 성공, 자유라는 화려한 옷을 입혀줄 것이라 믿는다. 하지만 돈이라는 거울은 때로 우리가 아무것도 입지 않은 채 욕망과 허영에 사로잡혀 있음을 냉정하게 폭로한다.

사회심리학자 캐슬린 보스(Kathleen Vohs)의 실험은 우리가 돈이라는 보이지 않는 옷을 얼마나 쉽게 입는지를 보여준다.[5] 돈을 떠올리는 것만으로도 사람들은 더 독립적으로 변하고, 동시에 더 이기적으로 변했다. 마치 스스로 대단한 옷을 입었다고 착각하는 임금님처럼, 돈이 주는 자기 충족감에 빠져 타인과의 유대를 소홀히 하게 되는 것이다. 돈이 우리를 이기적으로 '만든다'기보다, 우리 안에 잠재된 이기심을 돈이라는 거울이 정당화하고 증폭하는 셈이다.

왜곡된 형상의 마법

돈이라는 거울은 때로는 기묘하게 왜곡된 형상을 보여주기도 한다. 행동경제학의 대가 대니얼 카너먼(Daniel Kahneman)과 아모스 트버스키(Amos Tversky)가 정립한 '전망 이론'은 인간이 이익보다 손실에 훨씬 더 민감하게 반응한다고 설명한다.[6] 10만 원을 얻는 기쁨보다 10만 원을 잃는 고통을 두 배 이상 크게 느낀다는 것이다.

이 '손실 회피' 성향 때문에 우리는 돈 앞에서 종종 비합리적인 결정을 내린다. 주식 투자에서 손실을 본 종목을 '언젠가는 오르겠지'라는 막연한 기대로 팔지 못하고 붙들고 있는 것이 대표적인 예다. 이성적으로 생각해보면 더 큰 손실을 막기 위해 정리하는 것이 합당하지만, 손실을 확정하는 고통을 피하려는 감정이 우리의 판단을 흐리게 만든다.

리처드 세일러(Richard Thaler)가 제시한 '심리적 회계' 개념 역시 거울의 왜곡을 잘 보여준다. 우리는 마음속으로 돈에 각기 다른 꼬리표를 붙인다.[7] 힘들게 일해서 번 월급은 아껴 쓰지만, 우연히 생긴 공돈이나 보너스는 '없었던 돈'이라 여기며 쉽게 쓴다. 똑같은 가치를 지닌 돈임에도 불구하고 출처에 따라 다른 의미를 부여하고 다르게 소비하는 것이다. 신용카드를 쓸 때 현금을 낼 때보다 지출의 고통을 덜 느끼는 것도 같은 이치다.

돈이라는 거울은 이처럼 우리의 인지적 편향과 만나 현실을 왜곡하고, 합리적인 주인처럼 행동한다고 믿는 우리를 비웃기라도 하듯 비합리적인 선택으로 이끈다.

뒤틀린 욕망

오스카 와일드의 소설 『도리언 그레이의 초상』은 돈이 비추는 욕망의 거울이 어떤 비극을 낳을 수 있는지 섬뜩하게 보여주는 문학적 알레고리다.[8] 눈부신 외모를 가진 청년 도리언 그레이는 자신의 아름다움이 영원하기를 소망한다. 그의 욕망에 응답하듯, 그의 초상화가 그를 대신해 늙고 추하게 변해간다. 온갖 쾌락과 타락을 일삼아도 그의 외모는 변치 않는 반면, 그의 영혼이 담긴 초상화는 날이 갈수록 흉측하게 일그러진다. 소설은 시대를 관통하는 하나의 질문을 우리 앞에 던진다.

"사람이 온 세상을 얻고도 자기 자신의 영혼을 잃는다면 무슨 소용이 있겠는가?"

여기서 초상화는 도리언의 진정한 내면을 비추는 거울이다. 돈과 부 역시 마찬가지다. 부유함은 겉모습을 화려하게 치장하고 사회적 지위를 보장해줄지 모른다. 하지만 돈을 어떻게 사용하고 어떤 욕망을 채우는가에 따라 보이지 않는 영혼의 초상화는 서서히 망가져 갈 수 있다. 도리언을 파멸로 이끈 것은 아름다움 자체가 아니라, 그 아름다움을 지키기 위해 영혼을 팔아버린 그의 뒤틀린 욕망이었다.

돈 역시 그 자체는 중립적이다. 돈이 우리를 타락시키는 것이 아니라, 돈을 통해 실현하려는 우리의 욕망이 우리를 파멸시키거나 혹은 성장시키는 것이다. 돈이라는 거울 앞에 섰을 때, 우리는 그저 재산의 크기만을 볼 것이 아니라, 그 안에 비친 우리 영혼의 초상화가 어떤 표정을 짓고 있는지 들여다보아야 한다. 그 일그러짐을 직시할 용기가 있을 때, 비로소 우리는 거울 속 노예가 아닌 돈의 주인이 되는 첫걸음을 뗄 수 있다.

주인과 하인의 변주곡

돈이라는 거울을 통해 우리 내면의 욕망과 마주했다면, 이제 우리는 그 거울 앞에서 어떤 관계를 맺을 것인지 선택해야 한다. '돈은 좋은 하인이지만 나쁜 주인'이라는 오래된 격언은 바로 이 선택에 대한 이야기다.

하인으로 부릴 때 돈은 우리의 삶을 풍요롭게 하고 수많은 가능성의 문을 열어주는 충실한 조력자다. 하지만 어느 순간 돈이 주인 행세를 하기 시작하면, 우리는 그 화려한 권위에 압도되어 삶의 방향을 잃고 끝내 돈의 노예로 전락하고 만다. 이 아슬아슬한 주종 관계의 변주곡 속에서 우리는 어떻게 조화로운 화음을 찾아낼 수 있을까.

왕관을 쓴 하인

돈이 주인으로 군림하는 비극은 역사와 문학, 그리고 우리 주변에서 너무나도 흔하게 발견된다. 오노레 드 발자크의 소설 『고리오 영감』에서 두 딸은 아버지의 끝없는 사랑과 희생으로 마련된 돈으로 화려한 사교계 생활을 누리지만, 정작 아버지가 빈털터리가 되어 죽어갈 때는 냉정하게 외면한다. 그들에게 돈은 관계와 사랑보다 우위에 있는 절대적인 주인이었고, 아버지는 그 돈을 공급하는 수단에 불과했다. 돈이라는 하인이 어느새 그들의 영혼을 지배하는 왕관을 쓴 것이다.[9]

이러한 주객전도는 단순히 문학 속 이야기가 아니다. 현대 사회에서도 돈을 벌기 위해 건강을 해치고, 가족과의 시간을 포기하며, 때로는 양심과 윤리마저 저버리는 이들을 쉽게 볼 수 있다. 존 메이너드 케인스(John Maynard Keynes)는 목적 없이 돈 자체를 사랑하는 것을 두고 "다소 혐오스러운 병적 상태"라고 지적한 바 있다.[10]

돈을 더 많이 소유하는 것이 삶의 유일한 목표가 될 때, 인간은 돈이 명령하는 대로 움직이는 꼭두각시가 된다. 이때 돈은 더 이상 삶을 위한 도구가 아니라, 삶이 돈에 종속되는 전도된 관계가 형성되는 것이다.

강철로 쌓은 온기

돈을 훌륭한 하인으로 부리며 위대한 삶을 일군 사례 역시 많다. 강철왕 앤드루 카네기는 막대한 부를 쌓았지만, "부자로 죽는 것은 부끄러운 일"이라 선언하며 재산의 대부분을 도서관, 학교, 연구소를 짓는 데 환원했다. 그에게 돈은 사적인 부의 축적을 위한 주인이 아니라, 사회 발전에 기여하는 충실한 하인이었다.[11] 차갑고 단단한 강철을 팔아 번 돈은 그의 손에서 인류의 지성을 밝히고 미래 세대를 품는 따뜻한 온기가 되었다. 그는 돈의 주인이자 인류의 조력자로 역사에 남았다.

돈을 선한 목적의 하인으로 삼을 때, 그 힘은 개인의 삶에도 긍정적인 영향을 미친다. 연구에 따르면, 사람들은 자신을 위해 돈을 쓸 때보다 타인을 위해 돈을 쓸 때 더 큰 행복감을 느낀다고 한다. 한 실험에서 참가자 절반은 자신을 위해, 절반은 타인을 위해 소액의 돈을 쓰게 한 결과, 타인을 위해 돈을 쓴 사람들이 훨씬 높은 행복도를 보였다.[12] 액수와는 무관하게, 돈을 나눔과 연결의 도구로 사용할 때 우리의 정신적 만족감이 커진다는 의미다.

돈이 이기심을 채우는 주인이 될 때는 공허함만 남기지만, 이타심을 실천하는 하인이 될 때는 우리에게 충만한 기쁨을 돌려준다.

배반하는 대리인

돈이라는 하인은 때로 너무 유능해서 주인의 자리를 넘보기도 한다. 한때 '게이머를 위한, 게이머에 의한'이라는 철학으로 수많은 명작 게임을 만들며 전 세계적 찬사를 받았던 게임 개발사 '블리자드'의 이야기는 이 딜레마를 잘 보여준다. 그들의 목표는 돈이 아니라, 세상에서 가장 재미있는 게임을 만드는 장인 정신 그 자체였다. 게이머들은 그들의 열정을 사랑했고, 기꺼이 지갑을 열었다.

하지만 회사가 거대해지고 상업적 성공에 익숙해지자, 그들은 변하기 시작했다. '어떻게 하면 더 위대한 게임을 만들까'라는 질문은 어느새 '어떻게 하면 더 많은 돈을 벌까'라는 질문으로 바뀌었다. 2022년 출시된 모바일 게임 '디아블로 이모탈'은 팬들로부터 '재미는 있지만 승리하려면 막대한 돈을 써야 하는(Pay-to-Win)' 구조라는 혹평을 받았다. 이 게임은 회사의 재무재표에는 큰 성공을 가져다주었다. 하지만 오랜 팬들의 신뢰에는 상처를 입혔다.[13] 한때 '믿고 사는' 상징이었던 그들의 이름에 '초심을 잃었다'는 배신감이 서리게 된 것이다.

분명 그들은 더 많은 돈을 벌었다. 하지만 정작 논을 벌게 해수었던 최초의 목적인 '게이머들의 신뢰와 사랑'은 잃어버렸다. 돈은 회사의 성장을 위한 '하인'이었지만, 어느새 돈 그 자체가 '주인'이 되어 회사의 영혼을 배반한 것이다. 경제학에서는 바로 이런 딜레마, 즉 주인의 이익을 대변해야 할 대리인이 자신의 이익을 우선하며 생기는 갈등을 '대리인 문제'라는 개념으로 설명한다.[14] 돈은 본래 우리 삶의 목적을 이루기 위한 수단, 즉 대리인이지만 그것이 스스로를 불리는 것을 목적으로 삼는 순간, 우리의 본래 목표를 가차 없이 희생시킨다.

우리가 돈을 어떤 철학으로 대하는가에 따라 돈은 차가운 거래의 도구가 되기도 하고 따뜻한 관계의 다리가 되기도 한다. 결국 돈의 역할은 돈 스스로 결정하는 것이 아니라, 그것을 부리는 주인의 손에 달려 있다.

거래의 온도, 관계의 깊이

돈을 주인으로 섬길 것인가, 하인으로 부릴 것인가. 이 선택은 결국 돈을 어떻게 사용하느냐의 문제로 이어진다. 돈은 차갑다. 본질적으로 그것은 가치를 측정하고 교환을 매개하는 이성적 도구이기 때문이다. 하지만 그 차가운 돈이 인간의 손을 거치는 순간, 예상치 못한 온도를 지니게 된다. 어떤 돈은 칼날처럼 날카로워 관계를 베어내지만, 어떤 돈은 솜이불처럼 따뜻하여 얼어붙은 마음을 녹인다.

돈의 인격은 그것이 '거래'의 영역에 머무는지, 아니면 '관계'의 영역으로 스며드는지에 따라 전혀 다른 얼굴을 보여준다.

차가운 금고, 따뜻한 칠면조

찰스 디킨스의 고전 『크리스마스 캐럴』은 돈의 온도가 어떻게 변하는지를 보여주는 가장 탁월한 우화다.[15] 변화하기 전의 에버니저 스크루지에게 돈은 오직 차가운 '거래'의 대상이다. 그의 금고에 쌓인 돈은 숫자 그 이상도 이하도 아니며, 그에게 인간적인 정이나 자비는 사치일 뿐이다. 그는 가난한 조카의 크리스마스 초대를 경멸하고, 충실한 직원 밥 크래칫에게는 최저 임금만을 지불하며, 자선단체의 기부 요청을 매몰차게 거절한다. 그의 돈은 오직 축적되고 계산되기 위해 존재한다. 돈은 스크루지를 부유하게 만들었지만, 동시에 세상에서 가장 외로운 사람으로 만들었다. 차가운 금화가 그의 영혼마저 얼어붙게 한 것이다.

하지만 세 유령과의 하룻밤 여행 후, 스크루지는 극적인 변화를 맞는다. 크리스마스 아침, 그는 거리로 뛰쳐나가 가장 큰 칠면조를 사서 익명으로 크래칫의 집에 보낸다. 어제까지 아까워하던 돈이, 이제는 기쁨과 화해를 전하는 따뜻한 매개체가 된 것이다. 그는 조카의 파티에 참석해 진심으로 용서를 구하고, 크래칫의 월급을 올려주며 그의 아픈 아들 팀을 돕겠다고 약속한다.

스크루지의 돈은 그대로지만, 돈의 '성격'은 완전히 바뀌었다. 차갑게 잠겨 있던 거래의 금고가 열리고, 그 안의 돈은 관계를 회복하고 온기를 나누는 따뜻한 칠면조가 되었다. 스크루지의 변화는 돈 자체가 아니라 돈을 쓰는 사람의 마음이 돈의 온도를 결정한다는 사실을 웅변한다.

돈의 꼬리표

스크루지의 이야기는 단순히 문학적 상상력에 그치지 않는다. 사회학자 비비아나 젤리저(Viviana Zelizer)는 모든 돈이 똑같이 취급되지 않는다고 주장하며 '돈의 사회적 의미'라는 개념을 제시했다.[16] 그녀에 따르면, 우리는 돈에 보이지 않는 꼬리표를 붙여 그 의미와 용도를 구별한다. 예를 들어, 부부 사이에 오가는 용돈과 생활비는 같은 돈이지만 그 안에 담긴 권력관계와 의미는 다르다. 선물로 받은 돈, 뇌물로 받은 돈, 도박으로 딴 돈, 자녀의 학자금으로 저축한 돈은 각각 다른 '인격'을 부여받는다.

우리는 이처럼 돈을 '특정 목적에 묶어두는' 행위를 통해 차가운 화폐에 사회적·관계적 의미를 불어넣는다. 아이의 배냇저고리를 팔지 않고 간직하듯, 우리는 첫 월급으로 부모님께 사드린 선물이나 결혼식 축의금을 단순한 거래액으로 기억하지 않는다. 그 돈에는 사랑, 감사, 축하라는 관계의 온기가 스며 있기 때문이다.

이와 같이 돈이 거래의 냉정함을 넘어 관계의 깊이를 담아낼 때, 그것은 단순한 교환 수단이 아닌 우리 삶의 서사를 기록하는 특별한 존재가 된다.

당신의 온기

돈의 온도는 결국 그것을 만지는 우리의 손길에 달려 있다. 모든 관계를 비용과 편익으로 계산하는 거래적 시선으로만 돈을 대한다면, 세상은 얼음장처럼 차가워질 것이다.

어린이집에 늦는 부모에게 벌금을 부과했더니 오히려 지각이 늘어났다는 연구 결과가 있다. 벌금이 도입되기 전, 부모들은 선생님에 대한 미안함이라는 '관계적 의무감'을 느꼈다. 하지만 벌금이라는 '거래적 해결책'이 생기자, 시간을 돈으로 사는 행위로 여기게 되면서 죄책감은 사라졌다.[17] 돈이 관계의 영역을 침범하자, 인간적인 유대와 도덕적 책임감이 차갑게 식어버린 것이다.

우리는 의식적으로 돈의 자리를 정해주어야 한다. 효율적인 거래가 필요한 순간에는 그것을 냉철한 하인으로 부리고, 사랑과 감사를 표현해야 할 때는 따뜻한 마음을 담은 전령으로 삼아야 한다. 돈이 모든 것을 해결해줄 것이라는 환상, 즉 모든 인간관계를 거래로 환원할 수 있다는 생각이야말로 돈을 '끔찍한 주인'으로 만드는 가장 위험한 유혹이다.

스크루지가 그랬던 것처럼, 차가운 금고의 문을 열고 나와 당신의 온기로 돈을 채울 때, 우리는 비로소 돈과 함께 행복해지는 법을 배우게 될 것이다. 돈은 우리 손에서 그 성격이 결정되는 빛과 그림자를 동시에 지닌 존재다. 그렇다면 우리는 이 이중적인 동반자와 어떻게 동행해야 할까.

빛과 그림자의 동행

우리는 돈의 여러 얼굴을 마주해왔다. 돈은 우리 내면의 욕망을 비추는 거울이었고, 때로는 우리를 지배하는 주인이었다가 때로는 충실한 하인이 되기도 했다. 또한 차가운 거래의 도구로 쓰이다가도 따뜻한 관계의 다리가 되기도 했다.

이처럼 돈은 하나의 얼굴을 하고 있지 않다. 빛과 그림자를 동시에 품고 있는 두 얼굴의 신 야누스 같다. 그렇다면 우리는 이 변덕스럽고 이중적인 동반자와 어떻게 남은 길을 함께 걸어가야 할까.

빛과 그림자의 춤

돈이 우리에게 주는 빛은 분명하고 강렬하다. 돈은 우리에게 생존의 기반을 마련해주고, 선택의 자유를 넓히며, 꿈을 실현할 기회를 제공한다. 좋은 교육을 받고, 안락한 집에 살며, 사랑하는 이들을 돌볼 수 있는 능력의 상당 부분은 돈에서 나온다. 앤드루 카네기가 그랬듯, 돈은 한 개인의 삶을 넘어 사회 전체를 밝히는 등대가 될 수 있다. 우리가 돈을 갈망하는 것은 어쩌면 더 밝은 곳을 향하려는 인간의 자연스러운 본능일지 모른다.

하지만 빛이 강할수록 그림자 또한 짙어지는 법이다. 돈이라는 빛을 좇는 과정에서 우리는 그 무게에 짓눌리기도 한다. 골룸이 반지를 갈망하다 자신의 모습을 잃어버렸듯, 돈에 대한 집착은 우리를 고립시키고 영혼을 병들게 한다.

도리언 그레이의 초상화가 그의 타락을 기록했듯, 부정한 방법으로 쌓은 부는 보이지 않는 곳에서 우리의 양심을 좀먹는다. 때로는 돈을 지키려는 노력이 오히려 우리를 옭아매는 족쇄가 되고, 돈 때문에 사람들 사이에 불신과 갈등의 골이 깊어지기도 한다. 이것이 돈이 드리우는 피할 수 없는 그림자다.

외줄 위의 균형

돈과의 동행은 빛을 극대화하고 그림자를 최소화하려는 노력의 연속이다. 고대 그리스의 철학자 아리스토텔레스는 모든 덕(德)이 과함과 부족함이라는 양극단 사이의 '중용'에 있다고 보았다.[18] 용기는 만용과 비겁 사이의 중용이고, 절제는 방종과 무감각 사이의 중용이다. 돈에 대한 태도 역시 마찬가지다. 재산을 낭비하는 방탕함과 한 푼도 쓰지 못하는 인색함 사이에서 돈을 가치 있게 사용하는 '관대함'이라는 덕을 찾을 수 있다.

빛의 유혹에 빠져 탐욕의 노예가 되지 않고, 그림자에 대한 공포 때문에 돈을 경멸하거나 외면하지도 않는 것. 이것이 바로 돈에 대한 중용의 자세이며, 아슬아슬한 외줄 위에서 춤을 추는 것과 같다. 이는 우리에게 끊임없는 성찰을 요구한다. 내가 지금 돈을 주인으로 섬기고 있는가, 아니면 하인으로 부리고 있는가. 내 돈은 차가운 거래에만 쓰이고 있는가, 아니면 따뜻한 관계를 만드는 데도 쓰이고 있는가. 이러한 질문을 멈추지 않을 때, 우리는 비로소 빛과 그림자 사이에서 위태로운 균형을 잡아나갈 수 있다.

가장 차가운, 가장 뜨거운

돈과 함께 살아간다는 건 어둠 속에 불빛 하나를 품고 걷는 것과 같다. 길이 환해질수록 등에 드리운 그림자는 짙어진다. 사람들은 이 역설 앞에서 어디로 가야 할지 망설인다. 하지만 어쩌면 우리는 돈을 선

불빛을 든 사람
돈과 함께 살아간다는 건 어둠 속에 불빛 하나를 들고 걷는 일과 같다.

과 악 혹은 빛과 그림자라는 이분법으로 나누려는 습관 자체를 경계해야 하는지도 모른다. 돈은 그저 돈일 뿐이다. 다만 그것이 우리 손에 쥐어졌을 때, 우리 내면의 가장 차가운 이성과 가장 뜨거운 감정을 동시에 흔들어 깨울 뿐이다.

돈은 차가운 숫자다. 그러나 그 숫자로 우리는 가장 뜨거운 삶의 온도를 잰다. 그 차가움에 물들지 않고, 그 뜨거움을 잃지 않으며, 우리는 돈과 함께 걷는 법을 배워야 한다. 이 여정은 돈에 깃든 다양한 '인격'을 통해 우리 자신을 들여다보는 시간이었다. 하지만 우리가 돈에 부여한 인격은 고정된 실체가 아니라, 돈과 얽힌 수많은 경험과 감정이 빚어낸 살아 있는 초상화 같다. 그 초상화의 모든 붓질에는 우리의 기쁨과 상처, 성공과 실패가 고스란히 기록되어 있다.

돈의 인격이란, 우리가 돈과 함께 써 내려온 한 편의 거대한 '기억'인 셈이다. 이처럼 돈의 얼굴을 이해하는 열쇠가 기억 속에 있기에, 우리의 다음 여정은 그 기억의 심연을 향해야만 한다.

2 돈과 기억
사회적 기억장치

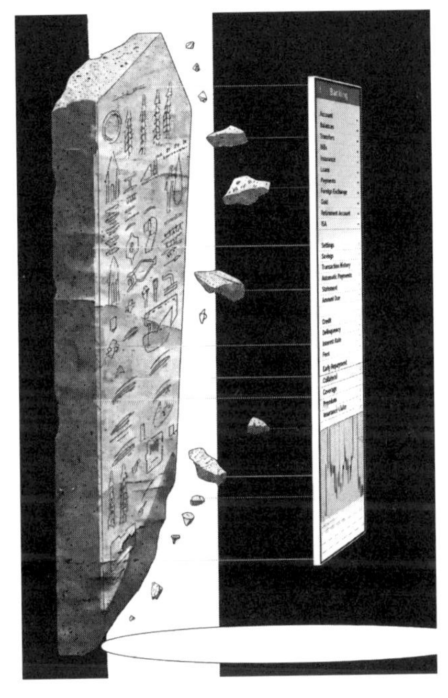

◀ 정태관, 「메소포타미아 점토판과 현대 전자 은행」, 2026.

"돈은 기억이다."
- 나라야나 코처라코타

문신의 경제

한밤중의 허름한 모텔 방. 거울 앞에 선 남자가 자신의 몸에 새겨진 낯선 글귀들을 더듬어 읽는다. 희미한 전구 불빛 아래, 그의 피부 곳곳엔 잉크로 새긴 문장들이 지워지지 않는 지도처럼 펼쳐져 있다. 가슴께엔 굵은 글씨로 "존 G를 찾아라"라는 문장이, 팔과 허벅지에는 이름과 장소, 누군가를 향한 경고와 단서들이 새겨져 있다. 침대 머리맡에는 폴라로이드 사진 몇 장과 메모 조각들이 흩어져 있다.

그는 숨을 고르며 이 기록을 차례로 확인한다. 마치 잃어버린 퍼즐 조각을 맞추듯, 어제의 흔적을 몸과 종이 위에서 더듬는다. 그러다 문득 그의 눈빛이 흔들린다. 방금까지 쫓던 생각의 꼬리가 허공에서 끊긴 듯, 남자는 이마를 찌푸리며 나직이 중얼거린다.

"내가 지금 뭘 하고 있었지?"

기억을 잃어버린 세상

그의 이름은 레너드 셸비. 크리스토퍼 놀란 감독의 영화 「메멘토」 (Memento)의 주인공으로, 아내가 살해당한 충격으로 10분 이상 새로운 기억을 저장하지 못하는 단기기억상실증을 앓고 있다. 매 순간 그의 세상은 리셋된다. 방금 나눈 대화도, 조금 전에 만난 사람의 얼굴도 짙은 안개처럼 기억의 저편으로 사라진다. 그가 아내의 복수를 위해 범인을 쫓고 있다는 사실을 잊지 않는 유일한 방법은, 기억이 사라지기 전에 모든 것을 '외부'에 기록하는 것이다.

그는 만나는 사람들의 사진을 찍어 뒷면에 "그를 믿지 마"와 같은 메모를 남기고, 가장 결정적인 정보는 자신의 몸에 직접 문신으로 새긴다. 피부에 새긴 잉크 자국은 배신하지 않는 유일한 진실이며, 망각의 심연에서 그를 건져 올리는 마지막 동아줄이다.

영화 속에서 레너드의 삶은 기억의 부재가 어떻게 신뢰의 붕괴로 이어지는지를 생생하게 보여준다. 그는 자신을 도와주는 것 같은 웨이트리스 나탈리와 부패 경찰 테디 사이에서 끊임없이 혼란을 겪는다. 어제의 기억이 없기에, 그는 오직 그들이 남긴 말과 자신이 남긴 메모에 의존해 그들의 선의와 악의를 판단해야 한다. 하지만 그 메모마저도 왜곡된 기억의 산물일 수 있다는 공포는, 그를 누구도 믿을 수 없는 지옥으로 몰아넣는다. 이처럼 기억의 연속성이 끊어진 개인의 세계는 불신과 혼돈으로 가득 찰 수밖에 없다.

레너드의 이야기는 단순히 한 개인의 비극을 넘어, 우리 사회가 작동하는 방식에 대한 깊은 은유를 담고 있다. 우리 역시 레너드와 크게 다르지 않다. 수많은 사람이 얽혀 살아가는 복잡한 사회에서, 누가 누구에게 무엇을 주었고 얼마의 빚을 졌는지 일일이 기억하는 것은 불가능하다. 그런데도 우리의 경제가 혼란 없이 유지되는 이유는, 필요한 정보를 각자의 뇌가 아닌 사회라는 거대한 '외부'에 기록해두기 때문이다. 레너드가 자신의 몸에 문신을 새겨 어제를 기억하려 애쓰듯, 사회는 '화폐'라는 정교한 시스템을 통해 과거의 약속과 거래를 기록하고 기억한다.

화폐라는 문신

인류 최초의 문자는 아름다운 시나 심오한 철학이 아니라, 다소 건조한 '장부'였다. 기원전 3300년경, 고대 메소포타미아의 수메르인은 말랑한 점토판 위에 갈대 펜으로 쐐기문자를 새겨 넣었다.

"아무개가 보리 여섯 자루를 빌려 감."

"신전에 양 세 마리를 바침."

이처럼 인류 문명의 새벽을 연 것은 잊지 않기 위해, 정확히 기억하기 위해 경제적 약속을 보존하려는 필사적인 노력이었다.[1] 기억은 휘발성이 강하고, 인간의 뇌는 믿을 만한 저장소가 아니었기에, 그들은 딱딱한 점토판에 거래의 흔적을 새겨 영원히 박제하려 했다.

기억을 붙잡으려는 인류의 열망은 시공간을 넘어 다양한 형태로 나타났다. 문자가 없던 고대 잉카 제국에서는 '키푸'라는 독특한 매듭글

자를 사용했다. 색색의 끈에 각기 다른 방식의 매듭을 묶어 숫자와 정
보를 기록했는데, 이는 제국의 인구, 세금, 창고의 재고를 관리하는 정
교한 데이터베이스였다. 한편 중세 유럽에서는 '탤리스틱'이라는 나
무 막대가 신용의 증표로 쓰였다. 거래 당사자들은 막대에 빚의 액수
를 눈금으로 새긴 뒤, 막대를 세로로 쪼개어 하나씩 나눠 가졌다. 훗날
빚을 갚을 때 두 조각을 맞춰보면, 그 누구도 거래 내역을 위조할 수
없었다.

이 모든 기발한 발명품에는 한 가지 공통점이 있다. 바로 불완전한
인간의 기억을 보완하기 위한 '외부기억장치'라는 점이다. 공동체의
규모가 커지고 교역이 복잡해질수록 이러한 장치의 중요성은 더욱 커
졌다. 마침내 인류는 이 모든 기능을 하나로 묶은 가장 효율적이고 보
편적인 기억장치, 즉 '돈'을 발명하기에 이른다.

돈은 기억이다

우리가 사용하는 동전과 지폐, 은행 계좌의 숫자는 과거에 내가 사
회에 어떤 가치를 제공했는지를 증명하는 '문신'과 같다. 내가 노동의
대가로 월급을 받는 것은, "나는 이만큼의 가치를 사회에 기여했다"는
사실이 사회적 장부에 기록되는 것과 같다. 그 돈으로 물건을 살 때, 사
회는 나의 과거 기여를 인정하고 그에 상응하는 가치를 되돌려준다.
경제학자 나라야나 코처라코타(Narayana Kocherlakota)는 이러한 화폐
의 본질을 꿰뚫고 "돈은 기억이다"(Money is Memory)라고 단언했다.[2]

그의 주장은 다소 시적으로 들리지만, 그 속에는 화폐경제의 핵심 원리가 담겨 있다.

코처라코타는 극단적인 사고실험을 통해 자신의 명제를 증명한다. 만약 우리 사회의 모든 구성원이 서로의 모든 과거 거래를 완벽하게 기억하는 초능력을 가졌다고 상상해보자. 이 '완전 기억' 사회에서는 굳이 돈이 필요 없다. 내가 당신에게 사과 한 상자를 주었다는 사실을 당신과 나 그리고 사회 전체가 영원히 기억한다면, 나는 언젠가 그에 상응하는 가치를 다른 누구에게서든 당당히 요구할 수 있을 것이다. 모든 거래가 투명한 기억의 네트워크 안에 기록되기 때문이다.

하지만 현실의 우리는 레너드처럼 불완전하고 유한한 기억력을 가졌다. 우리는 쉽게 잊고, 때로는 이기적인 이유로 기억을 왜곡하기도 한다. 바로 이 지점에서 돈은 '불완전한 기억을 보완하는 사회적 발명품'으로서 그 진가를 발휘한다. 돈은 내가 과거에 수행한 가치 있는 행동을 객관적인 형태로 '저장'하고, 그 기억을 낯선 타인에게도 '증명'하는 역할을 한다. 지갑 속 1만 원짜리 지폐는, 내가 과거에 최소한 1만 원만큼의 가치를 사회에 제공했음을 우리 모두가 잊지 않기로 한 약속의 징표인 셈이다.

이처럼 돈은 단순한 교환 수단을 넘어, 한 사회의 약속과 신뢰가 담긴 거대한 기억의 저장소다. 그 기억이 어떻게 기록되고 보존되며 때로는 왜곡되는지를 이해하는 것은, 결국 우리 경제의 현재와 미래를 이해하는 첫걸음이 될 것이다.

기억의 장부, 돈

레너드의 몸에 새겨진 문신이 그의 어제를 증명하듯, 사회는 화폐를 통해 공동체의 어제를 기억한다. 그렇다면 화폐는 구체적으로 어떻게 사회의 기억 장부 역할을 하는 것일까? 그 답을 찾기 위해서는 돈이 없던 시절의 작은 공동체를 상상해보는 것에서 출발해야 한다. 그곳에서 사람들은 서로의 얼굴과 이름을 기억하고, '기억' 그 자체를 화폐처럼 사용하며 살았다.

마음속의 장부

돈이 없는 작은 마을을 떠올려보자. 사냥꾼이 어제 잡은 멧돼지 고기를 이웃들과 나누면, 며칠 뒤 농부는 잘 익은 옥수수를 사냥꾼의 집에 가져다준다. 대장장이가 쟁기를 고쳐주면, 목수는 그의 집 지붕을 수리해준다. 이곳에서는 매 순간 돈이 오가지 않지만, 모든 거래가 마음속 장부에 꼼꼼히 기록된다. '누가 나에게 무엇을 주었으니, 나는 그에게 무엇을 갚아야 한다'는 상호 부채의 기억이다.

인류학자 데이비드 그레이버(David Graeber)는 그의 저서 『부채, 첫 5,000년의 역사』에서 인류의 경제가 우리가 흔히 생각하는 물물교환이 아닌, 이러한 사회적 신용과 부채의 기억에서 시작되었다고 주장했다. 공동체가 작고 서로에 대한 신뢰가 깊을수록, 이 마음의 장부는 꽤 정확하게 작동한다. 이러한 '선물 경제'는 단순한 호의의 교환을 넘어,

공동체의 유대를 강화하고 사회적 관계를 유지하는 핵심적인 메커니즘이었다.

하지만 공동체의 규모가 커지고 낯선 이와의 거래가 늘어나면 문제가 생긴다. 인간의 뇌는 무한한 장부가 아니다. 모든 사람의 모든 거래를 기억할 수는 없다. 내가 옥수수를 준 사람을 상대가 기억하지 못하거나 내가 갚아야 할 빚을 잊어버린다면 신뢰는 깨지고 거래는 단절된다. 바로 이 '기억의 한계'라는 지점에서, 사회는 더 영속적이고 보편적인 외부기억장치를 필요로 하게 되었다. 그것이 바로 화폐의 탄생 배경이다. 화폐는 내가 과거에 사회에 얼마나 기여했는지 증명하는 휴대 가능한 '기억의 증표'다.

바다에 잠긴 돌멩이 돈

남태평양의 작은 섬 '야프' 이야기는 화폐가 어떻게 공동체의 기억으로 작동하는지를 보여주는 가장 극적인 사례다. 이 섬의 주민들은 '라이'라고 불리는 거대한 석회암 원반을 화폐로 사용했다. 작게는 수십 센티미터에서 크게는 지름 4미터, 무게 8톤에 달하는 이 돌멩이 돈은, 그 크기와 희소성 그리고 머나먼 섬에서부터 목숨을 걸고 운반해 온 '노력의 역사'가 담겨 있어 매우 귀하게 여겨졌다.[3] 이 돌의 가치는 단순히 크기만으로 결정되지 않았다. 얼마나 많은 사람이 그 돌을 운반하다 목숨을 잃었는지, 얼마나 유명한 족장이 소유했는지 같은 돌에 얽힌 '이야기', 즉 역사적 기억이 그 가치를 더했다.

태평양 미크로네시아 지역에서 사용된 돌 화폐 '라이'(Rai)
이 돌의 가치는 돌 자체보다 그것을 둘러싼 이야기와 기억으로 결정되었다.

이 돌은 너무나 크고 무거워서 실제 거래에서 주고받는 것이 불가능했다. 대신 야프섬 사람들은 돌의 소유권이 이전될 때마다 마을 사람들이 모두 모인 자리에서 공개적으로 선언했다.

"이제 이 돌의 주인은 A에서 B로 바뀌었다."

돌은 제자리에 그대로 서 있지만, 마을 사람 모두의 '기억' 속에서 그 돌의 주인은 B가 되었다. 중요한 것은 돌의 물리적 위치가 아니라, 그 돌의 소유권에 대한 공동체의 집단 기억이었다.

더욱 놀라운 일화도 있다. 한 부유한 가문이 힘들게 캐낸 거대한 라이를 배에 싣고 섬으로 돌아오던 중 폭풍우를 만나 바다에 빠뜨렸다.

돌은 깊은 바닷속으로 사라졌지만, 그 과정을 목격한 사람들은 모두 살아 돌아와 마을에 자초지종을 설명했다. 그러자 마을 사람들은 그 보이지 않는 돌의 소유권을 인정해주기로 합의했다. 비록 눈에는 보이지 않지만, 그 돌이 존재했고 얼마나 가치 있었는지를 모두가 '기억'하고 있었기 때문이다. 그후로도 바다에 잠긴 그 돌은 수 세대에 걸쳐 온전한 화폐로 통용되었다. 이 이야기는 돈의 가치가 물질 그 자체가 아닌, 그것을 둘러싼 사회적 기억과 신뢰에 있음을 드러낸다.

화폐는 기억의 대리인

야프섬의 사례는 코처라코타가 말한 "돈은 기억이다"라는 명제를 명확히 보여준다. 화폐는 본질적으로 '누가 누구에게 얼마의 가치를 빚지고 있는가'에 대한 정보를 담고 있는 사회적 장부다. 우리는 그 장부를 신뢰하기에, 낯선 사람에게 기꺼이 물건을 내어주고 그 대가로 종잇조각이나 숫자를 받는다. 그 종잇조각이 내가 과거에 기여한 가치를 잊지 않고 '기억'해줄 것이라고 믿기 때문이다.

만약 화폐가 없다면, 우리는 레너드처럼 수많은 거래의 기억을 스스로 감당해야 할 것이다. 커피 한 잔을 마실 때마다 '나는 방금 5,000원만큼의 빚을 졌다'는 사실을 기억하고, 월급을 받을 때마다 '나는 한 달간의 노동으로 이만큼의 빚을 청산하고 이만큼의 권리를 얻었다'는 사실을 기록해야 한다.

하지만 화폐는 이 모든 복잡한 기억 과정을 대신해주는 효율적인 대리인이다. 우리는 돈에게 기억의 의무를 위임하고, 더 중요한 창의적이고 생산적인 활동에 집중할 수 있게 된 것이다. 결국 돈은 인간 기억의 한계를 보완하기 위해 발명된 가장 위대한 기술 중 하나이며, 그 기술 덕분에 인류는 더 복잡하고 거대한 규모의 협력을 이룰 수 있었다. 돈은 그렇게 우리 모두의 기억을 대신하는 충실한 장부로 오늘도 묵묵히 기록되고 있다.

돌멩이와 데이터: 변하지 않는 기억의 본질

야프섬의 이야기가 단순히 먼 옛날의 기묘한 풍습으로만 들린다면, 우리가 매일 사용하는 전자화폐 시스템을 들여다볼 필요가 있다. 우리가 인터넷뱅킹으로 월세를 이체하거나 신용카드로 물건을 살 때, 실제로 금고에서 돈다발이 나와 트럭에 실려 어딘가로 배달되는 일은 일어나지 않는다. 내 은행 계좌에 찍힌 숫자가 줄어들고, 상대방 계좌의 숫자가 늘어날 뿐이다. 이 모든 과정의 본질은 컴퓨터 서버에 기록된 '장부의 숫자'가 바뀌는 것, 그 이상도 이하도 아니다.

이것은 국가 간의 거래에서도 마찬가지다. 예를 들어 미국 뉴욕 연방준비은행의 지하 금고에는 전 세계 여러 나라의 금괴가 보관되어 있다. 한 나라가 다른 나라에 금을 보내야 할 때, 육중한 금괴를 비행기로 실어 나르는 경우는 거의 없다. 대신 금고 안의 한 구역에서 다른 구역으로 금괴를 옮기고, 장부에 '이제 이 금의 소유주는 A국이 아닌 B국입니다'라고 기록을 변경할 뿐이다.[4] 금괴는 뉴욕의 지하 금고를 떠나지 않았지만, 장부의 기억이 바뀜으로써 소유권은 완벽하게 이전된다.

야프섬 주민들이 돌의 위치가 아닌 공동체의 기억을 믿었던 것처럼, 현대 사회는 은행과 중앙은행이라는 제도가 보증하는 거대한 전자 장부를 믿는다. 눈에 보이지 않는 0과 1의 데이터가 오갈 뿐이지만, 우리는 그것이 우리의 부와 약속을 정확히 기억해주리라 신뢰한다. 형태는 돌멩이에서 데이터로 바뀌었지만, 화폐가 사회적 기억이라는 본질은 조금도 변하지 않은 것이다.

우리가 잊지 않겠다는 약속

결국 화폐는 단순한 종이쪽지나 금속 조각이 아니라, 사회가 공유하는 하나의 기억 체계다. 조개껍데기를 돈으로 쓰던 원시 시대부터 금화와 지폐의 시대를 거쳐 오늘날의 디지털 화폐에 이르기까지, 화폐의 형태는 계속 바뀌어왔지만 단 하나의 요소만큼은 일관되게 유지되었다. 그것은 바로 "이것을 돈으로 쓰자"는 모두의 동의와 신뢰 그리고 그 가치를 잊지 않겠다는 집단적인 기억이다.

화폐의 가치는 사회적 약속에서 나온다. 우리가 화폐를 주고받는 행위는 단순한 교환이 아니라 서로의 경제적 기여와 권리를 기억하고 인정하겠다는 믿음에 기반해 있다. 그것은 맹목적인 신뢰가 아니다. 반복된 사용과 검증, 제도와 기술로 뒷받침되는 의식적 합의의 결과다. 돈은 곧, 우리가 잊지 않겠다는 사회적 다짐이다. 하지만 이 다짐과 약속이 흔들릴 때, 즉 기억이 왜곡될 때 사회는 어떤 대가를 치르게 될까.

기억의 왜곡

돈이라는 사회적 장부가 어제의 가치를 오늘로, 오늘의 약속을 내일로 성실히 이어준다면 경제는 안정적으로 순환한다. 하지만 이 기억의 장부가 불타거나, 내용이 통째로 지워진다면 어떻게 될까? 레너드의 기억이 리셋될 때마다 그의 세상이 낯설고 위험한 곳으로 변했듯, 화폐의 가치가 하룻밤 사이에 휴지 조각으로 변하는 인플레이션의 광풍 속에서 사회는 집단적 기억상실의 혼돈에 빠진다.

바랜 사진처럼 흐려진 가치

영화 속 레너드에게 폴라로이드 사진은 기억의 핵심적인 단서다. 하지만 사진의 색은 시간이 지나면 바래고, 그 위에 급하게 휘갈겨 쓴 메모는 때로 진실을 왜곡하기도 한다. "테디를 믿지 마"라고 적어둔 사진은 그 순간의 분노가 만들어낸 편견일 수 있지만, 기억을 잃은 미래의 레너드에게는 유일한 진실이 된다. 이처럼 외부기억장치가 왜곡될 때, 그의 현실은 송두리째 흔들린다.

인플레이션(inflation)은 화폐라는 사회적 기억장치에 발생하는 이와 같은 '왜곡' 현상이다. 내가 힘들게 일해 100만 원을 벌었다는 기억은 내 통장에 선명하게 찍혀 있지만, 1년 뒤 그 100만 원으로 살 수 있는 물건이 절반으로 줄었다면, 내 노동의 기억은 색이 바랜 사진처럼 그 가치가 흐릿해진 것이다. '100만 원'이라는 숫자는 그대로지만, 그 숫자가 담고 있던 사회적 약속, 즉 '구매력'이라는 기억이 심각하게 손상된 셈이다. 이처럼 돈의 실질가치가 하락하는 인플레이션은 사회 전체가 공유하던 기억의 기준을 뒤흔드는 거대한 혼란의 시작이다.

빵 한 덩이 가격의 변신

기억 왜곡의 가장 극단적인 형태는 바로 하이퍼인플레이션(Hyper-inflation)이다. 제1차 세계대전 패배 이후, 막대한 전쟁배상금과 재정난에 시달리던 독일 바이마르 공화국은 통화량을 기하급수적으로 늘리는 길을 택했다. 그 결과는 역사상 최악의 기억상실증이었다.[5] 1923년, 물가는 걷잡을 수 없이 치솟았다. 아침에 빵 한 덩이를 2만 마르크에 샀다면, 저녁에는 그 가격이 5만 마르크로 뛰었다. 월급을 빈자마자 시장으로 달려가 생필품으로 바꾸지 않으면 그 가치가 몇 시간 만에 사라졌다. 사람들은 돈을 더 이상 신뢰하지 않았다. 돈은 가치를 저장하는 기억장치가 아니라, 그저 손안에서 녹아내리는 눈송이와 같았다.

당시의 기록과 사진들은 이 집단적 기억상실의 비극을 생생하게 증언한다. 한때 중산층이었던 가정은 평생 모은 저축이 하루아침에 무의미해지는 것을 속수무책으로 지켜봐야 했다. 한 시민은 커피 두 잔을 주문했는데, 첫 잔을 마시고 두 번째 잔을 마시는 사이에 커피값이 두 배로 올랐다는 일화를 남기기도 했다. 아이들은 쓸모없어진 지폐 뭉

바이마르 공화국의 화폐
심각한 인플레이션으로 인해 화폐가치가 폭락했다.

치를 블록처럼 쌓아놓고 놀았고, 어른들은 땔감 대신 돈다발을 난로에 집어넣어 불을 피웠다.

벽지를 살 돈이 없어 지폐로 도배하는 집에 이르러서는 실소마저 터져 나온다. 한때 노동과 생산의 가치를 기억해주던 사회적 약속의 증표가 이제는 종이와 잉크의 물리적 가치만도 못하게 전락한 것이다. 화폐에 대한 사회적 기억이 완전히 증발하자, 돈은 더 이상 돈이 아니었다.

100조 달러의 눈물

바이마르의 비극이 먼 과거의 일이라고 생각한다면 오산이다. 2000년대 후반, 아프리카의 짐바브웨는 우리 시대의 하이퍼인플레이션을 겪었다. 잘못된 토지개혁과 정치적 혼란 속에서 생산 기반이 무너지자, 정부는 부족한 재정을 메우기 위해 또다시 윤전기를 돌렸다. 물가는 하루에 두 배씩 뛰었고, 2008년 11월에는 월간 인플레이션율이 796억 퍼센트라는 인간의 상상력을 초월하는 숫자를 기록했다.

정부는 천문학적인 액수의 새 지폐를 연일 찍어냈다. 급기야 '100조 달러' 지폐까지 등장했다. 인류 역사상 가장 큰 액면가의 지폐였지만, 그것으로 살 수 있는 것은 고작 달걀 세 개 혹은 시내버스 편도 요금에 불과했다. 상점들은 더 이상 자국 화폐를 받지 않았고, 모든 거래는 암시장에서 미국 달러나 남아공 랜드화로 이루어졌다. 아이들은 학교에 가는 대신 길거리에서 휴지보다 못한 돈다발을 관광객에게 팔았다.

결국 짐바브웨 정부는 2009년 자국 화폐 발행을 포기하는 항복 선언을 하기에 이른다. '100조 달러'라는 숫자의 크기가 얼마나 공허한지를, 그 안에 담긴 사회적 기억이 사라지면 아무 소용이 없다는 것을 짐바브웨는 온몸으로 증명했다.

신뢰의 붕괴와 얼어붙은 시간

이러한 경제적 혼란은 단순히 물건값이 비싸지는 문제를 넘어, 사회 전체의 신뢰 기반을 무너뜨린다. 평생을 성실히 일하며 저축했던 중산층은 하루아침에 전 재산을 잃고 빈털터리가 된다. 은행에 저축한 돈의 가치가 사라졌다는 것은, 과거의 노력이 미래를 보장해줄 것이라는 사회의 가장 기본적인 기억이 배반당했음을 의미한다. 사람들은 더 이상 저축하지 않았고, 미래를 계획하는 대신 당장의 생존에만 매달렸다.

반대의 경우도 있다. 인플레이션이 과거의 가치를 흐릿하게 만드는 '빛바랜 일기장'이라면, 디플레이션(deflation)은 미래의 가능성을 옭아매는 '강박적인 첫 장'과 같다. 디플레이션 사회에서 돈의 기억은 너무나 선명하고 강력해서, 오히려 미래를 향한 어떤 새로운 이야기도 쓰지 못하게 만든다. '내일이면 이 돈으로 더 많은 것을 살 수 있을 텐데'라는 강박적인 믿음은, 흠집 하나 없는 완벽한 첫 장을 망칠까 두려워 다음 장을 넘기지 못하는 것과 같다. 현재의 모든 소비와 투자가 어리석은 낭비처럼 느껴지고, 사람들은 돈을 쓰기보다 금고에 가두며,

기업은 새로운 도전을 망설인다. 일본의 '잃어버린 20년'은 이처럼 과거의 기억(자산 가치)에 발목 잡힌 경제가 어떻게 활력을 잃고 긴 잠에 빠져드는지를 보여주는 생생한 증거다.

이처럼 화폐의 기억이 미래를 향해 과도하게 부풀려지거나(인플레이션), 과거에 얽매여 옴짝달싹 못 하게 될 때(디플레이션) 사회의 신뢰는 뿌리부터 흔들린다. 미래를 믿지 못하는 경제는 활력을 잃고, 과거의 약속이 휴지 조각이 된 곳에서는 협력 대신 각자도생의 불신만이 싹튼다. 레너드가 왜곡된 기록에 의지해 모두를 의심했듯, 화폐의 기억이 뒤틀린 세상은 불신과 고립의 무대가 된다. 이처럼 기억의 저울이 한쪽으로만 기울어 제 기능을 잃은 곳에 남는 것은 분노와 단절, 그리고 사회적 유대의 붕괴뿐이다.

잊히지 않는 상처

바이마르 공화국의 악몽은 한 세대의 비극으로 끝나지 않고, 독일 사회 전체에 지울 수 없는 집단적 기억으로 남았다. 제2차 세계대전 이후, 서독과 통일 독일의 중앙은행(분데스방크)은 세계에서 가장 강력하게 인플레이션을 억제하는 통화정책을 고수했다. 하이퍼인플레이션이라는 끔찍한 기억이 남긴 깊은 상처 때문이었다. "다시는 화폐가 우리의 삶을 파괴하게 두지 않겠다"는 사회적 합의가 세대를 넘어 전승된 것이다.

이처럼 한 사회가 겪은 경제적 트라우마는 때로는 미래의 위기를 막는 강력한 예방주사가 되기도 한다. 하지만 동시에 과거의 기억에 지나치게 얽매여, 새로운 상황에 유연하게 대처하지 못하는 족쇄가 될 수도 있다. 중요한 것은, 화폐의 기억이 한번 무너지면 그 상처는 쉽게 아물지 않는다는 사실이다. 기억을 잃는 것은 순간이지만, 그 기억을 되찾고 신뢰를 회복하는 데는 수십 년 혹은 그 이상의 시간이 걸린다. 그렇기에 인류는 이 연약한 기억을 지키기 위해 필사적인 노력을 기울여왔다. 그 노력의 산물이 바로 우리가 이제부터 살펴볼, 기억을 지키는 두 개의 거대한 시스템이다.

화폐의 기억 기능

망각의 불길이 모든 것을 삼키는 하이퍼인플레이션의 악몽은 역설적으로 인류에게 소중한 교훈을 남겼다. 사회적 기억은 저절로 지켜지지 않으며, 그것을 보존하기 위해서는 의식적인 노력이 필요하다는 깨달음이다.

레너드가 사라지는 기억에 맞서 문신을 새기고 사진을 찍었듯, 인류 역시 화폐라는 연약한 기억을 지키기 위해 두 개의 거대한 시스템을 발명했다. 하나는 '제도적 신뢰'에 기반한 중앙은행이고, 다른 하나는 '기술적 신뢰'에 기반한 블록체인이다. 이 두 '기억의 수호자'는 서로 다른 방식으로 돈의 가치를, 나아가 우리 사회의 약속을 지켜내고 있다.

제도라는 문신: 중앙은행

현대 국가의 중심에는 대부분 중앙은행이 자리 잡고 있다. 중앙은행의 가장 중요한 임무 중 하나는 통화가치를 안정시키는 것, 즉 돈의 기억이 급격하게 훼손되지 않도록 관리하는 것이다. 그들은 금리를 올리거나 내리고, 시중에 풀리는 돈의 양을 조절하는 등의 통화정책을 통해 인플레이션이라는 망각의 속도를 제어한다. 오늘 내가 받은 1만 원이 내일도 비슷한 가치를 지닐 것이라는 믿음은 바로 중앙은행이라는 '제도적 문신'이 주는 신뢰 덕분이다.

중앙은행은 정치권력으로부터 독립성을 보장받음으로써 그 신뢰를 더욱 공고히 한다. 만약 정부가 선거를 앞두고 표를 얻기 위해 돈을 마구 찍어내거나, 재정 적자를 메우기 위해 화폐 발행에 의존한다면 화폐의 기억은 금세 왜곡되고 말 것이다. 하지만 독립된 중앙은행이 전문성을 바탕으로 장기적인 관점에서 통화 가치를 관리하기에, 사람들은 비로소 안심하고 그 나라의 화폐를 사용하고 저축할 수 있다.

중앙은행은 마치 사회 전체를 위해 가장 중요한 문신을 새기고 관리하는 전문 문신사와 같다. 그들의 정교하고 일관된 작업이 사회적 기억의 연속성을 보장하는 것이다. 물론 이 문신사도 실수한다. 경제학자들의 정교한 모델도 예측하지 못한 위기 앞에서는 속수무책일 때가 있다. 2008년 글로벌 금융위기 당시, 복잡한 파생상품의 위험성을 간과했던 것처럼 말이다. 하지만 그들은 과거의 실수를 복기하며 더 나은 기억을 새기려 노력한다.

중앙은행의 통화정책은 매우 섬세한 예술과도 같다. 금리를 너무 급하게 올리면 경제가 얼어붙고, 너무 늦게 올리면 인플레이션의 불길을 잡지 못한다. 돈을 너무 많이 풀어도 문제지만, 너무 적게 풀어도 디플레이션의 늪에 빠질 수 있다. 이들은 끊임없이 경제라는 환자의 상태를 진단하고, 매번 다른 처방을 내놓으며 사회적 기억의 안정을 위해 고군분투하는 의사와도 같다.

코드라는 문신: 블록체인

2008년, '사토시 나카모토'라는 익명의 존재가 등장하며 인류는 완전히 새로운 방식의 기억 보존 기술을 마주하게 된다.[6] 바로 비트코인의 기반 기술인 블록체인(Blockchain)이다. 블록체인은 중앙의 관리자 없이, 네트워크에 참여한 모두가 거래 장부를 함께 복사하고 관리하는 '분산 원장 기술'이다. 새로운 거래가 발생하면, 그 기록은 '블록'이라는 꾸러미에 담겨 기존의 '체인'에 연결된다. 이 과정은 네트워크 참여자 다수의 동의를 통해서만 이루어지며, 한번 연결된 기록은 사실상 위조하거나 삭제하는 것이 불가능하다.

이는 레너드의 문신에 비유할 수 있다. 그는 자신의 몸에 직접 진실을 새겨, 누구도 그 기억을 지울 수 없게 만들었다. 블록체인 역시 마찬가지다. 중앙은행이라는 단 한 명의 문신사에게 의존하는 대신, 모든 참여자가 서로의 몸에 같은 문신을 새겨주는 방식이다. 만약 누군가 자신의 문신을 몰래 바꾸려 해도, 다른 모든 사람의 문신과 다르기 때문에 즉시 거짓임이 드러난다. 이처럼 블록체인은 특정 기관이나 사람을 믿을 필요 없이, ‘코드’와 ‘수학’의 힘으로 기억의 무결성을 지키는 ‘기술적 문신’인 셈이다.

블록체인의 철학은 ‘신뢰가 필요 없는 신뢰’(Trustless Trust)라는 역설에 기반한다. 이는 특정 주체를 믿는 대신, 시스템의 투명성과 수학적 알고리즘 자체를 신뢰하자는 것이다. 2008년 글로벌 금융위기로 기존 금융 시스템에 대한 믿음이 뿌리째 흔들렸을 때, 블록체인은 인간의 탐욕이나 실수로부터 자유로운 새로운 기억 시스템이 될 수 있다는 기대를 받으며 등장했다.

하지만 이 새로운 기억 방식에도 그림자는 존재한다. ‘작업증명’(Proof-of-Work) 방식의 블록체인은 거래를 검증하기 위해 막대한 양의 전기를 소모하여 환경 문제를 야기한다. 또한 이론적으로는 네트워크의 51퍼센트가 담합해 장부를 조작하는 ‘51퍼센트 공격’의 위험도 존재한다. 무엇보다 한번 기록되면 수정이 불가능한 블록체인의 비가역성은 현실 세계의 복잡한 분쟁을 해결하는 데 있어 유연성이 부족하다는 한계를 드러내기도 한다.

두 개의 서로 다른 기억법

중앙은행과 블록체인은 사회적 기억을 지키는 두 개의 서로 다른 길이다. 중앙은행이 오랜 역사와 제도를 통해 쌓아올린 ‘신뢰의 성’이라면, 블록체인은 암호 기술과 네트워크의 힘으로 구축한 ‘투명 요새’다.

중앙은행 시스템은 위기 상황에서 신속하게 개입하여 시장을 안정시키는 유연성이 있지만, 인간이 운영하는 제도이기에 정치적 압력이나 정책 실패의 위험에서 완전히 자유로울 수 없다. 반면 블록체인은 한번 정해진 규칙(코드)에 따라 기계적으로 작동하기에 인간의 자의적 개입을 원천적으로 차단할 수 있다. 하지만 바로 그 경직성 때문에 예기치 못한 위기에 대응하는 데 한계를 보이기도 한다. 또한 막대한 에너지 소비나 51퍼센트 공격 같은 기술적 취약점도 여전히 존재한다.

어느 한쪽이 완벽하게 우월하다고 말하기는 어렵다. 두 시스템 모두 화폐의 기억을 보존해 사람들이 서로를 믿고 협력하게 만든다는 궁극적인 목표를 공유한다. 중요한 것은, 인류가 망각이라는 거대한 도전에 맞서 이토록 정교하고 다른 방식의 기억 시스템을 만들어냈다는 사실이다. 레너드가 자신의 연약한 기억을 보완하기 위해 여러 외부 장치를 동시에 사용했듯, 어쩌면 미래 사회는 이 두 시스템이 서로의 단점을 보완하며 공존하는 형태가 될지도 모른다. 이 두 기억의 수호자가 있기에, 우리는 어제의 약속을 믿고 오늘의 거래에 나설 수 있다. 그렇다면 이 모든 기억의 총합은 우리에게 어떤 의미일까.

공동체의 기억

레너드는 몸에 새긴 문신과 주머니 속 사진들을 그러모아 간신히 '나'라는 이야기를 이어간다. 그에게 기억은 흩어진 파편이었고, 삶은 그 파편들을 필사적으로 꿰맞추는 행위였다.

중앙은행과 블록체인이라는 두 기억의 수호자를 살펴본 지금, 우리는 돈의 기억 역시 이와 다르지 않음을 깨닫는다. 돈의 기억은 단순히 과거 거래의 기록을 넘어 우리라는 공동체가 함께 써 내려가는 하나의 거대한 서사다.

기억이 모여 이야기가 될 때

한 개인의 삶이 기억의 총합으로 이루어지듯, 한 사회의 경제 역시 기억의 축적으로 형성된다. 내가 받은 월급은 지난 한 달간의 노동을 기억하고, 내가 낸 세금은 사회 기반 시설을 유지하겠다는 공동의 약속을 기억한다. 우리가 결혼식에서 축의금을 내는 행위는 '우리의 시작을 당신이 기억해주었으니, 우리도 당신의 기쁜 날을 기억하겠다'는 미래를 향한 약속의 교환이다. 이처럼 돈이 오가는 모든 순간에는 과거의 기여, 현재의 신뢰, 미래의 기대라는 서사가 깃들어 있다.

화폐는 이 수많은 개인의 서사를 하나로 엮어 '우리'의 이야기로 만드는 위대한 서술자다. 서로 알지 못하는 수백만, 수천만 명의 사람이 같은 돈을 사용한다는 것은, 보이지 않는 신뢰의 네트워크 안에서 같은 이야기를 공유하고 있다는 의미다. 우리는 돈을 통해 타인의 노동과 재능을 구매하고, 나의 기여를 다른 사람에게 판매한다. 이 끊임없는 교환의 과정에서 개인의 기억은 사회의 기억으로 확장되고, 마침내 '우리'라는 공동체의 경제적 서사가 완성된다.

망각과의 싸움

하지만 이 서사는 저절로 쓰이지 않는다. 레너드가 끊임없이 메모하고 사진을 찍어야 했듯, 공동체 역시 자신들의 기억을 보존하기 위해 부단히 노력해야 한다. 때로는 인플레이션이라는 망각의 파도가 덮쳐와 애써 써 내려간 페이지들을 지워버리려 하고, 때로는 금융위기라는 충격이 서사의 흐름을 완전히 뒤바꿔놓기도 한다. 1930년대 대공황을 겪은 세대가 평생 극단적인 절약과 저축 습관을 지녔던 것처럼, 한 세대의 경제적 트라우마는 다음 세대의 돈에 대한 태도에 깊은 흔적을 남긴다.

결국 한 사회의 경제적 성숙도는 그 사회가 자신들의 기억을 얼마나 잘 관리하는지에 달려 있다. 과거의 교훈을 잊고 같은 실수를 반복하는 사회는 제자리를 맴돌 뿐이다. "이번에는 다르다"는 말은 금융시장에서 가장 비싼 대가를 치르는 말이라고들 한다. 과거의 거품 붕괴를 망각하고 새로운 탐욕에 휩싸일 때마다, 시장은 어김없이 무너져 내렸다. 반면 과거의 기억을 소중히 여기고 그것을 바탕으로 더 나은 미래를 설계하는 사회는 앞으로 나아갈 수 있다. 돈의 기억을 지키는 것은 단순히 부를 지키는 행위를 넘어, 우리가 누구이며 어디로 가고 있는지에 대한 공동체의 정체성을 지키는 일이다.

우리라는 문신

우리는 돈이 단순한 교환 수단을 넘어, 우리 자신을 비추고 사회를 엮어주는 거대한 기억 시스템임을 살펴보았다. 레너드의 문신처럼, 돈은 우리의 약속과 기여를 새기고, 망각의 심연으로부터 우리를 지켜주는 존재다. 그 기억의 문신이 선명할 때, 우리는 비로소 서로를 믿고 미래를 향한 발걸음을 내디딜 수 있다.

결국 돈이란, 망각과 싸우며 우리라는 약속을 서로의 심장에 새기는, 가장 아프고도 위대한 문신이다. 하지만 돈의 이야기는 여기서 끝나지 않는다. 기억은 언제나 또 다른 거대한 힘, 바로 '시간'과 마주하고 있기 때문이다. 어제의 기억이 오늘의 가치를 결정한다면, 그 가치는 시간의 흐름 속에서 어떻게 변해갈까? 돈에 새겨진 기억은 이자율이라는 이름의 시간을 먹고 자라기도 하고, 인플레이션이라는 이름의 시간 속에서 풍화되기도 한다.

3 돈과 시간
가격표가 붙은 오늘

◀ 정태관, 「시간은 돈이다」, 2026.

"기억하라. 시간은 돈이다."

– 벤저민 프랭클린

시간의 화폐, 생명의 저울

만약 당신이 커피 한 잔을 사기 위해 지불해야 하는 대가가 현금이 아니라, 당신의 심장에서 흘러나가는 생명 4분이라면 어떨까? 아마도 우리는 매일 아침 향긋한 커피 향을 맡을 때마다, 잠시 멈춰 서서 이 사치가 나의 삶을 정말 4분이나 단축할 가치가 있는지 고뇌하게 될 것이다.

영화 「인 타임」(In Time)은 바로 이 섬뜩하고도 매혹적인 상상을 스크린 위에 펼쳐놓는다.[1] 그곳은 시간이 모든 가치를 재는 유일한 척도이자, 존재의 무게를 결정하는 절대적 저울이 되는 세상이다. 이 잔인한 세계를 통해 우리는 돈의 가장 근본적인 특성 중 하나, 즉 돈이 인간의 유한한 시간을 어떻게 반영하고 지배하는지를 엿볼 수 있다.

24시간의 굴레

영화 속 빈민 지구 '데이턴'의 풍경은 쉴 새 없이 움직이는 사람들로 가득하다. 그들은 공장으로, 식당으로, 또 다음 일터를 향해 끊임없이 달린다. 잠시라도 멈추면 팔뚝의 '수명 시계'가 0을 가리키며 그대로 심장이 멎을지 모른다는 공포가 그들의 발걸음을 재촉한다.

주인공 윌 살라스의 삶이 바로 그 축소판이다. 매일 공장에서 고된 노동으로 몇 시간을 벌면, 그 시간은 곧장 그날의 식비와 집세로 사라진다. 그의 수명 시계는 늘 24시간 언저리를 맴돌며 위태롭게 깜빡인다. 그의 삶에는 '저축'이나 '미래'라는 단어가 끼어들 틈이 없다.

이러한 삶의 방식은 현대 사회에서 불안정한 노동자들이 겪는 '하루 벌어 하루 사는' 현실의 극단적인 은유다. 돈이라는 자원이 부족할 때, 그것은 미래를 위한 투자 수단이 아니라 오직 현재를 버티기 위한 생존 도구로 전락한다. 금융자산이 없는 이들에게 예기치 못한 병원비나 실직은 곧 생존의 위협이 되듯, 영화 속 인물들에게 갑작스러운 물가 상승은 곧 죽음을 의미한다.

시스템 자체가 개인에게 장기적인 계획을 세울 기회를 박탈할 때, 인간은 자연스레 눈앞의 현재에만 매달리게 된다. 윌과 이웃들은 시간을 벌기 위해 자신의 시간을 소진하는 벗어날 수 없는 굴레에 갇혀 있는 것이다.

버스 정류장에서 스러진 생명

이 세계의 비극이 정점에 달하는 것은, 바로 윌의 어머니가 겪는 마지막 순간이다. 그녀는 아들의 생일을 축하해주기 위해 빠듯한 시간 속에서도 일을 마치고 버스를 타려 한다. 하지만 그사이 버스 요금은 예고 없이 한 시간에서 두 시간으로 폭등해 있었다. 전날까지만 해도 충분했던 그녀의 시간은 이제 버스 한 번 탈 수 없는 무가치한 것이 되어버렸다.

그녀는 필사적으로 아들이 있는 곳을 향해 뛰기 시작한다. 반대편에서 이를 알아챈 윌 역시 미친 듯이 어머니를 향해 달린다. 팔뚝에 새겨진 시간이 속절없이 줄어드는 것을 보면서, 두 사람은 절박하게 손을 뻗는다. 하지만 단 몇 걸음을 남겨두고, 어머니의 시계는 0을 가리키고 만다. 윌의 품에 안겨 쓰러진 그녀의 눈에는, 아들을 보지 못한 채 시간을 전부 소진해버린 자의 공허함만이 가득하다.

버스 요금 두 시간. 누군가에게는 하룻밤 술값에도 미치지 못할 시간이지만, 그녀에게는 삶과 죽음을 가르는 대가였다. 이 장면은 단순히 영화적 비극을 넘어, 돈의 시간적 가치가 붕괴할 때의 공포를 처절하게 보여준다. 인플레이션, 즉 화폐가치의 하락은 이처럼 조용하지만 가장 잔인한 방식으로 우리의 시간을 훔쳐 간다.

어제까지 내가 땀 흘려 모은 돈의 가치가 하룻밤 사이에 정부의 정책이나 시장의 변덕으로 휴지 조각이 될 수 있다는 현실은 비단 영화 속 이야기가 아니다. 1920년대 바이마르 공화국에서는 빵 한 덩이를 사기 위해 손수레 가득 지폐를 실어 날라야 했고, 평생 모은 저축이 하루아침에 무의미해지는 고통을 겪었다. 내가 가진 돈으로 어제는 살 수 있었던 빵 한 조각을 오늘은 살 수 없게 되는 순간, 우리는 화폐에 새겨진 '과거의 기억'이 지워지는 경험을 하게 된다. 윌의 어머니가 겪은 비극은 바로 그 '기억의 삭제'가 낳은 필연적인 결과였다.

보이지 않는 시계와 시간의 상인

우리의 팔뚝에는 시간을 재는 디지털시계가 없다. 하지만 우리는 매일 노동을 통해 시간을 돈과 맞바꾸고, 그 돈으로 다시 삶에 필요한 시간을 구매하며 살아간다. 그런 의미에서 우리 모두는 보이지 않는 시간의 상인이다. 어떤 이는 자신의 시간을 비싸게 팔아 더 많은 자유 시간을 얻고, 어떤 이는 헐값에 시간을 팔아 최소한의 생존 시간만을 겨우 확보한다.

이 거래가 언제나 공정하다는 보장은 없다. 내가 애써 모은 시간의 가치가 알 수 없는 이유로 폭락하고, 나의 생존 자체가 외부의 힘에 흔들릴 수 있다. 「인 타임」은 그 불안의 실체를 '시간'이라는 가장 원초적인 화폐로 우리에게 보여준다. 시간이라는 자원은 공평하게 주어지는 듯 보이지만, 그 가치를 지키고 불릴 수 있는 능력은 결코 공평하지 않다.

돈의 중요한 특성 중 하나는 그것이 '가치 저장' 기능을 한다는 점인데, 이 기능이 불안정해질 때 가장 큰 타격을 입는 것은 자산을 축적할 여유가 없는 이들이다. 영화 속에서 시간을 통제하는 권력층은 의도적으로 물가를 올려 빈민들의 시간을 잠식한다. 현실에서도 급격한 인플레이션이나 금융위기는 사회의 가장 약한 고리부터 무너뜨린다. 결국 돈과 시간의 교환은, 보이지 않는 권력과 시스템의 법칙 아래에서 이루어지는 위태로운 줄타기와 같다.

남겨진 질문들

시간은 왜 이토록 불평등하게 흐르는가? 왜 어떤 이의 시간은 저절로 불어나고, 어떤 이의 시간은 속절없이 사라지는가? 영화가 던진 이 절박한 질문들은 단지 스크린 너머 공상에 머무르지 않는다. 그것은 우리가 살아가는 자본주의 사회의 심장부를 관통하는 질문이기도 하다. 부자는 어떻게 더 많은 부와 시간을 축적하고, 가난한 자는 왜 시간과 돈 모두로부터 소외되는가. 이 거대한 수수께끼를 풀기 위해, 우리는 이제 시간과 돈을 연결하는 보이지 않는 법칙의 세계로 더 깊이 들어가야 한다.

그 길목에서 우리를 기다리는 것은 바로 '오늘의 한 시간'과 '내일의 두 시간' 사이에서 매일같이 벌어지는 선택의 비밀, 즉 '이자'와 '기회비용'에 관한 이야기다. 이 근원적인 교환의 규칙을 이해할 때, 비로소 우리는 시간을 지배하는 자와 시간에 지배당하는 자의 갈림길이 어디에서 시작되는지를 어렴풋이나마 짐작하게 될 것이다. 돈의 시간적 속성이 드러내는 빛과 그림자 속에서, 우리의 수명 시계는 이제 막 첫 초를 새기기 시작했다.

기다림에 매겨진 값

하루를 살아남는 데 성공한 사람에게는 어김없이 선택의 순간이 찾아온다. 간신히 벌어들인 몇 시간의 여유. 이 시간을 지금의 안락함을 위해 쓸 것인가, 아니면 불확실한 내일을 위해 아껴둘 것인가. 영화 「인 타임」 속 빈민 지구의 사람들은 대부분 전자를 택한다. 당장 손에 들어온 시간을 술 한잔의 즐거움과 맞바꾸거나 내일을 기약할 수 없는 도박에 걸어버린다.

그들의 선택을 단순히 의지가 나약하기 때문이라고 비난할 수 있을까? 어쩌면 그들은 알고 있는지도 모른다. 시스템이 가난한 자의 미래를 보장해주지 않는 세상에서, 내일의 두 시간보다 오늘의 한 시간이 더 절실하고 소중할 수 있다는 사실을 말이다.

오늘을 선택하는 마음

경제학에서는 미래의 더 큰 보상보다 현재의 작은 만족을 선호하는 경향을 '현재 편향' 또는 '시간 할인'이라 부른다.[2] 미래의 가치를 현재보다 낮게 평가한다는 의미다. 영화 속 데이턴 지구의 사람들은 극단적인 현재 편향을 보여준다. 내일을 기약할 수 없는 환경은 미래의 가치를 거의 제로(0)에 가깝게 할인해버린다. 주인공이 단짝에게

10년이라는 귀한 시간을 건넸을 때, 친구는 그 시간을 미래를 위해 저축하는 대신 당장의 술과 맞바꾸며 결국 세상을 떠난다. 내일을 기약해본 적 없는 이에게 갑자기 주어진 '미래'는 계획의 대상이 아니라, 당장 써버려야 할 '현재'의 소비일 뿐이었던 것이다.

이러한 현상은 비단 영화 속 이야기가 아니다. 현실에서도 경제적 결핍은 사람들의 인지적 자원을 소모시켜 장기적인 계획을 세우기 어렵게 만든다.[3] 당장 다음 달 월세와 공과금을 걱정해야 하는 사람에게 10년 뒤 노후 준비는 심리적으로 너무 먼 이야기다. 이는 개인의 의지 문제를 넘어, 빈곤이라는 환경이 사고의 지평을 현재에 가두기 때문에 발생하는 구조적인 문제에 가깝다.

돈이 부족할수록 사람들은 눈앞의 작은 이익에 더 민감해지고, 미래의 더 큰 가능성을 위한 현재의 희생을 감수하기 어려워진다. 결국 가난은 현재에 대한 집착을 낳고, 그 집착은 다시 가난에서 벗어날 기회를 앗아가는 비극적인 굴레를 만든다.

기다림의 가격, 이자율

오늘의 시간과 내일의 시간은 어떤 비율로 교환될까? 그 교환의 가격표가 바로 '이자율'이다. 이자는 단순히 돈의 사용료가 아니라 본질적으로 '시간의 가격'이다. 돈을 빌리는 행위는 미래의 시간을 현재로 앞당겨 쓰는 것이고, 그 대가로 지불하는 것이 이자다. 반대로 저축은 현재의 소비를 미래로 미루는 행위이며, 그 기다림에 대한 보상으로 이자를 받는다. 저명한 경제학자 어빙 피셔(Irving Fisher)는 이미 20세기 초에 이자율이 사람들의 '시간 선호'에 의해 결정된다고 통찰했다.[4] 즉, 사람들이 현재를 얼마나 더 소중히 여기느냐에 따라 이자율이 달라진다는 것이다.

「인 타임」의 세계에서 이자율은 생사를 가르는 무기다. 영화 속 시간 대부업체는 가난한 이들에게 시간을 빌려주며 살인적인 고금리를 매긴다. 오늘 몇 시간을 빌리기 위해 내일은 그보다 훨씬 더 많은 시간을 갚아야 하는 구조다. 이 불공정한 교환 비율은 부유층에게는 시간을 무한히 축적하는 복리의 마법을, 빈곤층에게는 벗어날 수 없는 빚의 족쇄를 채운다.

현실의 금융 시스템 또한 이와 유사한 양면성을 지닌다. 이자율은 투자를 촉진하고 경제성장을 이끄는 동력이지만, 동시에 고금리 대출은 개인과 가정을 파산으로 내모는 파괴적인 힘으로 작용하기도 한다. 이처럼 이자율이라는 시간의 가격표는, 누군가에게는 미래로 가는 다리가 되지만 다른 누군가에게는 현재의 발목을 잡는 족쇄가 된다.

포기한 길의 그림자, 기회비용

이자율이 시간의 '명시적' 가격이라면, 기회비용은 우리가 치르는 보이지 않는 시간의 대가다. 기회비용은 어떤 하나를 선택함으로써 포기해야만 하는 다른 선택지들의 가치 중에서 가장 큰 것을 의미한다. 「인 타임」의 세계에서 기회비용은 곧 '포기한 생명'이다. 주인공이 어머니를 구하기 위해 한 시간을 들여 버스를 탔다면, 그는 그 한 시간 동안 공장에서 일해 벌 수 있었던 또 다른 한 시간을 포기한 셈이다. 모든 선택은 이처럼 보이지 않는 시간의 그림자를 드리운다.

우리 삶에서도 마찬가지다. 오늘 저녁 친구와 만나 즐거운 시간을 보내기로 결정했다면, 우리는 그 시간에 책을 읽거나 운동을 하며 얻을 수 있었던 미래의 지식과 건강이라는 기회비용을 지불하는 것이다. 금융 전문가 데이비드 바크(David Bach)가 대중화한 '라테 효과'(Latte Effect) 역시 기회비용의 논리다.[5] 매일 마시는 커피 한 잔 값 5,000원을 아껴 투자했다면, 수십 년 뒤에는 복리 효과 덕분에 수천만 원의 자산이 되어 있을 수 있다는 이야기다.

이는 우리가 오늘의 작은 만족을 위해 미래의 더 큰 가능성을 포기하고 있음을 보여준다. 물론 현재의 행복과 만족감 또한 무시할 수 없는 가치다. 중요한 것은 모든 선택의 순간에 내가 무엇을 얻고 무엇을 포기하고 있는지를 명확히 인식하는 것이다. 포기한 시간의 그림자를 이해할 때, 비로소 우리는 현재의 선택에 더 큰 책임감을 느끼게 된다.

미래를 담보 잡힌 현재

시간의 가치를 할인하고, 높은 이자를 물고, 막대한 기회비용을 감수하는 선택은 종종 미래를 담보로 현재를 연명하는 행위로 이어진다. 이는 개인의 재무 상태를 넘어 한 사회의 경제구조를 이해하는 중요한 열쇠가 된다. 예를 들어, 한 국가가 미래 세대의 부담을 고려하지 않고 막대한 재정 적자를 감수하며 현재의 복지나 경기 부양에 집중한다면, 이는 미래의 성장을 현재로 끌어다 쓰는 것과 같다. 당장은 달콤한 과실을 맛볼 수 있지만, 그 대가는 결국 다음 세대가 짊어져야 할 무거운 빚으로 남는다.

「인 타임」에서 시간의 불평등은 세대를 넘어 고착화된다. 부유층은 자녀에게 막대한 시간을 상속하며 영생에 가까운 삶을 물려주지만, 빈민층의 자녀들은 태어날 때부터 시간에 쫓기는 삶을 대물림받는다. 이는 현실에서 '수저 계급론'이라는 이름으로 나타나는 자산 불평등 문제를 떠올리게 한다. 부모 세대의 경제적 지위가 자녀의 교육 기회와 미래 소득을 결정하고, 이는 다시 그다음 세대로 이어지는 악순환의 고리를 만든다. 돈이 시간을 사고, 그 시간이 다시 돈을 버는 구조 속에서, 개인의 노력만으로는 넘기 힘든 거대한 벽이 세워지는 것이다. 결국 미래를 담보로 잡힌 현재의 선택들이 모여, 사회 전체의 시간적 불평등을 심화시킨다.

균형을 향한 여정

'오늘 한 시간'과 '내일 두 시간' 사이의 선택은 우리가 가진 자원을 어떻게 배분할 것인지에 대한 근본적인 질문으로 이어진다. 현재의 즐거움을 위해 미래를 외면하는 삶이 반드시 정답은 아니지만, 미래만을 위해 현재의 모든 순간을 희생하는 삶 또한 현명하다고 할 수 없다. 중요한 것은 이 둘 사이에서 균형을 찾아가는 것이다. 하지만 그 균형점을 찾는 일은 개인의 의지만으로 가능한 것이 아니다. 사회의 경제 시스템, 즉 금리 구조와 소득 불평등, 사회안전망의 수준이 개인의 선택에 지대한 영향을 미친다.

영화「인 타임」은 시간이라는 화폐를 통해 이 구조적 문제를 극명하게 보여준다. 가난한 자에게는 오직 '현재'라는 선택지만이 강요되고, 부유한 자에게는 '미래'라는 무한한 선택지가 열려 있다. 이처럼 시간의 사용법이 개인의 의지를 넘어 사회구조에 의해 결정될 때, 돈의 시간적 속성은 개인의 자유를 확장하는 도구가 아닌, 불평등을 재생산하는 기제가 된다. 이 냉혹한 진실은, 시간과 돈의 관계가 우리를 어디로 이끌고 있는지 보여준다. 각자의 팔뚝에서 째깍거리는 수명 시계는 이제 서로의 생존과 맞물려 흐르기 시작하고, 우리는 그 거대한 흐름 속에서 돈의 또 다른 얼굴을 마주하게 될 것이다.

영원을 사는 사람들의 도시

데이턴의 거친 숨결과 달리, 시간의 강이 유유히 흐르는 곳이 있다. 영화 속 최상류층이 모여 사는 도시, '뉴그리니치'다. 이곳의 풍경은 마치 시간이 멈춘 듯 고요하고 평화롭다. 사람들은 뛰지 않는다. 그럴 필요가 없기 때문이다. 그들의 팔뚝에는 수십 년, 수백 년, 심지어 천년이 넘는 시간이 새겨져 있다.

그들에게 시간은 생존을 위한 투쟁의 대상이 아니라, 영원을 향유하기 위한 무한한 자원이다. 윌 살라스가 우연한 기회로 이곳에 발을 들였을 때, 그는 마치 다른 차원에 온 듯한 충격을 받는다. 이 도시는 돈의 시간적 속성이 어떻게 극단적인 불평등을 낳고, 마침내 두 개의 다른 세상을 창조하는지를 보여주는 거대한 무대다.

흐르지 않는 시간의 강

뉴그리니치의 시간은 거대한 호수처럼 잔잔하고 깊다. 가끔씩 사치스러운 파티나 위험한 도박으로 몇십 년의 시간을 잃는다 해도, 그들의 영원이라는 호수에는 작은 물결이 하나 일어날 뿐이다. 이들의 삶은 '장기적 관점'이라는 말로 요약될 수 있다. 미래가 거의 무한대에 가깝게 보장되어 있기에, 그들은 단기적인 손실이나 변동에 일희일비하지 않는다. 오히려 시간을 자산으로 여기고, 더 많은 시간을 낳는 투자에 집중한다.

현실의 부유층이 주식이나 부동산, 채권 등에 장기 투자하여 자산을 불려나가듯, 뉴그리니치의 사람들은 시간을 예치하여 이자를 받거나, 다른 이에게 시간을 빌려주고 더 큰 시간으로 돌려받는다. 기다림은 그들에게 비용이 아니라 수익이다. 이에 반해 윌이 떠나온 데이턴의 시간은 좁은 협곡을 흐르는 거친 급류와 같다. 한시도 멈출 수 없으며, 작은 장애물 하나에도 모든 것이 휩쓸려갈 수 있다. 그들의 시간 지평은 극도로 짧다. 내일 혹은 몇 시간 뒤의 생존이 불확실한 상황에서 장기적인 계획은 사치일 뿐이다.

경제학자 프랑코 모딜리아니(Franco Modigliani)는 사람들이 자신의 생애 전체에 걸쳐 소비를 안정적으로 유지하려는 경향이 있다고 설명했다.[6] 이 '생애주기 가설'에 따르면, 사람들은 젊을 때 벌어 저축하고 나이가 들어 그 돈을 꺼내 쓰며 삶의 질을 유지한다. 하지만 데이턴의 사람들에게는 '생애'라는 개념 자체가 희미하다. 그들에게 주어진 것은 오직 소멸해가는 '현재'뿐이기에, 모딜리아니가 말한 합리적 개인의 모습은 그들에게서 찾아보기 어렵다.

복리의 마법과 시간의 격차

시간이 많은 사람과 적은 사람의 격차는 단순한 덧셈으로 벌어지지 않는다. 그것은 곱셈, 즉 '복리'의 원리로 기하급수적으로 벌어진다. 원금에 붙는 이자에 다시 이자가 붙어 시간이 흐를수록 자산이 눈덩이처럼 불어나는 이 원리는 금융의 가장 강력한 마법으로 불린다. 뉴그리니치의 사람들은 시간을 통해 이 복리의 마법을 누린다. 그들이 가진 수백 년의 시간은 그 자체로 또 다른 시간을 낳는 자본이다. 시간이 흐를수록 그들의 부는 저절로 증식하며, 영원은 더욱 견고해진다.

현실 세계에서도 자산의 복리 효과는 부의 격차를 만드는 핵심적인 엔진이다. 초기에 작은 종잣돈이라도 장기적으로 꾸준히 투자하면, 수십 년 뒤에는 상상하지 못했던 규모로 불어날 수 있다. 하지만 애초에 투자할 종잣돈, 즉 '시간을 묻어둘 여유'가 없는 사람에게 복리는 먼 나라 이야기일 뿐이다.

데이턴의 사람들은 시간을 축적할 기회 자체가 없기 때문에, 복리의 혜택에서도 완벽하게 소외된다. 그들이 하루 벌어 하루를 살아가는 동안, 뉴그리니치의 시간은 잠자는 동안에도 스스로 불어나고 있다. 이처럼 복리의 마법은 가진 자에게는 축복이지만, 가지지 못한 자에게는 넘을 수 없는 벽이 되어 시간의 격차를 영원히 고착시킨다.

시간이 시간을 버는 구조

뉴그리니치의 부는 어떻게 유지되는가? 그것은 바로 '시간이 시간을 버는' 구조, 즉 자본 수익률의 힘 덕분이다. 토마 피케티(Thomas Piketty)는 그의 저서 『21세기 자본』에서 자본 수익률이 경제 성장률보다 높을 때 부의 불평등이 심화된다고 주장했다.[7] 영화 속 세계에서 시간은 곧 자본이다. 부유층은 자신들이 가진 막대한 시간을 대출이나 투자를 통해 노동으로 시간을 버는 것보다 훨씬 빠른 속도로 불려나간다. 그들은 빈민 지구에 높은 이자율로 시간을 빌려주는 '시간 대부업'을 운영하거나, 시간을 투자하여 더 큰 시간을 벌어들인다. 그들이 통제하는 금융 시스템과 외부의 위협으로부터 안전한 뉴그리니치의 안정성은, 그들의 '시간 자본'이 저절로 불어나는 최적의 환경을 제공하는 셈이다.

이 구조는 현실의 자산 불평등 심화 과정과 정확히 일치한다. 금융 자산을 보유한 이들은 배당, 이자, 시세 차익 등을 통해 노동소득 증가율을 훌쩍 뛰어넘는 부를 축적한다. 반면 노동소득에만 의존하는 사람들은 자산 가격 상승의 속도를 따라잡기 어렵다.

「인 타임」은 이 복잡한 경제학적 현실을 '영생'과 '하루살이'라는 직관적인 이미지로 단순화하여 보여준다. 부유층은 영원히 살기 때문에 시간을 잃을 위험이 거의 없는 안전한 게임을 하는 반면, 빈민층은 시간을 잃으면 죽는 치명적인 게임에 내몰린다. 시간이 곧 자본인 세상에서, 자본의 있고 없음은 생과 사의 문제로 직결되는 것이다.

혁명의 불씨, 시간의 재분배

윌이 뉴그리니치의 질서에 순응하지 않고, 시간은행을 털어 그 시간을 데이턴으로 흘려보내는 행위는 이 견고한 시스템에 던지는 하나의 혁명이다. 그는 시간이라는 부의 독점을 깨고 강제적인 재분배를 시도한다. 이 장면은 우리에게 많은 질문을 던진다. 극심한 불평등은 혁명적 수단을 통해 바로잡아야 하는가? 그렇게 분배된 시간(돈)은 과연 모두에게 진정한 해방을 가져다줄까?

윌의 행동은 단기적으로는 사람들을 죽음의 공포에서 해방하는 구원의 손길처럼 보인다. 수십 년의 시간을 손에 쥔 사람들은 잠시나마 달리기를 멈추고 여유를 즐긴다. 하지만 경제학적 관점에서 보면, 이러한 급격한 '통화 공급'의 증가는 예측 불가능한 혼란을 야기할 수 있다. 갑자기 모두가 부자가 된 세상에서, 재화와 서비스의 가격은 폭등할 가능성이 높다. 즉, 시간의 '가치' 자체가 폭락하는 하이퍼인플레이션이 발생할 수 있는 것이다.

모두가 100만 년의 시간을 가졌지만, 커피 한 잔에 1,000년을 지불해야 하는 세상이 온다면, 그 시간에 무슨 의미가 있을까? 영화는 이 지점에서 명확한 답을 내리지 않은 채, 시스템 전체가 요동치는 모습을 보여주며 막을 내린다. 이는 부의 재분배라는 문제가 단순히 부를 나누는 행위로 끝나지 않으며, 사회 시스템 전체의 안정성과 가치 체계를 어떻게 재구성할 것인가에 대한 더 깊은 고민을 필요로 함을 암시한다.

시간의 흐름을 지배하는 자

「인 타임」이 그린 두 도시는, 돈의 시간적 속성이 개인의 선택을 넘어 사회 전체의 구조를 어떻게 형성하는지 보여주는 하나의 거대한 실험실이다. 한쪽에서는 시간이 느리고 풍요롭게 흘러 영원을 만들고, 다른 한쪽에서는 시간이 빠르고 잔인하게 흘러 하루의 생존조차 위협한다. 이 두 세계를 가르는 것은 단순히 개인의 노력이나 능력이 아니라, 시간을 소유하고 축적할 수 있는 시스템의 차이다.

영화 속 시간 부자 필립 와이스는 "소수만이 불멸하기 위해, 다수는 죽어야 한다"고 말하며 이 시스템의 본질을 폭로한다. 그의 말처럼, 누군가의 영원은 다른 누군가의 유한한 시간을 먹고 자라는 것이다. 이러한 통찰은 우리에게 돈과 시간의 관계를 다시 생각하게 만든다. 우리가 사용하는 돈은 중립적인 교환 수단처럼 보이지만, 사실 그 안에는 시간을 둘러싼 권력관계가 깊숙이 새겨져 있다.

자본을 가진 자는 시간을 지배하고, 시간을 지배하는 자는 다시 자본을 축적한다. 이 거대한 흐름 속에서 우리는 어디에 서 있는가? 이 흐름의 방향을 바꾸기 위해 무엇을 할 수 있는가? 시간의 불평등을 넘어, 우리가 진정으로 추구해야 할 가치는 무엇이며, 그 가치를 지키기 위한 사회적 신뢰는 어떻게 만들어갈 수 있을까.

시간을 다스리는 자들의 선택

영화 「인 타임」의 세계에는 '타임키퍼'라는 존재가 있다. 그들은 시간을 추적하고 관리하며, 때로는 이자율을 조정하고 물가를 변동시켜 시스템 전체를 통제한다. 그들의 결정 하나에 데이턴 지구의 버스 요금이 오르고, 수많은 사람의 생명이 위협받는다. 이들은 시간의 흐름을 다스리는 보이지 않는 손이자, 동시에 그 흐름을 왜곡하는 거대한 권력이다.

이 타임키퍼의 존재는 우리에게 중요한 질문을 던진다. 현실에서 돈의 시간적 가치를 다스리는 힘은 어디에서 오는가? 그 힘은 과연 모두를 위해 공정하게 사용되고 있는가?

보이는 손과 보이지 않는 손

고전 경제학의 아버지 애덤 스미스(Adam Smith)는 시장이 '보이지 않는 손'에 의해 스스로 조화를 찾아간다고 믿었다. 개인이 각자의 이익을 추구하더라도, 시장가격이라는 신호를 통해 사회 전체의 자원이 효율적으로 배분된다는 것이다. 하지만 시간이 흐르면서, 시장이 스스로 해결하지 못하는 문제들이 드러나기 시작했다. 극심한 경기 변동, 금융위기 그리고 부의 불평등 심화 같은 문제들이다.

이에 정부와 중앙은행이라는 '보이는 손'이 등장하여 시장에 개입하고 경제를 안정시키는 역할을 맡게 되었다. 이들은 금리를 조정하고, 돈의 양을 조절하며, 때로는 직접 시장에 자금을 공급한다. 영화 속 타임키퍼는 이 '보이는 손'의 역할을 극단적으로 비틀어 보여준다. 그들은 사회 전체의 안정을 위해서가 아니라, 소수 엘리트의 영생을 위해 시스템을 조작한다. 물가를 인상하여 빈민들의 시간을 빼앗고, 고금리 대출로 그들을 빚의 굴레에 가둔다.

통화정책이라는 강력한 도구가 어떻게 특정 계층의 이익을 위해 사용될 수 있는지를 보여주는 섬뜩한 경고다. 현실의 중앙은행은 법적으로 독립성을 보장받고 물가 안정과 완전고용이라는 공공의 목표를 추구하지만, 그들의 정책이 항상 모두에게 이로운 결과를 가져오는 것은 아니다. 때로는 그들의 결정이 의도치 않게 자산 가격을 부풀리거나 특정 산업에만 혜택을 주어 불평등을 심화시킨다는 비판에 직면하기도 한다.

시간을 훔치는 유령, 인플레이션

'보이는 손'이 저지르는 가장 흔한 실수 중 하나는 바로 인플레이션의 방치 혹은 유발이다. 정부가 재정 적자를 메우기 위해, 중앙은행이 경기를 부양하기 위해 과도하게 돈을 찍어내면 화폐의 가치는 하락한다. 이는 곧 시민들이 저축해둔 돈의 구매력, 즉 그들이 과거에 일하며 쌓아온 '시간'의 가치를 떨어뜨리는 결과를 낳는다.

경제학자 밀턴 프리드먼(Milton Friedman)은 "인플레이션은 입법 없이 부과할 수 있는 세금"이라고 말했다.[8] 아무런 법적 절차 없이도, 정부는 화폐 발행을 통해 국민의 부를 조용히 이전시킬 수 있다는 의미다. 이러한 '시간 도둑질'은 사회에서 가장 취약한 사람들에게 가장 큰 고통을 안겨준다. 월급이나 연금처럼 고정된 소득으로 살아가는 사람들은 물가 상승의 속도를 따라잡지 못해 실질소득이 감소한다.

반면 부동산이나 주식 같은 실물 자산을 보유한 부유층은 인플레이션 시기에 오히려 자산 가치가 상승하는 이득을 보기도 한다. 결국 인플레이션은 부를 가난한 자에게서 부유한 자에게로 이전시키는 억진적인 효과를 낳는다. 「인 타임」에서 타임키퍼들이 물가를 올리는 행위는 바로 이러한 부의 재분배를 의도적으로 실행하는 것이다. 그들은 인플레이션이라는 유령을 통해 데이턴의 시간을 뉴그리니치로 끊임없이 흡수한다.

시간의 강물 앞에서

우리의 여정은 데이턴의 좁고 숨 가쁜 골목에서 시작하여, 뉴그리니치의 영원처럼 고요한 대로를 거쳐, 마침내 시스템의 심장부를 다스리는 타임키퍼의 방까지 이르렀다. 시간이라는 화폐가 어떻게 개인의 생사를 가르고, 계급을 나누며, 사회 전체를 움직이는 거대한 톱니바퀴로 작동하는지를 목격했다.

이제 모든 이야기가 지나간 자리에서, 우리는 시간이라는 거대한 강물 앞에 홀로 서 있는 자신을 발견한다. 이 강물은 우리를 어디로 데려갈 것인가? 우리는 이 흐름 속에서 어떤 항해사가 되어야 하는가?

유한하기에 비로소 빛나는

영화 속 뉴그리니치의 불멸자들은 역설적으로 삶의 의미를 잃어버린 듯 보인다. 시간이 무한하기에, 그들에게는 어떤 것도 절실하지 않다. 위험을 극도로 회피하며 권태로운 일상을 반복하거나, 반대로 자신의 영원한 시간을 하찮은 도박에 걸며 공허함을 달랜다. 그들의 모습은 우리에게 중요한 철학적 질문을 던진다. 만약 우리에게 영원한 시간이 주어진다면, 과연 우리는 더 행복할까?

고대 로마의 철학자 세네카는 『인생의 짧음에 관하여』에서 "인생이 짧은 것이 아니라 우리가 그것을 짧게 만드는 것"이라고 말했다.[9] 우리에게 주어진 시간은 결코 부족하지 않지만, 시간 대부분을 무의미한 일에 낭비하며 스스로 삶을 축소한다는 질책이다. 한 걸음 나아가, 삶의 가치는 그 유한함에서 비롯되는지도 모른다. 끝이 있기에 우리는 사랑하는 사람과 보내는 순간을 소중히 여기고, 꿈을 이루기 위해 열정을 불태우며, 유한한 시간 속에 의미 있는 족적을 남기려 노력한다.

돈으로 수명을 살 수 있어도 그 시간의 의미까지 살 수는 없다. 돈의 시간적 속성을 이해하는 궁극적인 목표는, 더 많은 시간을 소유하는 것이 아니라 주어진 시간을 더 가치 있게 사용하는 법을 배우는 데 있다. 시간의 주인이 된다는 것은, 결국 자신의 유한함을 받아들이고, 그 안에서 어떤 꽃을 피워낼 것인지 스스로 결정하는 태도에서 시작된다. 돈은 그 선택을 돕는 유용한 도구일 뿐, 우리 삶의 목적이 될 수는 없다.

시간을 파는 상점, 가치를 사는 인생

우리는 모두 시간을 파는 상인이자, 시간을 사는 소비자다. 노동을 통해 시간을 팔아 돈을 벌고, 그 돈으로 재화와 서비스를 구매하며 다른 이의 시간을 산다. 이 끊임없는 교환 속에서 우리는 어떤 가치를 추구하며 살아가는가? 어떤 이는 더 많은 돈을 벌기 위해 자신의 모든 시간을 기꺼이 내놓는다. 그에게 시간의 가치는 오직 금전적 보상으로만 측정된다. 하지만 어떤 이는 돈을 덜 버는 한이 있더라도 가족과 함께하는 저녁 시간이나 자신만의 고요한 독서 시간을 포기하지 않는다. 그에게 시간의 가치는 돈으로 환산할 수 없는 행복과 성장의 크기로 결정된다.

결국 시간을 어떻게 사용할 것인지의 문제는 '어떤 삶을 살 것인가' 라는 질문과 맞닿아 있다. 돈의 시간적 가치를 이해한다는 것은, 이자율을 계산하고 기회비용을 따지는 기술적인 능력을 넘어, 자신에게 진정으로 소중한 것이 무엇인지 성찰하는 과정이다. 벤저민 프랭클린이 "시간은 돈이다"라고 말했을 때, 그는 시간을 낭비하지 말고 생산적으로 사용하라는 의미를 담았을 것이다. 하지만 우리는 그 격언을 뒤집어 "돈은 시간이다"라고 말할 수도 있다. 돈을 사용하여 우리는 하기 싫은 일을 다른 사람에게 맡기고, 사랑하는 사람들과 함께할 시간을, 혹은 자신의 꿈을 추구할 시간을 살 수 있기 때문이다. 이처럼 돈과 시간은 서로를 비추는 거울과 같다.

흐르는 시간 속, 가치의 발견

시간의 강물은 쉼 없이 흐르지만, 그 강물을 그저 흘려보낼 것인지 아니면 그 속에서 보석을 건져 올릴 것인지는 우리의 선택에 달렸다. 돈의 시간적 가치를 아는 것은 항해술을 배우는 것과 같다. 이자율의 흐름을 읽고, 기회비용이라는 암초를 피하며, 복리라는 순풍을 탈 수 있다면, 우리는 더 멀고 풍요로운 목적지에 닿을 수 있다. 하지만 항해술만으로 항해의 목적이 정해지는 것은 아니다.

어떤 이는 황금으로 가득한 미지의 섬을 찾아 떠나고, 어떤 이는 사랑하는 이와 함께 노을을 감상할 수 있는 조용한 해변을 찾아 나선다. 어느 항해가 더 가치 있다고 말할 수는 없다. 중요한 것은 내가 왜 이 항해를 시작했는지 그리고 어디로 가고 싶은지를 잊지 않는 것이다. 돈의 시간적 속성은 우리에게 강력한 도구를 쥐여주지만, 그 도구를 사용하여 무엇을 만들 것인지는 전적으로 우리 몫이다.

어떤 이는 돈으로 더 많은 돈을 버는 데 시간을 사용하며 자본의 탑을 쌓아 올리고, 또 다른 이는 돈으로 시간을 사서 지식과 경험을 쌓고, 예술을 창조하며 내면의 우주를 넓혀간다. 돈은 시간을 통해 무한한 가능성을 열어주지만, 그 가능성을 현실로 만드는 것은 결국 가치를 향한 우리의 열망이다.

가치를 향한 마지막 질문

돈과 시간의 관계를 탐색해온 우리의 여정은 결국 하나의 질문으로 수렴한다. 우리는 무엇을 위해 돈을 벌고 시간을 사용하는가? 「인 타임」의 마지막 장면에서, 윌과 그의 연인은 무너진 시스템 속에서도 새로운 싸움을 계속해나간다. 그들의 시계는 여전히 위태롭게 흐르지만, 그들은 더 이상 시간에 쫓기는 노예가 아니다. 오히려 시간을 빼앗긴 사람들을 위해 시간을 되찾아주는, 시간의 새로운 주인이 되기를 선택한다. 그들은 단순히 생명을 연장하는 것을 넘어 '정의'와 '연대'라는 더 큰 가치를 위해 자신의 시간을 사용하기로 결심한 것이다.

그들의 모습은 우리에게 묻는다. 만약 당신에게 100년의 시간이 주어진다면, 당신은 그 시간을 어디에, 어떻게 사용하겠는가? 돈으로 환산할 수 없는 가치들, 예컨대 사랑, 우정, 지식, 예술 그리고 공동체에 대한 헌신과 같은 것을 위해 우리는 얼마의 시간을 기꺼이 내어줄 수 있을까.

돈의 시간적 속성을 이해하는 것은 중요하다. 하지만 그것은 출발점일 뿐이다. 궁극적으로 우리가 탐구해야 할 것은, 그 시간을 통해 어떤 '가치'를 실현하며 살아갈 것인가 하는 문제다.

Part 2

세상으로 나온 돈
교환으로 드러난 돈의 가치

"돈은 혼자 존재하지 않는다.
보이지 않는 신뢰 위에서 가치를 측정하고 교환하는
이 거대한 약속의 시스템을 이해할 때
우리는 비로소 고립된 개인이 아니라
세상과 연결된 기회의 중심에 서게 된다."

4 돈과 가치
명목과 실질 사이의 거리

◀ 정태관, 「야구선수와 가격표」, 2026.

"가격은 당신이 지불하는 숫자이고,
가치는 당신이 얻는 것이다."
－워런 버핏

세상의 저울을 의심한 남자

2002년 미국 메이저리그의 풍경은 거대한 저울의 양 끝과 같았다. 한쪽에는 뉴욕 양키스라는 거인이 있었다. 천문학적인 연봉으로 슈퍼스타들을 사들이며 승리를 약속받은 듯한 팀이다. 다른 한쪽에는 오클랜드 애슬레틱스라는 작은 팀이 있었다. 스타 선수들이 떠나간 텅 빈 자리를 채울 예산조차 넉넉지 않은, 누가 봐도 불리한 게임을 시작해야 하는 팀이다.

세상의 모든 저울은 이미 양키스 쪽으로 기울어 있었다. 그들이 가진 선수들의 '가격표'가 곧 승리의 크기를 증명하는 듯 보였기 때문이다. 이 이야기는 실화를 바탕으로 하지만, 이 글에서는 독자의 몰입을 돕기 위해 영화 「머니볼」(Moneyball)의 등장인물인 빌리 빈과 피터 브랜드의 이름을 빌려 이야기를 풀어나가고자 한다.[1]

관습의 눈과 숫자의 눈

오클랜드의 낡은 회의실, 시가 연기가 자욱한 그곳에는 수십 년간 야구장을 지켜온 백전노장 스카우트들이 앉아 있다. 그들의 언어는 확신에 차 있었고, 그들의 판단 기준은 오랜 경험에서 우러나온 '관습의 눈'이었다. 한 선수의 비디오가 재생되자, 한 노장이 팔짱을 끼며 나지막이 읊조린다.

"스윙은 부드럽지만, 저 친구 여자친구가 별로야. 자신감이 부족하다는 증거지."

여기저기서 고개를 끄덕이는 소리가 들린다. 또 다른 선수를 두고는 "체격이 좋고, 공격과 수비 모든 면에서 완벽한 재능을 갖춘 선수"라는 찬사가 이어진다. 그들에게 선수의 가치는 마치 잘 빚은 조각상을 감상하듯, 눈에 보이는 외형과 자세 그리고 그들이 평생 믿어온 알 수 없는 '기운' 같은 것들로 결정되었다. 이러한 전통 속에서 타율, 홈런, 도루처럼 즉각적으로 눈에 들어오는 지표는 선수의 몸값을 결정하는 절대적인 기준이었고, 그 화려한 가격표는 곧 가치의 증명서처럼 여겨졌다.[2]

하지만 오클랜드 애슬레틱스의 단장 빌리 빈은 이 견고한 믿음의 벽 앞에서 다른 질문을 던지고 있었다. 그 자신이야말로 한때 그 '관습의 눈'이 만들어낸 최고의 유망주였기 때문이다. 고교 시절, 그는 모든 스카우트가 탐내는 완벽한 선수였고, 장밋빛 미래를 약속받으며 프로에 입단했다. 하지만 결과는 처참한 실패였다. 시장이 매긴 높은 '가격'은 그의 진짜 '가치'를 증명해주지 못했다. 그 뼈아픈 경험은 빌리 빈의 가슴에 지워지지 않는 의문을 새겼다.

'모두가 옳다고 믿는 저 저울이 정말 맞는 것일까?'

빌리는 하버드 경제학과 출신의 젊은 직원 피터 브랜드와 함께 선수를 바라보는 새로운 눈, 바로 '숫자의 눈'을 뜨기로 결심했다. 그들이 선택한 세이버메트릭스(Sabermetrics)[3]는 야구를 통계학적으로 분석하여 선수의 숨겨진 가치를 파헤치는 접근법이었다. 그들은 타율이라는 허울 좋은 숫자 대신, 팀의 득점과 훨씬 더 직접적인 상관관계를 가진 '출루율'(On-Base Percentage, OBP)에 주목했다. 화려한 안타를 치지 못하더라도, 끈질기게 공을 골라내 볼넷으로 걸어 나가는 선수가 팀 승리에는 훨씬 더 큰 보탬이 된다는 사실을 간파한 것이다. 그들의 저울은 더 이상 선수의 외모나 명성이 아닌, 오직 승리에 기여하는 '확률'만을 측정했다.

가격이라는 이름의 신기루

이것은 단순히 야구 전략의 전환만을 의미하지 않았다. 돈이 가진 가장 근본적인 특성 중 하나, 즉 눈에 보이는 '가격'과 그 이면에 숨은 본질적인 '가치'가 항상 일치하지는 않는다는 사실을 파고드는 도전이었다. 돈의 가장 기본적인 기능 중 하나는 세상의 수많은 가치를 하나의 숫자로 보여주는 '가치척도' 기능이다.[4] 우리는 이 편리한 약속 덕분에 복잡한 세상을 단순하게 이해한다. 어떤 선수가 더 뛰어난지,

어떤 상품이 더 우수한지를 두고 길게 설명할 필요 없이, 그저 가격표를 보여주면 즉각적으로 그 서열을 인지한다.

바로 이 편리함이 '가격이라는 신기루'를 만들어낸다. 숫자가 주는 명쾌함에 익숙해져 우리는 그 숫자가 가리키는 대상의 본질적인 쓸모나 효용, 즉 진짜 가치를 깊이 따져보지 않고 가격과 가치를 동일시하는 착각에 빠지기 쉽다. 「머니볼」의 전통적인 스카우트들은 바로 이 신기루에 갇혀 있었다.[5] 그들은 높은 연봉이라는 가격표가 곧 선수의 실질적인 가치를 완벽하게 반영한다고 믿었다. 시장이 매긴 가격을 의심하지 않았기에, 그들은 연봉이 높은 선수에게는 관대했고 연봉이 낮은 선수에게는 냉담했다.

빌리 빈의 혁명은 이 지점에서 시작된다. 그는 돈이 가진 '가격'이라는 얼굴이 때로는 시장의 편견과 비효율성으로 인해 왜곡될 수 있음을 간파했다. 그는 가격표 뒤에 숨겨진, 누구도 주목하지 않던 '출루율'이라는 진짜 가치를 발견함으로써, 시장의 비효율성을 자신의 기회로 만든 것이다. 이는 돈이 가진 중요한 특성, 즉 명시적인 가격과 내재적인 가치 사이에는 언제든 틈이 벌어질 수 있다는 사실을 보여준다.

새로운 저울로 가치를 재다

빌리의 도전은 단지 '저렴한 선수'를 찾는 것을 넘어 '가치를 재는 저울' 자체를 바꾸는 혁명이었다. 시장이 선수의 가치를 연봉이라는 단 하나의 숫자로 환산할 때, 그는 모두가 외면하던 새로운 눈금들을 찾아냈다. 출루율, 장타율, 수비 기여도와 같은 지표들은 겉으로 드러나는 화려함은 없었지만, 팀의 승리라는 본질에 훨씬 더 정직하게 기여하고 있었다. 이는 마치 금의 무게를 재는 전통적인 저울 대신, 그 금의 순도를 측정하는 새로운 저울을 가져온 것과 같았다.

빌리의 파격적인 선수 영입 방식에 팀 내부 스카우트들은 거세게 반발했다. 그들의 눈에는 빌리가 데려온 선수들이 하나같이 '문제가 있는' 선수처럼 보였다. 팔꿈치 부상으로 더는 포수를 볼 수 없게 된 스콧 해티버그, 우스꽝스러운 투구 폼 때문에 외면받던 언더핸드 투수 채드 브래드포드 같은 선수들이 명단에 올랐을 때, 회의실의 공기는 냉소로 가득 찼다.[6]

하지만 빌리 빈과 피터 브랜드가 본 것은 그들의 '가격표'가 아니라 '실질가치'였다. 해티버그는 더는 포수를 맡을 수 없었지만, 그의 높은 출루율은 1루수로서 팀 공격의 첨병이 되기에 충분했다. 브래드포드의 기묘한 투구 폼은 타자들에게 혼란을 주는 강력한 무기가 될 수 있었다. 오클랜드는 그렇게 시장에서 철저히 저평가된 선수들을 헐값에 영입했다. 남들이 '결함'이라고 부르는 것들 뒤에 숨겨진 '효용'을 발견한 것이다.[7]

생존을 위한 질문

빌리에게 야구는 생존의 문제였다. 그는 영화 속에서 "적응하거나 죽거나"(Adapt or die)라는 말을 되뇌며 스스로를 채찍질한다. 거대 자본을 앞세운 양키스와 같은 방식으로 경쟁해서는 결코 그들을 이길 수 없음을 직감했기 때문이다. 그는 게임의 규칙을 따르는 대신, 게임 자체를 바꾸려 했다.

이 말은 단지 스포츠 전략에 국한되지 않는다. 한정된 자원으로 무한 경쟁을 치러야 하는 모든 이에게, '가격'과 '가치'의 이중성을 이해하고 새로운 기회를 포착하는 능력은 생존의 필수 조건이다. 낡은 관습에 젖어 가격이 전부라고 믿는 이들은 결국 도태될 수밖에 없음을 그는 온몸으로 증명하려 했다.

돈의 가장 빛나는 얼굴인 '가격'의 유혹을 뿌리치고, 가장 어두운 곳에 웅크리고 있던 '가치'의 힘을 믿는 것. 그것이 바로 빌리의 생존 전략이었다. 세상의 모든 저울이 틀렸음을 증명하는 것. 그 무모해 보이는 도전이 바로 「머니볼」의 시작이었다. 하지만 그 이면을 들여다보면, 우리가 흔히 사용하는 화폐와 가격이 얼마나 자주 인간의 편견이나 시장의 왜곡과 결탁하는지 드러난다. 메이저리그 스카우팅 시스템이 틀린 정보를 신봉했듯이, 금융시장이나 소비시장도 마찬가지다.

그렇다면 이제 문제는 한 걸음 더 깊어진다. 정말로 가치 있는 것을 시장은 왜 종종 놓치는 것일까? 어째서 어떤 것에는 터무니없이 높은 가격이 붙는 걸까? 그 가격과 가치의 간극은 어디에서 비롯하는 것일까? 「머니볼」 사례가 던진 이 작은 파문은, 돈의 본질에 대한 오랜 수수께끼를 푸는 탐구로 우리를 안내한다. 이 질문에 답하기 위해, 우리는 경제학의 가장 오래된 역설 속으로 들어가야 한다.

물과 다이아몬드의 오래된 수수께끼

「머니볼」에서 빌리 빈이 야구계의 낡은 저울을 의심했듯이, 위대한 사상가들 역시 아주 오래전부터 돈이 가치를 매기는 방식에 대해 깊이 고찰해왔다. 그들의 탐구는 돈이 가진 가장 기묘하고도 본질적인 특성, 즉 '가치'라는 것이 단 하나의 얼굴을 하고 있지 않다는 사실을 우리에게 알려준다. 그 탐구의 시작점에는 경제학의 가장 유명한 역설, 바로 '물과 다이아몬드의 수수께끼'가 자리 잡고 있다.

가치의 두 얼굴

타는 듯한 태양이 내리쬐는 사막 한가운데, 한 여행자가 모래언덕을 넘어 비틀거린다. 갈라진 입술과 타는 목마름 속에서 그의 눈에 비친 것은 신기루뿐이다. 그에게 지금 세상에서 가장 절실한 것은 무엇일까? 온 세상을 준다 해도 바꿀 수 없는 한 모금의 시원한 물일 것이다. 그 순간 물의 가치는 생명 그 자체와 같다.

하지만 잠시 후 그가 문명의 도시로 돌아와 편의점 냉장고를 열었을 때, 그토록 간절했던 물은 단돈 1,000원짜리 생수 한 병에 불과하다. 반면 쇼윈도 안에서 영롱하게 빛나는 작은 다이아몬드 한 조각은 수백수천만 원을 호가한다. 애덤 스미스는 『국부론』에서 바로 이 지점을 파고들었다.

"물보다 유용한 것은 없지만, 물로 살 수 있는 것은 거의 없다. 반면

물과 다이아몬드
생존에 필수적인 물은 흔하고, 거의 쓸모없는 다이아몬드는 희소하다.
시장은 유용성보다 희소성에 더 높은 가격을 매긴다.

에 다이아몬드는 거의 아무런 사용가치가 없지만, 그것과 교환하여 얻을 수 있는 재화는 엄청나다."[8]

스미스는 이 역설을 설명하기 위해 재화의 가치를 두 가지로 나누었다. 하나는 그것이 인간의 삶에 얼마나 직접적인 쓸모를 주는지를 나타내는 '사용가치'이고, 다른 하나는 시장에서 다른 상품과 교환될 때의 힘을 의미하는 '교환가치'다.[9] 물은 생존에 필수적이므로 사용가치는 비교할 수 없이 높지만, 너무 흔해서 교환가치, 즉 가격은 낮다. 반면 다이아몬드는 실용적 쓸모는 거의 없지만 그 희소성과 아름다움에 대한 인간의 욕망이 더해져 교환가치는 매우 높게 형성된다.

돈이 가진 '가치척도' 기능은 이 두 가치 중 주로 교환가치를 측정하기에, 우리의 직관과 어긋나는 현상이 발생한다. 사용가치가 높은 것을 더 귀하게 느껴야 할 것 같지만, 시장은 종종 희소성에 더 높은 가격표를 붙인다. 이는 돈이 가치를 측정하는 방식이 절대적인 쓸모가 아니라, '상황적 희소성'과 '인간의 주관적 만족도'에 따라 얼마나 민감하게 반응하는지를 보여주는 돈의 또 다른 특성이다.

희소성이 빚어낸 가격

스미스가 풀지 못했던 이 수수께끼는 훗날 '한계효용'이라는 개념을 통해 더욱 명확하게 설명되었다. 재화의 가격은 그것의 총체적인 유용성이 아니라, 우리가 그 재화를 '한 단위 더' 소비할 때 얻는 추가적인 만족감에 의해 결정된다는 것이다.[10] 물은 지구상에 풍부하기에 이미 충분히 소비하고 있어 다음에 마시는 한 모금의 가치는 낮게 평가된다. 반면 다이아몬드는 극도로 희소하기에 하나를 더 소유할 때 얻는 만족감은 매우 크다. 결국 시장은 물의 절대적인 중요성이 아닌 그다음 한 모금의 가치를, 다이아몬드의 희소성이 만들어내는 또 다른 반짝임의 가치를 가격에 반영하는 것이다.

이러한 원리는 「머니볼」의 세계에도 적용된다. 왜 홈런 타자의 몸값이 그토록 비쌌을까? 뛰어난 홈런 타자가 드물었기 때문이다. 즉, 희소성이 그의 교환가치(연봉)를 끌어올렸다. 하지만 빌리 빈은 팀의 승리라는 '사용가치'의 관점에서, 홈런 하나를 더 치는 것보다 볼넷으로 한

번 더 출루하는 것이 더 중요할 수 있다는 사실을 발견했다. 그는 시장이 집착하던 '홈런의 희소성' 대신, 모두가 간과하던 '출루의 효용성'에 집중했다. 그 결과 교환가치는 낮지만 사용가치는 높은 선수들을 찾아낼 수 있었던 것이다.

현대판 가치의 역설, 대학 졸업장

오늘날 '물-다이아몬드 역설'은 새로운 모습으로 우리 곁에 존재한다. 바로 '대학 학위'의 문제다. 수많은 젊은이가 명문 대학의 졸업장을 얻기 위해 엄청난 시간과 비용(가격)을 투자한다. 사회는 그 졸업장이 곧 성공과 행복(가치)을 보장해줄 것이라는 기대를 심어준다. 하지만 현실은 어떠한가? 높은 등록금을 지불하고 얻은 학위가 반드시 개인의 실질적인 역량이나 삶의 만족도로 이어지는 것은 아니다. 어떤 이들은 값비싼 졸업장을 손에 쥐고도 자신이 무엇을 원하는지 몰라 방황하고, 어떤 이들은 대학 밖에서 자신만의 길을 찾아 더 큰 성취와 행복을 누리기도 한다.

이는 대학 교육의 사용가치(배움을 통한 성장, 진리 탐구)와 교환가치(사회적 평판, 취업 시장에서의 유리함)가 어긋나고 있음을 보여주는 현대판 역설이다. 우리는 종종 대학의 '이름값'이라는 가격표에 현혹되어, 그 안에서 얻어야 할 진짜 배움의 가치를 놓치곤 한다. 수천만 원의 학자금 대출을 갚아나가며 우리는 스스로에게 물어야 한다. 내가 지불한 '가격'만큼의 진짜 '가치'를 얻고 있는 것일까? 이 질문은 돈이 매기는 가치가 결코 우리의 삶 전체를 대변할 수 없음을 다시 한번 일깨운다.

숫자에 가려진 진실, 화폐 환상

상품 세계에서 발견되는 가격과 가치의 괴리는, 놀랍게도 돈 그 자체의 속성 안에서도 고스란히 발견된다. 만약 당신의 월급이 작년보다 5퍼센트 올랐다고 해보자. 통장에 찍힌 숫자를 보면 소득이 늘었다는 생각에 뿌듯함을 느낄 것이다. 하지만 만약 같은 기간 물가가 7퍼센트 올랐다면 어떨까? 당신이 손에 쥔 돈의 양, 즉 '명목가치'는 분명 증가했지만, 그 돈으로 살 수 있는 재화의 양, 즉 '실질가치'는 오히려 줄어들었다. 이처럼 사람들이 돈의 명목상의 가치 변화에만 집중하고 실질 구매력의 변화를 인지하지 못하는 현상을 어빙 피셔는 '화폐 환상'(money illusion)이라고 불렀다.[11]

화폐 환상은 돈이 가진 가장 교묘한 특성 중 하나다. 돈은 '가치척도'로서 모든 것을 숫자로 보여주지만, 그 숫자 자체가 시간이 흐름에 따라 가치가 변하는 또 다른 상품이기도 하다. 인플레이션이 발생하면 돈이라는 저울의 눈금 자체가 줄어드는 것과 같다. 어제 1만 원으로 살 수 있던 것을 오늘은 1만 2,000원을 주어야 살 수 있다면, 1만 원이라는 숫자 자체는 변하지 않았지만 그 돈의 실질적인 힘은 약해진 것이다.

우리 뇌는 종종 이 변화를 따라잡지 못하고, 여전히 지갑 속 1만 원 지폐가 어제와 같은 가치를 지닐 것이라는 착각에 빠진다. 이러한 화폐 환상은 「머니볼」의 세계에도 그대로 적용될 수 있다. 전통적인 스카우트들은 한 선수가 작년에 30개의 홈런을 쳤고 올해 32개의 홈런을 쳤다는 '명목상의 숫자' 증가에 열광하며 더 높은 연봉을 안겨주었을지 모른다. 하지만 만약 그 기간 리그 전체의 평균 홈런 수가 더 크게 증가했다면, 그 선수의 '실질적인' 공격 기여도는 오히려 감소했을 수도 있다.

빌리의 팀이 주목한 것은 바로 이 지점이었다. 그들은 리그 전체의 데이터 속에서 한 선수의 성적이 가진 상대적이고 실질적인 가치를 읽어내려 했다. 명목상의 숫자가 만들어내는 환상을 걷어내고, 승리라는 단 하나의 목표에 얼마나 기여하는지를 기준으로 돈을 사용한 것이다.

돈의 두 얼굴, 즉 종이에 인쇄된 숫자와 그 숫자가 실제로 살 수 있는 힘 사이의 괴리를 이해하는 것은 이처럼 경기장에서나 시장에서나 현명한 판단의 출발점이 된다. 하지만 우리의 판단을 흐리는 것은 비단 화폐 환상뿐만이 아니다. 때로는 시장 전체가 거대한 환상에 사로잡혀 가격과 가치의 괴리를 극단으로 밀어붙이기도 한다.

가격에 취한 시장의 광기

돈의 두 얼굴이 만들어내는 괴리는 개인의 착각에 머물지 않고, 시장 전체를 뒤흔드는 거대한 파도를 만들어낸다. 사람들이 집단적으로

'가격'이라는 신기루를 쫓기 시작할 때, 시장은 때로 이성을 잃고 광기에 휩싸인다.

역사 속에서 반복되어온 버블 현상은 돈의 가치가 얼마나 비이성적으로 부풀려질 수 있는지, 그리고 그 환상이 얼마나 허무하게 꺼질 수 있는지를 보여주는 대표적인 사례다.

거품, 광기 그리고 붕괴

1990년대 후반, 인터넷의 등장은 세상을 바꿀 것이라는 흥분과 기대로 가득 찼다. 사람들은 '닷컴'(.com)이라는 이름표만 붙으면, 그 기업이 세상을 지배할 것이라는 장밋빛 환상에 빠져들었다. 기업의 실제 수익이나 사업 모델 같은 내재 가치는 더 이상 중요하지 않았다. 그저 '인터넷 기업'이라는 이야기 자체가 거부할 수 없는 매력이었고, 투자자들은 미래의 막대한 수익을 상상하며 너도나도 주식을 사들였다. 그 결과 나스닥 지수는 불과 5년 만에 400퍼센트 이상 폭등하는 기염을 토했다.[12]

그중에서도 펫츠닷컴(Pets.com)의 사례는 닷컴 버블의 광기를 상징적으로 보여준다. 귀여운 양말 인형 마스코트를 앞세워 애완동물용품을 온라인으로 판매하겠다는 단순한 아이디어였지만, 회사는 창업 초기부터 막대한 투자금을 유치했다. 심지어 1999년 슈퍼볼 경기 중간 광고 시간에 인형 마스코트가 등장할 정도로 대대적인 마케팅을 펼쳤다. 투자자들은 열광했고, 2000년 2월 회사가 상장했을 때 주가는 공모가보다 높게 치솟았다.

하지만 화려한 환상 뒤에는 처참한 현실이 숨어 있었다. 수익 모델은 부실했고, 배송비가 상품 가격보다 비싼 경우가 허다했다. 결국 펫츠닷컴은 상장한 지 불과 268일 만에 파산했고, 한때 세상을 떠들썩하게 했던 양말 인형은 텅 빈 물류 창고에 먼지만 쌓인 채 남겨졌다. 이 과정에서 약 5조 달러에 달하는 시장가치가 허공으로 사라졌다.[13] 사람들은 그제야 깨달았다. 자신들이 좇던 것은 기업의 실질적인 가치가 아니라, '새로운 시대가 온다'는 막연한 기대감과 가격 상승이라는 탐욕이 만들어낸 거대한 환영이었음을 말이다.

시대를 초월한 투기 열풍

닷컴 버블의 광기는 결코 새로운 현상이 아니었다. 역사를 거슬러 올라가면, 이와 유사한 투기 열풍은 시대를 바꿔가며 반복되어왔다. 그 원조는 17세기 네덜란드에서 벌어진 '튤립 투기 광풍'(Tulip Mania) 이라 할 수 있다.

당시 오스만 제국에서 건너온 이국적인 꽃 튤립은 네덜란드 상류층 사이에서 부와 지위의 상징으로 여겨지며 엄청난 인기를 끌었다. 희귀한 품종의 튤립 구근 하나가 숙련된 장인의 연봉 몇 배에 달하는 가격에 거래될 정도였다. 사람들은 튤립의 실제 가치와는 무관하게, 오직 '가격이 계속 오를 것'이라는 믿음 하나로 투기에 뛰어들었다. 집과 땅을 팔아 튤립 구근을 사들이는 이들이 속출했고, 시장은 비이성적인

과열 상태에 빠졌다.[14]

하지만 모든 거품이 그렇듯, 튤립의 가격도 영원히 오를 수는 없었다. 1637년 2월, 가격이 정점에 달했다는 소문이 퍼지자 시장은 순식간에 공포에 휩싸였다. 너도나도 튤립을 팔아치우려 했지만 사려는 사람은 아무도 없었고, 가격은 몇 주 만에 90퍼센트 이상 폭락했다. 한때 집 한 채 값이었던 튤립 구근은 양파 한 개보다 못한 신세로 전락했다. 수많은 사람이 파산하고, 네덜란드 경제는 깊은 상처를 입었다.

튤립 투기 광풍은 비록 400여 년 전의 일이지만, 그것이 보여주는 인간의 탐욕과 집단적 광기의 모습은 오늘날의 버블 현상과 놀라울 정도로 닮았다. 이는 가격과 가치의 괴리가 특정 시대의 문제가 아니라, 시장경제가 존재하는 한 언제든 반복될 수 있는 인간 조건의 일부임을 시사한다.[15]

가격과 가치는 왜 어긋나는가

그렇다면 왜 시장은 이토록 자주 가격과 가치의 괴리를 보이는 것일까? 그 원인은 복합적이지만, 크게 세 가지 돈의 특성과 인간 심리의 상호작용에서 찾을 수 있다.

첫째는 앞서 언급한 '화폐 환상'이다. 사람들은 돈의 명목가치에 쉽게 현혹되어, 가격 상승 자체를 가치 상승으로 오인한다. 가격이 오르면 '더 좋은 것'이라는 신호로 받아들이고, 이성적인 판단보다는 군중을 따라 추격 매수에 나서는 경향이 있다. 이러한 집단적 착각은 가격

거품을 키우는 중요한 심리적 동력으로 작용한다.

둘째는 '정보의 비대칭성'이다. 시장에 참여하는 모든 사람이 동일한 정보를 가지고 있지는 않다. 노벨 경제학상 수상자인 조지 애컬로프(George Akerlof)는 중고차 시장을 예로 들어 이 문제를 설명했다. 판매자는 자동차의 숨겨진 결함을 알지만 구매자는 알지 못한다. 결국 구매자는 겉만 번지르르하고 속은 시큼한 불량품, 즉 경제학에서 말하는 '레몬' 같은 차를 비싼 값에 살 위험을 떠안게 된다. 이처럼 정보가 한쪽에 쏠려 있을 때 시장은 제대로 작동하지 않고, 가격은 진짜 가치를 제대로 반영하지 못하게 된다.[16]

「머니볼」에서 빌리 빈이 다른 구단이 모르는 통계 데이터를 활용해 숨은 가치를 발견한 것처럼, 정보의 우위는 가격과 가치의 틈을 이용해 이익을 얻는 결정적인 무기가 된다. 반대로 정보가 부족한 대중은 이미 가격이 오를 대로 오른 뒤에야 시장에 뛰어들어 손실을 볼 위험이 크다.

셋째는 '시장의 비효율성'이다. 오랫동안 경제학계에서는 유진 파마(Eugene Fama)가 제시한 '효율적 시장 가설'(Efficient Market Hypothesis)이 주류를 이루었다. 이는 시장 가격이 이용할 수 있는 모든 정보를 즉각적이고 완전하게 반영하므로, 누구도 꾸준히 시장을 이길 수 없다는 이론이다.[17]

하지만 로버트 실러(Robert Shiller)를 비롯한 행동경제학자들은 인간의 비이성적인 심리가 시장을 얼마든지 비효율적으로 만들 수 있음을 보여주었다. 투자자들의 과신, 손실 회피 심리, 밴드왜건 효과(군중 심리) 등은 가격을 내재 가치로부터 멀어지게 만든다.[18] 실러 교수가 지적했듯, 시장은 종종 합리적인 계산보다는 '비이성적 과열'에 의해 움직인다. 이러한 심리적 요인들이 가격을 비정상적으로 부풀리거나 폭락시켜, 가치와의 괴리를 극대화하는 것이다.

환상과 현실의 경계에서

돈의 가치는 결국 객관적인 속성과 주관적인 믿음이 교차하는 복잡한 지점에서 형성된다. 돈은 거래를 위한 공통분모를 제공하는 합리적인 도구이지만, 동시에 인간의 비합리적인 심리와 사회적 욕망을 투영하는 거울이기도 하다. 시장은 이 두 가지 얼굴 사이를 오가며 때로는 효율적으로 작동하고 때로는 광기에 휩싸인다. 거품과 붕괴의 역사는 바로 돈이 가진 이러한 이중적인 특성이 만들어내는 서대한 드라바라 할 수 있다.

이러한 돈의 특성을 이해하는 것은 우리가 시장을 바라보는 시각을 한층 더 성숙하게 만든다. 가격이 모든 것을 말해주지 않는다는 사실을 아는 것만으로도 우리는 집단적 광기로부터 한 걸음 물러설 수 있는 지혜를 얻는다. 가격이 급등할 때 그것이 실질적인 가치의 반영인지, 아니면 수많은 사람의 탐욕과 환상이 빚어낸 신기루인지를 구별하려는 노력. 그것이 바로 가격에 취한 시장 속에서 우리 자신을 지키는 방법일 것이다.

돈이 가진 두 얼굴 사이의 긴장을 이해할 때, 비로소 우리는 가격의 노예가 아닌 가치의 주인으로 설 수 있는 첫걸음을 내딛게 된다. 이 '머니볼 게임'은 단지 시장에만 머무는 것이 아니라, 우리 삶의 더 깊숙한 영역으로 이어진다.

우리 모두의 머니볼 게임

빌리 빈이 야구장에서 발견한 가격과 가치의 간극은, 사실 우리 삶이라는 더 큰 경기장 곳곳에서 매일같이 벌어지는 게임이다. 고정불변의 실체가 아니라 끊임없이 변동하며, 우리의 믿음과 욕망에 따라 다른 얼굴을 보여주는 돈의 특성은 야구장을 넘어 우리 일상과 사회 전반을 관통한다.

우리는 모두 자신만의 머니볼 게임을 치르고 있는지도 모른다. 눈에 보이는 가격표 너머의 진짜 가치를 발견하려 애쓰거나 그 가격표가 주는 환상에 기꺼이 동참하면서 말이다.

예술과 시장, 그 영원한 줄다리기

현대 미술 시장은 가격과 가치의 괴리가 가장 극적으로 나타나는 무대다. 살아생전 단 한 점의 그림밖에 팔지 못했던 빈센트 반 고흐, 그의 작품은 당시 시장의 '가격'으로 보면 거의 무가치한 것이었다. 하지만 오늘날 그의 그림 「별이 빛나는 밤」이나 「해바라기」는 값을 매길 수 없는 인류의 예술적 '가치'를 상징하며, 경매에 나온다면 수천억 원을 호가할 것이다. 반 고흐의 사례는 시장가격이 예술의 내재적 가치를 얼마나 오랫동안 외면할 수 있는지를 보여준다. 가격은 시대의 유행과 소수 컬렉터의 취향에 따라 요동치지만, 위대한 예술이 주는 감동과 영감이라는 본질적 가치는 시간을 초월하여 남는다.

반면 살아생전 엄청난 부와 명성을 누렸던 동시대의 화가 중 오늘날에는 이름조차 잊힌 이도 많다. 이는 돈의 가치가 얼마나 변덕스러운지를 보여주는 또 다른 예다. 당대의 '가격'은 높았을지 몰라도, 시간의 검증을 견디지 못하고 그 '가치'가 희미해진 것이다. 오늘날에도 마찬가지다. 어떤 현대미술 작품은 단지 유명 갤러리의 마케팅과 투기적 수요에 힘입어 가격이 천정부지로 치솟기도 한다. 그것이 진정한 예술사적 가치를 지녔기 때문인지, 아니면 또 다른 닷컴 버블처럼 부풀려진 가격의 환상인지는 시간이 지나야만 판가름 날 것이다.

이러한 예술 시장의 역설을 가장 통렬하게 보여준 현대의 사례는 거리의 예술가 뱅크시(Banksy)일 것이다. 2018년, 그의 작품 「풍선과 소녀」가 소더비 경매에서 약 140만 달러에 낙찰되는 순간, 액자 속에 숨겨진 파쇄기가 작동하며 그림이 스스로 잘려 나가는 전대미문의 사건이 벌어졌다. 뱅크시는 이 퍼포먼스 직후 "파괴의 충동 또한 창조적 충동이다"라는 피카소의 말을 인용하며, 예술 작품이 시장의 '가격'으로 거래되는 현상에 대한 근본적인 질문을 던졌다.[19]

작품이 낙찰되는 순간 스스로 파괴되는 연출은 시장이 매긴 가격과 예술의 본질적 가치 사이의 관계를 극적으로 보여주었다. 흥미롭게도 파쇄된 작품은 '사랑은 쓰레기통에 있다'는 새로운 이름으로 그 가치가 오히려 두 배 이상 폭등했다. 이 사건은 예술의 가치가 단순히 보존된 물질에 있는 것이 아니라, 그것을 둘러싼 이야기와 철학 그리고 시장의 기대를 먹고 자라는 생명체와 같음을 보여준다.

가격으로 브랜드를 입다

명품 시장의 작동 방식은 돈의 사회적 특성을 더욱 분명하게 보여준다. 실용성이라는 잣대로만 보면, 수십만 원짜리 티셔츠는 몇만 원짜리 티셔츠와 본질적인 차이가 없을 수 있다. 하지만 어떤 이는 기꺼이 그 가격을 지불한다. 이때 그들이 구매하는 것은 단순히 옷이라는 상품이 아니다. 그 가격표를 통해 '아무나 가질 수 없는 것'이라는 희소성을 소비하고, 그것을 소유함으로써 얻는 사회적 지위와 특별한 감정을 경험하는 것이다. 사회학자 소스타인 베블런(Thorstein Veblen)은 저서 『유한계급론』에서 일부 부유층이 자신의 부와 지위를 과시하기 위해 의도적으로 비싼 물건을 소비하는 현상을 '과시적 소비'(Conspicuous Consumption)라고 명명했다.[20]

이러한 '머니볼 게임'에서는 가장 저렴한 가격에 최고의 기능을 제공하는 제품이 아니라, 가장 비싼 가격을 정당화하는 강력한 '이야기'와 '브랜드'를 가진 제품이 승리한다. 이 경우 돈은 실질적 쓸모를 측정하는 도구를 넘어, 가격을 통해 새로운 사회적 가치를 창조하는 특

『유한계급론』에서 말하는 과시적 소비
일부 부유층은 비싼 물건을 통해 부와 사회적 지위를 드러내려 한다.

성을 드러낸다. 높은 가격이 품질에 대한 보승처럼 느껴지는 착시를 일으키기도 한다.

그러나 우리가 기억해야 할 것은, 그 가격이 실질적 가치와는 무관하게 브랜드가 쌓아올린 이미지와 마케팅의 결과물일 수 있다는 점이다. 돈의 이 특성 때문에, 우리는 때로 비합리적으로 보이는 소비를 하면서도 심리적 만족감을 얻는 기묘한 경험을 하게 된다.

'좋아요'라는 이름의 새로운 화폐

디지털 시대에 이르러, 우리는 새로운 형태의 '가격표'를 매일 마주한다. 바로 소셜미디어의 '좋아요'와 '팔로워' 수다. 어떤 게시물의 '좋아요' 수가 많으면, 우리는 무의식적으로 그것이 더 재미있거나 가치 있는 콘텐츠라고 생각한다. 수많은 팔로워를 거느린 인플루언서의 말 한마디는 때로는 전문가의 분석보다 더 큰 영향력을 발휘한다. 이는 '좋아요'라는 숫자가 일종의 사회적 화폐, 즉 새로운 '가격'으로 기능하고 있음을 보여준다.

여기서도 「머니볼」의 교훈은 유효하다. 과연 '좋아요' 수가 콘텐츠의 진짜 '가치'를 정확히 반영할까? 자극적이고 선정적인 내용이 '좋아요'를 더 많이 받기도 하고, 깊이 있는 통찰을 담은 글은 소수에게만 읽히기도 한다. 대중의 즉각적인 반응(가격)과 콘텐츠가 가진 본질적인 깊이와 진실성(가치) 사이에는 종종 큰 괴리가 존재한다. 많은 크리에이터가 더 많은 '좋아요'를 얻기 위해 대중의 입맛에만 맞는 콘텐츠를 생산하는 유혹에 빠지는 것은, 마치 야구 스카우트들이 눈에 잘 띄는 홈런 타자에게만 열광했던 것과 같다.

더 나아가 이 새로운 화폐는 우리의 자존감과 인간관계마저 상품으로 만든다. '좋아요'를 받기 위해 자신의 일상을 과장하고, 타인에게 관심을 사기 위해 자신을 포장한다. 그 과정에서 우리는 진짜 자신의 모습과 멀어지고, 숫자로 평가받는 삶의 불안과 소외에 시달리게 된다. 가격표에 목을 매는 야구 스카우트처럼, '좋아요'의 노예가 된 현대인은 보이지 않는 가치를 잃어버릴 위험에 처해 있다. 이 새로운 경기장에서도, 우리는 보이지 않는 가치를 알아보는 눈과 숫자의 유혹에 흔들리지 않는 뚝심을 시험받고 있다.

당신은 어디에 가치를 두는가

「머니볼」은 우리에게 질문을 던진다. 당신의 삶에서 진짜 '출루율'은 무엇인가? 세상이 매기는 가격표 즉 연봉, 직업, 학벌, 아파트 평수와 같은 명목상의 숫자 너머에, 당신 스스로가 소중히 여기는 내재적 가치는 무엇인가? 그것은 가족과 함께 보내는 시간일 수도 있고, 타인을 돕는 데서 오는 보람일 수도 있으며, 혹은 누구도 알아주지 않는 분야에 대한 깊은 탐구일 수도 있다.

우리는 모두 각자의 경기장에서 자신만의 머니볼 게임을 하고 있다. 어떤 이는 시장의 평가(가격)에 자신의 모든 것을 걸고, 어떤 이는 남들이 알아주지 않더라도 묵묵히 자신만의 가치를 쌓아간다. 정답은 없다. 다만 우리가 기억해야 할 것은, 돈이 보여주는 가격은 언제나 가치의 한 단면일 뿐이라는 사실이다. 그 이면에 숨겨진 또 다른 얼굴을 발견하고, 나아가 자신만의 저울로 삶의 가치를 측정할 수 있을 때, 비로소 우리는 가격의 지배에서 벗어나 진정한 의미의 풍요를 누릴 수 있게 될 것이다. 당신의 저울은 지금, 무엇을 가리키고 있는가?

가치의 저울 그리고 우리의 선택

지금까지 우리는 돈이 가진 두 얼굴, 즉 시장이 매기는 '가격'과 그것의 본질적인 '쓸모' 사이의 간극을 탐험했다. 「머니볼」의 야구장은 그 간극이 어떻게 기회가 되고 혁신을 낳는지 보여주는 흥미로운 무대였다. 하지만 이 이야기는 단지 시장의 비효율성을 지적하는 데서 끝나지 않는다. 가격과 가치의 괴리는 우리에게 더 깊은 철학적 질문을 던진다. 돈으로 모든 것을 살 수 있다는 믿음이 팽배한 시대, 과연 가격이 매겨져서는 안 될 가치란 존재하는가? 만약 존재한다면, 우리는 그 가치를 어떻게 지켜낼 수 있을까?

돈으로 살 수 없는 것들의 무게

하버드 대학교의 정치철학자 마이클 샌델(Michael Sandel)은 그의 저서 『돈으로 살 수 없는 것들』에서, 시장의 논리가 삶의 모든 영역으로 침투하는 현상을 날카롭게 비판한다. 과거에는 돈으로 거래할 수 없다고 여겨졌던 것들, 예컨대 새치기할 권리, 특정 동물을 사냥할 권리, 심지어 대리모를 통해 아이를 얻는 것 등이 오늘날에는 버젓이 시장에서 가격이 매겨지고 거래된다. 샌델은 이러한 '시장 만능주의'가 두 가지 이유에서 위험하다고 경고한다. 하나는 불평등의 심화다. 돈이 많을수록 더 나은 의료, 교육, 심지어 정치적 영향력까지 살 수 있게 되면서 부자와 가난한 사람의 삶의 격차는 돌이킬 수 없이 벌어진다.

더 근본적인 문제는, 특정 재화나 사회적 행위가 돈으로 거래되는 순간 그것의 본질적인 가치가 훼손된다는 점이다. 예를 들어, 시민의 의무인 배심원 참여를 돈으로 다른 사람에게 팔 수 있게 하거나, 헌혈에 대해 금전적 보상을 하기 시작하면 어떻게 될까? 배심원 제도는 더 이상 공동체를 위한 봉사가 아닌 돈벌이 수단으로 전락할 것이며, 헌혈 역시 이타적인 나눔의 정신 대신 경제적 거래로 변질될 것이다.

이처럼 시장 논리는 그것이 건드리는 모든 것을 상품으로 만들어버리는 강력한 특성을 지닌다. 돈이 모든 것을 측정하는 척도가 될 때, 우리는 돈으로 측정할 수 없는 소중한 가치들 즉 시민적 미덕, 공동체 정신, 인간적 존엄성을 잃어버릴 위험에 처한다.

이러한 윤리적 딜레마는 더욱 심각한 질문으로 이어진다. 과연 인간의 생명에도 가격을 매길 수 있는가? 어떤 기업이 안전조치를 소홀히 하여 발생하는 인명 사고의 '비용'과 그 조치를 상화하는 데 드는 '비용'을 저울질한다고 생각해보자. 순수한 경제적 계산으로는 전자가 더 '저렴'하다는 결론이 나올 수도 있다. 하지만 우리는 그 계산이 인간의 존엄성이라는 돈으로 환산할 수 없는 가치를 무시하고 있음을 안다. 이처럼 시장의 저울이 모든 것을 잴 수 있다고 믿는 순간, 우리는 가장 소중한 것을 잃어버리는 위험에 빠지게 된다.

무엇이 가치를 만드는가

「머니볼」에서 빌리 빈은 시장이 매긴 가격에 의문을 제기하고 자신만의 저울로 가치를 재정의했다. 그의 시도는 가치의 본질을 둘러싼 오랜 논의를 현실의 장으로 이끌어냈다. 사회가 무엇에 더 높은 가치를 부여하는지에 대한 기준은 다시금 시험대에 오르게 되었다. 왜 어떤 직업은 사회에 필수적인 기여를 하는데도 낮은 보상을 받고, 다른 어떤 직업은 막대한 부를 벌어들이는가? 가령, 아이들을 돌보는 교사나 생명을 구하는 소방관의 노동이 과연 금융 파생상품을 설계하는 펀드매니저의 노동보다 덜 가치 있다고 말할 수 있을까? 시장은 후자에게 훨씬 더 높은 '가격'을 매기지만, 사회 전체의 '쓸모'라는 관점에서 본다면 그 평가는 달라질 수 있다.

이러한 현상은 돈의 '가치척도' 기능이 완벽히 중립적이지 않다는 사실을 보여준다. 가격은 단순히 수요와 공급에 의해서만 결정되는 것이 아니라, 그 사회가 무엇을 중요하게 여기고 무엇에 희소성을 부여하는지에 대한 집단적인 믿음과 권력관계가 반영된 결과물이다.

19세기 독일의 철학자 게오르그 지멜(Georg Simmel)은 돈이 모든 가치를 동질적인 양으로 환원시키는 특성이 있다고 지적했다. 돈 앞에서는 예술 작품의 미적 가치도, 종교적 신념의 숭고함도, 우정의 깊이도 모두 '얼마짜리인가'라는 단 하나의 질문으로 축소된다.[21] 돈이 지배하는 사회에서는 돈으로 환산할 수 없는 가치들이 설 자리를 잃기 쉬운 것이다.

좋은 삶을 향한 가치의 저울

가격과 가치의 괴리를 인지하는 것을 넘어, 우리는 어떤 가치를 우리 사회의 중심에 둘 것인지 끊임없이 질문하고 토론해야 한다. 빌리 빈이 야구계의 낡은 관습에 도전했듯이, 우리 역시 시장이 당연하게 매겨놓은 가격표에 의문을 제기하고, 보이지 않는 곳에서 사회를 지탱하는 소중한 가치들을 재발견하려고 노력해야 한다. 돈이 가진 편리한 척도 기능에 모든 것을 맡겨둘 때, 우리는 정작 인간다운 삶을 구성하는 가장 중요한 것들을 놓치게 될지도 모르기 때문이다.

고대 그리스의 철학자 아리스토텔레스는 인간 삶의 궁극적인 목적을 '에우다이모니아'(Eudaimonia)라고 불렀다. 이는 단순히 즐거움을 느끼는 쾌락 상태가 아니라, 한 인간으로서 자신의 잠재력을 최고로 발현하며 살아가는 '좋은 삶' 혹은 '완전한 번성'을 의미한다. 그에게 있어 부(富)는 그 자체로 목적이 될 수 없으며, 단지 이러한 좋은 삶을 실현하기 위한 여러 수단 중 하나에 불과했다. 아리스토텔레스의 통찰은 2,000년이 지난 오늘날에도 여전히 유효하다. 돈은 우리에게 더 많은 선택의 자유와 가능성을 열어주는 중요한 도구이지만, 그것이 우리 삶의 유일한 저울이 되어서는 안 된다.

그렇다고 해서 시장과 가격을 무조건 배척하는 것이 해답은 아닐 것이다. 가격은 수많은 정보를 압축하여 전달하는 효율적인 신호이며, 시장은 인류의 번영을 이끈 강력한 동력이었다. 중요한 것은 균형이다. 돈의 논리가 지배해서는 안 될 영역을 지켜내고, 가격표 너머의 다양한 가치를 존중하는 사회적 합의를 만들어가는 것. 그것이 바로 돈의 두 얼굴을 가진 세상 속에서 우리가 쥐어야 할 '가치의 저울'일 것이다.

궁극적으로, 우리가 어떤 가치를 공유하고 그 가치를 담은 화폐를 사용하기로 '합의'할 때, 돈은 비로소 그 힘을 얻는다. 결국 가치의 저울은 보이지 않는 합의 위에 서 있으며, 그 합의를 지탱하는 힘의 원천은 다름 아닌 '신뢰'다.

5 돈과 신뢰
종잇조각에 불어넣은 숨결

◀ 정태관, 「소설 『오즈의 마법사』의 서사를 재구성」, 2026.

"화폐는 사회적·국가적 질서에 대한 신뢰가
가장 밀도 높게 압축되고 세련된 형태로 표현된 것이다."
- 게오르그 지멜, 『돈의 철학』

종이에 마법을 거는 연금술

회오리바람이 멈춘 곳, 캔자스의 잿빛 풍경은 온데간데없고 눈앞에
는 동화처럼 쨍한 색채의 세상이 펼쳐진다. 겁에 질린 소녀 도로시가
낯선 땅에 첫발을 내딛는 순간, 그녀를 위대한 마법사가 기다리는 에
메랄드 시티로 이끌어줄 노란 벽돌길이 시작된다. 노란 벽돌이 깔린
그 길의 초입에서, 우리는 어쩌면 인류가 걸어온 화폐의 역사와 마주
하는 것인지도 모른다.

한때 인류는 금(金)이라는 노란 벽돌 위를 걸으며 돈의 가치를 믿었
다. 손에 잡히는 육중한 무게와 변치 않는 광채가 돈의 권위를 증명하
던 시절이었다.

그러나 오늘날 우리가 딛고 선 길은 더 이상 황금으로 포장되어 있
지 않다. 그저 정부의 인장이 찍힌 종이와 모니터 속에서 깜빡이는 숫

자들이 전부다. 실체 없는 이 약속은 어떻게 금보다 단단한 믿음을 얻게 되었을까? 그 해답을 찾아, 평범한 종잇조각에 부와 권력의 영혼을 불어넣고 우리 세상을 움직여온 보이지 않는 마법, 그 비밀의 커튼을 조심스럽게 걷어본다.

안갯속에 군림하는 권위

에메랄드 시티의 위대한 마법사는 그 누구도 직접 본 적 없는 안갯속 존재다. 거대한 홀을 가득 채우는 위엄 있는 목소리, 불과 연기로 만들어진 압도적인 형상만이 그의 권능을 짐작하게 할 뿐이다. 도시의 시민들은 그의 실체를 알지 못하지만, 그가 모든 것을 해결해줄 것이라는 막연하면서도 강력한 믿음으로 살아간다.

"위대한 오즈께서 모든 것을 바로잡아주실 거야."

이 믿음 하나가 도시의 질서를 유지하고 사람들을 단결시킨다. 현대의 법정화폐가 작동하는 방식도 이와 놀랍도록 닮아 있다. '법정화폐'(Fiat Money)에서 '피아트'(fiat)는 라틴어로 '그렇게 될지어다'라는 뜻이며, 신의 창조적 명령이나 군주의 절대적 칙령을 의미하는 단어였다. 이는 실물 가치가 전혀 없는 대상에 오직 법과 명령의 힘만으로 가치를 불어넣는 행위의 본질을 보여준다.

우리가 사용하는 지폐는 그 자체로는 정교하게 인쇄된 종이일 뿐이지만, 국가라는 현대의 마법사가 그 위에 "이것이 곧 돈이니, 모두 믿고 사용하라"는 절대적인 선언을 새겨 넣었기에 비로소 그 힘을 갖게

124

미국 1달러 지폐에 새겨진 문구 'In God We Trust'
미국의 법정화폐인 달러는 신뢰(trust)를 제도의 기반으로 삼고 있다.

된 것이다. 결국 법정화폐의 가치는 금이나 은이 아닌, 국가의 주권과 신용이라는 보이지 않는 권위에 뿌리를 내리고 있다.

우리 모두가 함께 꾸는 꿈

우리는 이 선언을 믿는다. 미국 달러 지폐를 가만히 늘여나보면, '우리는 신을 믿는다'라는 문구가 눈에 들어온다. 이 문구는 남북전쟁의 혼란 속에서 처음 동전에 등장하여 1957년부터 모든 지폐에 새겨졌는데, 이는 단순히 종교적 신념의 표현을 넘어선다.[1]

그것은 세속적인 국가의 약속을 넘어, 영원하고 절대적인 신의 권위에 화폐의 권위를 연결하려는 상징적인 장치다. 국가의 신용이 흔들릴지라도, 신에 대한 믿음은 영원하리라는 암묵적인 메시지를 담아 화폐에 신성함마저 부여하는 것이다. 지폐에 새겨진 정교한 그림과 위조 방지 장치 그리고 중앙은행의 이름은 마치 마법사의 불과 연기처럼 그 권위를 뒷받침한다.

우리는 돈을 사용할 때마다 정부가 지급을 보증하고, 사회 구성원 모두가 이 약속을 받아들일 것이라는 사실을 무의식적으로 신뢰한다. 역사학자 유발 하라리(Yuval Harari)는 이를 '상호주관적 실재' 혹은 '집단적 허구'라는 개념으로 설명했다.[2] 신이나 국가처럼, 돈 역시 물리적 실체가 아닌 수많은 사람의 '공동의 상상' 속에만 존재한다는 것이다.

에메랄드 시티의 시민들이 모두 오즈를 위대하다고 믿었기에 그가 위대해졌듯, 우리 모두가 종잇조각을 돈이라고 믿기 때문에 그것이 돈이 된다. 이 거대한 믿음의 그물망이 없다면, 우리 지갑 속의 화폐는 하룻밤 사이에 그 마법을 잃고 평범한 종이로 돌아갈 것이다. 이처럼 돈의 가치는 객관적 실체가 아니라 주관적 믿음의 총합이다. 우리의 믿음이 모여 현실을 창조하는 이 기묘한 현상은, 인간 사회가 단순한 물질의 집합이 아니라 공유된 이야기와 상징으로 움직인다는 심오한 진리를 담고 있다.

노란 벽돌길이 끊기던 날

한때 이 마법에는 안전장치가 있었다. 노란 벽돌길이 상징하듯, 금본위제는 화폐가치를 실물인 금에 묶어두는 제도였다. 제2차 세계대전 이후 수립된 브레튼우즈 체제 아래에서 각국 통화는 미국 달러에 고정되었고, 미국 달러는 다시 금 1온스당 35달러의 비율로 교환이 보장되었다. 이 약속은 전후 세계경제의 안정성을 떠받치는 기둥이었다.

1960년대 미국이 베트남 전쟁의 수렁에 빠져 막대한 재정 적자를 기록하면서 이 견고해 보였던 약속에 균열이 가기 시작했다. 전쟁 비용을 충당하기 위해 달러가 과도하게 발행되자, 그 가치를 의심한 유럽 국가들이 앞다투어 달러를 금으로 바꿔달라고 요구하기 시작한 것이다. 미국의 금 보유고는 바닥을 드러내고 있었다. 결국 1971년 8월 15일 밤, 리처드 닉슨 대통령은 텔레비전 앞에 서서 달러의 금 태환을 일시적으로 중단한다는, 사실상의 금본위제 포기 선언을 하기에 이른다.[3]

세계경제를 지탱하던 노란 벽돌길이 예고 없이 끊긴 순간이었다. 이제 돈의 가치를 보증해줄 실물은 사라졌다. 남은 것은 오직 정부와 중앙은행의 약속 그리고 그것을 믿어주는 사람들의 신뢰뿐이었다. 이는 인류 역사상 가장 대담한 금융 실험의 시작이었다. 인류는 손에 잡히는 금속의 무게에서 벗어나, 보이지 않는 믿음이라는 허공에 가치의 집을 짓기로 결심한 것이다. 그 결심은 불안하고 위태로웠지만, 동시에 인류를 물질의 족쇄에서 풀어주는 거대한 해방이기도 했다.

보이지 않는 시스템을 향한 믿음

놀랍게도 세상은 큰 혼란 없이 변화를 받아들였다. 달러는 금과의 연결 고리가 끊겼음에도 여전히 세계 기축통화로 군림했고, 각국의 화폐들도 실물 담보 없이 오직 신뢰에 기대어 유통되었다. 이는 인류가 마침내 물질의 구속에서 벗어나 추상적인 '믿음'만으로 가치를 창출하는 새로운 시대에 진입했음을 알리는 신호탄이었다.

게오르그 지멜은 화폐가 인간관계를 비인격적이고 계산할 수 있는 것으로 만들지만, 동시에 낯선 타인과도 협력할 수 있게 하는 거대한 신뢰 시스템이라고 이미 20세기 초에 말했다.[4] 닉슨 쇼크 이후의 세계는 그의 예언을 증명하는 듯했다. 사람들은 더 이상 금고 속 금괴를 믿는 것이 아니라 '시스템' 그 자체를 믿기 시작한 것이다. 이는 오즈의 마법사가 실은 평범한 노인임을 알게 된 후에도, 허수아비의 지혜와 양철 나무꾼의 따뜻함을 믿고 새로운 질서를 만들어나가는 에메랄드 시티 시민들의 모습과 다르지 않다.

신뢰라는 이름의 증표

돈의 가치는 결국 그 물질적 형태가 아니라, 그 안에 깃든 사회적 약속과 집단적 믿음에 있다. 한 장의 지폐는 수많은 사람의 노동과 희망, 미래에 대한 기대를 담보로 발행된 '신뢰의 증표'다. 우리가 커피 한 잔을 사기 위해 카드를 내미는 그 찰나의 순간에도 우리는 판매자와 은행, 카드사, 이 시스템을 관장하는 국가 전체를 아우르는 거대한 신뢰의 네트워크에 접속하는 것이다. 이 믿음의 연금술이 없었다면, 현대 자본주의의 눈부신 발전도 불가능했을 것이다.

하지만 이 마법이 언제까지나 안전할까? 오즈의 마법사가 위대한 권위를 누리던 에메랄드 시티에도 호기심 많은 강아지 토토가 커튼을 들추는 예기치 못한 순간이 찾아왔다. 우리의 신뢰 시스템 역시 완벽하지 않다. 그 믿음이 과도하게 부풀어오를 때, 우리는 '신용팽창'이라는 또 다른 마법의 시대로 들어서게 된다. 그곳에서는 없던 돈이 만들어지고, 미래의 부가 현재로 소환되는 기적이 일어난다.

이제 그 신뢰가 어떻게 확장되고, 또 어떤 위험을 잉태하는지 다음 이야기의 문을 열어볼 차례다. 도로시가 노란 벽돌길 끝에서 만난 것은 환상이었다. 우리가 믿는 신뢰의 끝에는 무엇이 기다리고 있을까?

믿음은 어떻게 거품이 되는가

신뢰라는 마법은 놀라운 힘을 발휘하지만, 그 힘이 과도해지면 세상을 현혹하는 거품을 만들어낸다. 공동체의 믿음이 '미래는 언제나 오늘보다 나을 것'이라는 맹목적인 낙관으로 부풀어오를 때, 경제는 '신용팽창'이라는 뜨거운 축제의 장으로 변모한다. 에메랄드 시티의 시민들이 마법사의 권능 아래 끝없는 번영을 꿈꾸었듯, 우리 역시 신용이라는 이름의 마법으로 눈앞의 풍요를 창조해왔다. 그 믿음을 자양분 삼아, 돈은 실물의 경계를 넘어 스스로 증식시키고, 경제 전체를 들썩이게 하는 거품으로 자라나는 달콤하고도 위험한 국면이 시작된다.

허공에서 빚어내는 돈의 마술

우리가 은행에 가서 대출을 신청하는 장면을 상상해보자. 작은 빵집을 열고 싶은 청년 민준이 사업 계획서를 들고 은행을 찾는다. 은행은 그의 열정과 계획의 성공 가능성을 믿고 1억 원 대출을 승인한다. 이 순간, 은행은 금고에서 돈다발을 꺼내 민준의 손에 쥐여주지 않는다. 대신 컴퓨터 키보드를 몇 번 두드려 그의 계좌에 '1억 원'이라는 숫자를 입력한다. 바로 그 순간, 세상에 없던 새로운 돈 1억 원이 탄생한다. 이것이 바로 현대 금융의 가장 경이로운 마술, '신용창조'다.

이렇게 창조된 돈은 민준의 계좌에만 머물지 않는다. 그는 이 돈으로 오븐과 제빵 기계를 사고, 인테리어 업자에게 공사비를 지급한다. 민준에게 돈을 받은 기계 판매상과 인테리어 업자는 그 돈을 다시 자기 은행 계좌에 예금한다. 그러면 은행은 이 새로운 예금을 기반으로 또 다른 누군가에게 대출을 해줄 수 있게 된다. 이 돈의 흐름은 꼬리에 꼬리를 물고 이어져, 처음 1억 원은 수억 원의 파급 효과를 일으키며 경제 전체의 통화량을 부풀린다. 신용이 신용을 낳는 이 연쇄 반응을 통해 돈은 실물의 경계를 넘어 스스로 증식하는 마법을 부리는 것이다.

신용창조의 원리는 특정 국가에만 국한되지 않는다. 잉글랜드 은행의 보고서에 따르면 영국에서 유통되는 돈의 약 97퍼센트가 은행 대출을 통해 창조된 예금이며, 실제 현금은 3퍼센트에 불과하다.[5] 미국과 한국도 크게 다르지 않다. 미국 연방준비제도의 통계상으로도 화폐 공급량 중 실물 현금이 차지하는 비중은 10퍼센트 남짓이며,[6] 한국은행의 통계 역시 그 비율이 5퍼센트 미만인 것으로 나타난다.[7]

국가마다 약간의 차이는 있지만, 현대 경제를 움직이는 돈의 압도적

다수가 실물이 아닌 은행의 대차대조표 위에서 숫자로 태어나는 보이지 않는 신용이라는 사실은 명백하다. 이렇듯 신용은 마치 셰익스피어의 희곡 「템페스트」에 등장하는 대사처럼, '허공 속에서 가치를 빚어내는 연금술'과 같다.

낙관이 불을 붙이는 신용의 불꽃

신용창조라는 마법이 본격적으로 힘을 발휘하는 것은 경제주체들이 미래를 낙관적으로 전망할 때다. 경기가 좋고 일자리가 넘쳐나며 자산 가격이 오를 것이라는 믿음이 널리 퍼지면, 사람들은 주저 없이 빚을 내어 집을 사고 투자를 한다. 1920년대 미국의 '광란의 20년대'가 그 대표적인 예다.

제1차 세계대전 승리 이후, 미국 사회는 전례 없는 풍요와 낙관에 휩싸였다. 재즈 음악이 도시의 밤을 채우고, 플래퍼(Flapper)라 불리는 신여성들이 거리를 활보했다. 포드 자동차가 대량생산되면서 자동차는 더 이상 부유층의 전유물이 아니게 되었고, 사람들은 할부 금융을 이용해 앞다투어 차를 구매했다. 집집마다 라디오가 보급되며 새로운 대중문화가 꽃을 피웠고, 주식시장은 평범한 구두닦이 소년까지 투자에 뛰어들 정도로 뜨겁게 달아올랐다.

이러한 신용의 불꽃은 비단 먼 나라의 과거에만 머물지 않는다. 2000년대 초반 한국 사회를 뒤흔들었던 '카드 대란' 역시 낙관이 낳은 거품의 역사다. 당시 정부는 내수 경기를 활성화하기 위해 신용카드

발급 기준을 대폭 완화했고, 카드사들은 길거리에서도 공격적으로 회원을 모집했다. 대학생과 무직자에게까지 신용카드가 무분별하게 발급되었다.

사회 전체가 빚으로 소비하는 축제에 빠져들었다. 사람들은 '미래의 소득'을 담보로 오늘의 소비를 즐겼고, '돌려막기'라는 위험한 줄타기를 하면서도 '설마 무슨 일이 있겠어'라는 근거 없는 낙관에 기댔다. 이 시기 가계부채는 폭발적으로 증가했고, 그 이면에는 신용이 만들어낸 소비의 환상이 짙게 깔려 있었다.

시간을 조금 더 돌려 2000년대 중반의 세계로 눈을 돌리면, 이번에는 부동산이라는 거대한 무대에서 신용의 축제가 벌어졌다. 미국을 중심으로 한 전 세계적인 저금리 기조 속에서, 주택 가격은 '절대 떨어지지 않는다'는 신화와 함께 끝없이 치솟았다. 은행들은 신용도가 낮은 사람들에게까지 주택담보대출(서브프라임 모기지)을 내주며 이 낙관의 불길에 기름을 부었다. 사람들은 빚을 내어 집을 사는 것이 가장 현명한 재테크라고 믿었고, 그 믿음은 다시 집값을 밀어 올리는 원동력이 되었다. 이 거대한 신뢰의 탑은 너무나도 견고해 보였다. 하지만 그 기반은 모래 위에 세워진 것이나 다름없었다.

이처럼 소비와 투자의 열풍 뒤에는 언제나 은행의 신용 공급이 있었다. 은행은 이러한 낙관의 불길에 기름을 붓는다. 대출 부실 위험이 낮다고 판단하여 더 많은 돈을 더 낮은 이자로 빌려주며 신용의 문턱을 낮춘다. 이렇게 '신뢰'가 '과신'으로 변해가는 과정에서 신용은 눈덩이처럼 불어난다. 사람들은 "이번에는 다르다"고 외치며, 빚으로 쌓아 올린 번영이 영원할 것이라 믿는다.[8] 그 믿음이 유지되는 동안, 자산 가격은 천정부지로 치솟고 모두가 부자가 되는 듯한 환상이 사회를 지배한다.

에메랄드 시티의 녹색 안경

『오즈의 마법사』원작에서 에메랄드 시티가 온통 초록빛으로 빛나는 이유는, 도시의 모든 존재가 성문에 들어설 때 '녹색 안경'을 쓰도록 강요받기 때문이다. 실제로는 평범한 도시일지라도, 모두가 같은 색의 렌즈를 통해 세상을 보니 그곳이 특별한 에메랄드 도시라고 믿게 되는 것이다.

신용팽창기의 시장도 이와 비슷하다. '자산 가격은 계속 오를 것'이라는 낙관의 녹색 안경을 쓴 채 투자자들은 너도나도 시장에 뛰어든다. 주가가 오르는 것을 보고 더 많은 사람이 주식을 사고, 그로 인해 주가가 더 오르는 자기강화적 순환이 발생한다.

이때 사람들은 기업의 실제 가치나 자신의 상환 능력을 냉정하게 따지기보다 '가격이 오른다'는 현상 자체에만 집중한다. 이는 마치 마법사의 권위를 의심하지 않는 에메랄드 시티의 시민들처럼, 시장의 마법을 맹신하는 모습이다. 그러나 그 화려한 녹색 빛이 실은 안경이 만들어낸 착시이듯, 신용이 만들어낸 부의 환상 역시 언제든 벗겨질 수 있는 허상일 뿐이다.

균열의 첫 조짐

모든 축제에는 끝이 있기 마련이다. 영원할 것 같던 신용팽창의 시대도 어느 순간 미세한 균열의 조짐을 보이기 시작한다. 중앙은행이 인플레이션을 우려해 금리를 올리거나, 과열된 시장에서 일부 자산 가격이 주춤하기 시작하는 것이 그 신호다. 처음에는 대부분 이 작은 경고를 무시한다. 낙관의 관성이 너무나도 강력하기 때문이다. 그러나 어딘가에서 부실 대출이 터져 나오고, 빚을 갚지 못하는 사람들이 늘어나기 시작하면, 시장을 감싸고 있던 따뜻한 믿음의 공기는 서서히 차가워진다.

한때 당연하게 여겨졌던 은행의 대출 심사가 까다로워지고, 자금 조달이 어려워진 기업들의 비명이 들려오기 시작한다. 에메랄드 시티의 시민들이 마법사의 권위에 아주 작은 의심을 품기 시작하는 순간과 같다. 아직 커튼이 걷히기 전이지만, 무대 뒤편에서 들려오는 삐걱거리는 소리는 곧 다가올 거대한 폭풍을 예고하고 있다. 믿음이 만들어낸 거품은 가장 화려한 순간에 가장 취약한 법이다. 이제 그 거품이 터지는 순간의 비극, 즉 신뢰가 공포로 돌변하는 위기의 절정을 마주할 시간이다.

토토가 당겨버린 커튼

화려한 축제의 밤이 깊어져갈수록, 무대 뒤편에서는 그림자가 길어지고 있었다. 모두가 마법사의 권능을 의심 없이 받아들이고 에메랄드 시티의 영원한 번영을 노래할 때, 아무도 예상치 못한 작은 존재가 역사의 물줄기를 바꿔놓는다. 바로 도로시의 강아지 토토다. 호기심 많고 겁 없는 이 작은 개는 위대한 마법사가 연출하는 장엄한 무대의 한 구석, 조용히 드리워진 커튼을 발견하고는 장난스레 그것을 물어 당겨버린다.

그 순간, 마법의 모든 것이 무너져 내리기 시작했다. 불과 연기를 뿜어내던 거대한 머리 형상 뒤편, 낡은 기계장치들 사이에서 땀을 뻘뻘 흘리며 마이크와 확성기를 조작하던 초라한 노인의 모습이 드러난 것이다. 이는 금융시장에서 신뢰가 무너지는 순간을 포착한 완벽한 은유다. 아무도 예상치 못한 사소한 사건 하나가 거대한 신뢰의 탑을 순식간에 무너뜨릴 수 있다는 것이다. 우리는 이 극적인 장면을 통해 신뢰가 무너지는 과정과 그 파국의 순간을 들여다보고자 한다.

민스키 모멘트, 모든 것이 무너지는 순간

경제학자 하이먼 민스키(Hyman Minsky)는 금융 시스템이 본질적으로 불안정하다고 보았다. 그는 호황기가 길어질수록 투자자들이 점점 더 위험을 감수하며, 과도한 부채를 통해 투기를 일삼게 된다고 경고했다. 처음에는 이자와 원금을 모두 갚을 수 있는 건전한 '헤지 금융'(Hedge Finance)에서 시작하지만, 낙관이 지배하면 이자만 겨우 갚으며 빚을 연장하는 '투기적 금융'(Speculative Finance), 급기야 원리금은

커녕 이자조차 새로운 빚으로 막는 '폰지 금융'(Ponzi Finance)으로 나아간다는 것이다.[9]

이렇게 부채의 질이 악화되며 거품이 정점에 달했을 때 금리 인상이나 자산 가격 정체와 같은 사소한 충격이 발생하면, 투자자들은 더 이상 빚을 감당하지 못하고 자산을 투매하기 시작한다. 바로 이 순간이 모든 것이 무너져 내리는 '민스키 모멘트'(Minsky Moment)다. 토토가 커튼을 당겨버린 그 순간처럼, 시장 참여자들이 시스템의 민낯을 마주하고 패닉에 빠지는 극적인 전환점이다. 그전까지는 모두가 '이번에는 다르다'며 열광했지만, 진실이 드러나는 순간 신뢰는 눈 녹듯 사라지고 공포가 그 자리를 차지한다.

2008년 글로벌 금융위기 직전, 미국의 주택 시장은 민스키가 경고했던 길을 그대로 따라가고 있었다. 처음에는 안정적인 소득을 가진 사람들이 집을 사기 위해 대출을 받았지만(헤지 금융), 점차 소득 증빙 없이도 대출이 가능한 상품들이 등장하며 투기적 수요가 시장을 지배했다. 급기야 소득도, 직업도, 자산도 없는 사람(No Income, No Job, or Assets, NINJA)에게까지 대출을 내주는 지경에 이르렀는데, 이는 오직 집값 상승에만 기댄 전형적인 폰지 금융이었다.

모두가 탐욕의 잔치에 취해 있을 때, 2007년부터 시작된 금리 인상과 주택 가격 하락이라는 작은 균열은 순식간에 시스템 전체를 붕괴시키는 도화선이 되었다. 부실 채권의 규모가 드러나고, 그 위험을 떠안고 있던 금융기관들의 민낯이 드러나자, 시장은 거대한 패닉에 휩싸였다.

이러한 신뢰 붕괴의 비극은 월스트리트에만 국한된 이야기가 아니었다. 그보다 앞서 1997년 아시아를 덮친 외환위기 속에서, 한국 사회 역시 비슷한 상처를 경험한 바 있다. '한강의 기적'이라 불리던 고도성장의 낙관 속에서 기업들은 무분별하게 빚을 내어 몸집을 불렸고, 금융기관들은 감독의 사각지대에서 방만한 경영을 이어갔다. 그러나 태국에서 시작된 작은 외환위기의 불씨가 아시아 전체로 번지자, 한국 경제의 취약한 고리가 터져 나왔다.

국제 투기 자본의 공격과 외국 자본의 급격한 유출이 이어지자, 원화 가치는 폭락하고 외환보유고는 바닥을 드러냈다. 결국 정부는 국제통화기금(IMF)에 구제금융을 신청하는 치욕을 겪어야 했고, 그 대가로 수많은 기업이 쓰러지고 수많은 가장이 일자리를 잃는 고통스러운 구조조정의 시산을 견뎌야 했다. 이 모는 과정의 시작점에는, '우리는 괜찮을 것'이라는 과신과 시스템에 대한 맹목적인 믿음이 자리하고 있었다.

신용 경색, 얼어붙은 돈의 강

신뢰가 무너진 시장에서 가장 먼저 나타나는 현상은 '신용 경색'이다. 이는 돈이 없어서가 아니라, 서로를 믿지 못해 돈이 돌지 않는 현상이다. 마치 혹한에 강물이 얼어붙듯 금융기관들은 서로에게 돈을 빌려주기를 꺼리고, 기업과 가계는 대출의 문이 막혀 자금난에 허덕인다.

에메랄드 시티의 시민들이 마법사의 실체를 알고 경악하며 흩어졌듯, 시장 참여자들은 저마다 현금을 확보하기 위해 안전자산으로 도피하고, 위험자산은 가차 없이 내다 팔기 시작한다.

2008년 글로벌 금융위기 당시, 투자은행 리먼 브라더스의 파산은 전 세계 금융시장에 '토토의 커튼'과 같은 역할을 했다. 대마불사로 여기던 거대 은행이 무너지자, 은행들은 서로가 보유한 자산의 가치를 믿지 못하게 되었고, 은행 간 단기자금 시장이 순식간에 마비되었다.

이때의 풍경은 처참했다. 평생 모은 돈을 펀드에 넣어두었던 미국의 한 은퇴 교사 부부는 하루아침에 전 재산이 반토막 나는 것을 속수무책으로 지켜봐야 했다. 그들은 한 인터뷰에서 "안전하다고 믿었던 은행과 전문가들이 우리를 배신했다"며 눈물을 흘렸다. 이런 개인들의 비극이 모여 거대한 사회적 공포를 만들어냈다. 신뢰라는 혈액이 멈추자, 경제라는 거대한 유기체는 심장마비와 같은 상태에 빠진 것이다.

기업들은 운영 자금을 구하지 못해 파산하고, 수많은 사람이 일자리를 잃었으며, 전 세계는 깊은 경기 침체의 늪으로 빠져들었다. 이는 돈의 가치를 지탱하던 믿음이 얼마나 허약한 기반 위에 서 있었는지를 보여주는 뼈아픈 교훈이었다.[10]

탐욕과 공포, 반복되는 인간의 드라마

왜 이런 비극은 역사 속에서 반복되는 것일까. 경제사학자 찰스 킨들버거(Charles Kindleberger)는 그의 저서 『광기, 패닉, 붕괴 금융위기의 역사』에서 금융위기가 특정 시대의 산물이 아니라, 인간의 탐욕과 공포라는 본성에 뿌리내린 반복적인 드라마라고 이야기한다.[11] 호황기에는 탐욕이 이성을 마비시키고, 위기가 닥치면 공포가 합리적 판단을 불가능하게 만든다.

결국 금융의 역사는 완벽한 시스템을 향한 직선의 행진이 아니라, 불완전한 인간이 자신의 그림자를 마주하고 한 걸음씩 나아가는 성찰의 기록인지도 모른다. 오즈의 마법사가 보여준 환상에 열광했던 시민들이 그의 정체가 드러나자 순식간에 등을 돌리고 절망에 빠지는 모습은 이처럼 탐욕과 공포 사이를 오가는 인간 심리의 극단적인 진폭을 보여준다.

신뢰의 붕괴는 단지 경제 시스템의 실패가 아니다. 그것은 우리 안에 내재한 희망과 불안이 빚어내는 영원한 드라마와 같다. 하지만 이야기는 여기서 끝나지 않는다. 커튼이 걷히고 난 폐허 속에서, 도로시와 친구들이 각자 자신 안에 있던 용기와 지혜 그리고 따뜻한 마음을 발견했듯, 우리 역시 위기의 잿더미 속에서야 비로소 신뢰의 진정한 의미를 되새기게 된다. 이제 남은 질문은 이것이다. 이 무너진 신뢰를 어떻게 다시 일으켜 세울 것인가?

도로시의 구두가 가리키는 길

위대한 마법사의 정체가 탄로된 순간, 에메랄드 시티의 모든 것이 멈춰버린 듯했다. 희망을 걸었던 절대적 권위가 사라진 자리에는 허무와 혼란만이 남았다. 도로시와 친구들 역시 마찬가지였다. 허수아비는 뇌를, 양철 나무꾼은 심장을, 겁쟁이 사자는 용기를 얻으려 머나먼 길을 왔건만, 마법사는 그 어떤 것도 줄 수 없는 평범한 노인이었다. 금융위기가 닥쳤을 때 거대 은행이 파산하고 정부의 약속이 흔들리는 것을 목격한 시장의 심정과 다르지 않다.

그러나 이야기는 절망에서 끝나지 않는다. 진짜 마법은 역설적이게도 마법이 사라진 바로 그곳에서 시작된다.

우리 안에 있던 해답

절망에 빠진 도로시 일행에게 북쪽의 착한 마녀 글린다가 나타나 진실을 일깨워준다. 허수아비는 이미 누구보다 명석한 판단력으로 여러 위기를 헤쳐왔으니 뇌가 필요 없었고, 양철 나무꾼은 친구의 불행에 눈물 흘릴 줄 아는 따뜻한 마음을 가졌으며, 사자는 친구들을 지키기 위해 기꺼이 위험에 맞서는 용기를 보여주었다. 그들은 자신들이 찾아 헤매던 것을 이미 내면에 품고 있었다. 그리고 도로시, 그녀를 캔자스로 데려다줄 힘은 바로 그녀가 신고 있던 반짝이는 구두에 있었다.

"애야, 너는 언제든 집으로 돌아갈 힘이 있었단다."

글린다의 이 한마디는, 해답이 멀리 있는 것이 아니라 우리 안에, 혹은 우리가 딛고 선 기반 속에 이미 존재하고 있음을 암시한다. 신뢰가 무너진 금융 시스템의 재건 과정도 이와 같다. 위기의 순간, 시장 참여자들은 외부의 구원자(마법사)만을 바라보며 공포에 떨지만, 결국 시스템을 다시 일으켜 세우는 힘은 내부에서 나온다.

위기 이후, 각국 정부와 중앙은행은 금융 시스템의 붕괴를 막기 위해 새로운 규칙과 제도를 만들기 시작했다. 이는 마치 도로시 일행이 마법사의 권위 대신 서로의 능력을 믿고 협력하며 새로운 질서를 찾아 나선 것과 같다. 흩어진 믿음을 다시 모으고, 더 이상 한 사람의 변덕이나 속임수에 시스템 전체가 흔들리지 않도록 단단한 토대를 다지는 작업, 그것이 바로 신뢰 재건의 첫걸음이었다.

신뢰를 지키는 제도라는 마법

역사적으로 금융위기는 언제나 새로운 제도의 탄생을 이끌었다. 1929년 대공황 이후, 미국 정부는 다시는 예금자들이 공포에 떨며 은행으로 달려가는 '뱅크런'(Bank run) 사태가 벌어지지 않도록 연방예금보험공사(FDIC)를 설립했다. 은행이 파산하더라도 정부가 일정 금액까지 예금을 보증해준다는 이 제도는, 은행에 대한 국민의 신뢰를 복원하는 결정적 역할을 했다.

이제 사람들은 개별 은행의 건전성을 일일이 걱정하기보다 '국가'라는 더 큰 시스템을 믿고 돈을 맡길 수 있게 된 것이다. 이는 마법사가 사라진 오즈에 허수아비가 새로운 지도자로 세워져 질서를 회복하는 모습과도 같다. 개인의 변덕스러운 약속 대신 예측할 수 있고 투명한 '제도'가 신뢰의 새로운 기반이 되어준 셈이다.

2008년 글로벌 금융위기 이후에도 마찬가지였다. 각국의 규제 당국은 '바젤 III' 같은 국제 기준을 도입하여 은행들이 더 많은 자기자본을 쌓도록 의무화하고, 시스템적으로 중요한 대형 금융기관에 대해서는 더욱 엄격한 감독을 적용했다.[12] 또한 중앙은행은 '최종 대부자'로서 일시적인 유동성 위기에 처한 금융기관에 긴급 자금을 지원하며 시장 붕괴를 막는 소방수 역할을 자처했다.

이는 안전장치가 없었던 도로시의 모험과 달리, 현실 세계에서는 위기를 겪으며 '신뢰의 안전벨트'를 채우려는 노력이 계속되어왔음을 보여준다. 도로시의 구두처럼, 위기의 순간 우리를 지켜줄 힘은 이미 제도라는 형태로 우리 곁에 마련되고 있었던 것이다.

내면의 힘, 사회의 약속

마법사가 떠난 오즈를 구한 것은 결국 세 친구의 내면의 힘이었다. 허수아비가 원했던 뇌는 위험을 예측하고 예방하는 현명한 '규제'를, 양철 나무꾼의 따뜻한 마음은 서로를 보듬는 '사회적 자본'을, 사자의 용기는 위기 앞에서 결단을 내리는 '정치적 리더십'을 상징한다고 볼 수 있다. 이 세 가지가 조화를 이룰 때, 공동체는 비로소 위기를 극복하고 한 걸음 더 나아갈 수 있다. 튼튼한 규제(지혜)가 탐욕의 거품을 제어하고, 서로를 보듬는 공동체 정신(마음)이 공포의 확산을 막아주며, 흔들리지 않는 리더십(용기)이 재건의 방향을 제시해야만 진정한 신뢰 회복이 가능하다.

하지만 법과 제도만으로 신뢰가 완성되는 것은 아니다. 정치학자 로버트 퍼트넘(Robert Putnam)은 공동체의 협력을 이끌어내는 보이지 않는 힘으로 '사회적 자본'을 강조했다. 그는 사회 구성원 사이에 형성된 신뢰의 네트워크, 호혜성의 규범 그리고 시민 참여가 활발한 사회일수록 더 건강하고 번영한다고 주장했다.[13]

도로시와 친구들이 서로를 믿고 도우며 서쪽 마녀를 물리쳤듯, 사회 역시 구성원 간의 끈끈한 유대와 협력의 경험이 축적될 때 위기 극복 능력이 강해진다. 금융위기 당시에도, 일부 지역사회에서는 이웃끼리 서로 돕고 정보를 공유하며 어려움을 이겨내는 모습이 나타났다. 반면 개인주의가 만연하고 공동체 의식이 약한 곳에서는 위기의 충격이 더욱 고통스럽게 다가왔다.

이는 돈과 금융 시스템이 단지 차가운 숫자의 세계가 아니라, 따뜻한 인간관계와 사회적 연결망 위에서 비로소 안정적으로 작동할 수 있음을 보여준다. 결국 튼튼한 제도는 견고한 사회적 자본이라는 토양 위에서 뿌리를 내릴 수 있다.

마법이 걷힌 자리에서, 우리는 비로소 진짜 중요한 것을 보게 된다. 한 사람의 영웅이나 절대적 권위가 아니라, 모두가 함께 만들어가는 약속과 제도 그리고 서로에 대한 믿음이야말로 돈의 가치를 지키는 진정한 힘이라는 사실을 말이다. 도로시의 구두가 언제나 그녀의 발에 있었듯, 신뢰를 재건할 힘 또한 우리 사회 안에 이미 존재한다. 이제 마지막 질문은, 그 힘을 어떻게 사용하고 가꾸어 나갈 것인가에 달려 있다.

이제 우리는 무엇을 믿어야 하는가

폭풍이 지나간 들판에는 고요함과 함께 새로운 희망이 싹튼다. 마법사의 환상이 걷힌 에메랄드 시티는 더 이상 눈부신 초록빛으로 빛나지 않을지 모른다. 하지만 그곳에 남은 사람들은 이전보다 더 현명하고 단단해졌다. 그들은 이제 한 사람의 권위에 맹목적으로 기대는 대신 서로의 어깨에 기대어 함께 길을 찾아 나선다. 이는 신뢰의 붕괴라는 거대한 위기를 겪은 우리 사회가 나아가야 할 길을 보여주는 은유와도 같다. 폐허 위에서 우리는 무엇을 믿고, 어떻게 새로운 신뢰의 탑을 쌓아올려야 하는가?

마녀에게도 사정은 있었다

이야기를 조금 다른 시각에서 바라볼 필요가 있다. 브로드웨이 뮤지컬 「위키드」(Wicked)는 우리에게 익숙한 '오즈의 마법사' 이야기를 비틀어 모두가 악당으로만 알았던 서쪽 마녀 엘파바의 숨겨진 사연을 들려준다. 그녀는 태어날 때부터 초록색 피부 때문에 오해와 차별 속에서 자랐고, 동물을 억압하는 마법사의 정책에 저항하다 '사악한 마녀'라는 누명을 쓰게 되었다는 것이다.[14]

이 새로운 서사는 우리에게 '악'이란 과연 무엇인지, 그리고 우리가 믿어온 진실이 얼마나 쉽게 조작될 수 있는지를 묻는다. 금융위기를 돌아볼 때도 비슷한 성찰이 필요하다. 우리는 종종 위기의 원인을 월 스트리트의 '탐욕스러운 은행가'나 무책임한 '정부 관료'와 같은 몇몇 악당에게 돌리며 분노한다. 물론 그들의 책임이 가볍지는 않다. 하지만 그들을 악마로만 규정하고 끝낸다면, 우리는 위기의 더 깊은 구조적 원인을 놓치게 될지 모른다.

그들이 그토록 무모한 행동을 하도록 부추겼던 것은 무엇이었을까? 어쩌면 그것은 '자산 가격은 영원히 오른다'는 집단적 환상, 위험을 제 대로 평가하지 못하게 만든 느슨한 규제, 단기 성과에만 집착하게 만 든 보상 시스템과 같은, 우리 사회 전체가 공유했던 '잘못된 믿음'은 아니었을까. 예를 들어 2008년 금융위기 당시 주택담보대출을 무분별 하게 내준 은행 직원은 한편으로는 거대한 시스템의 톱니바퀴에 불과 했을 수 있다.

모두가 부동산 불패 신화를 믿었고, 규제 당국은 경고 신호를 외면 했으며, 평범한 시민들까지 빚을 내어 집을 사는 것이 현명한 투자라 여겼던 시대였다. 엘파바가 마녀가 될 수밖에 없었던 배경이 있듯이, 금융위기라는 괴물 역시 우리 사회의 구조적 모순과 집단적 욕망이 빚어낸 결과물일 수 있다. 진정한 신뢰의 재건은 몇몇 악당을 처벌하 는 것을 넘어, 우리를 잘못된 길로 이끌었던 시스템 자체를 성찰하고 개선하는 데서 시작되어야 한다.

새로운 신뢰의 설계도

새로운 신뢰는 어떤 모습이어야 할까? 그것은 더 이상 한 사람의 마법사나 소수의 엘리트에게 모든 것을 맡기는 수직적 신뢰가 아닐 것이다. 위기를 통해 우리는 그들이 결코 전지전능하지 않으며 때로는 우리를 속일 수도 있다는 사실을 배웠다. 대신 이제는 투명한 정보와 공정한 규칙 그리고 상호 감시를 통해 시스템 전체의 건강성을 유지하는 수평적 신뢰가 필요하다.

예컨대 2008년 금융위기 이후, 금융 시스템에는 소비자 보호를 위한 독립 기구가 생겨났고, 파생상품과 같은 복잡한 금융상품은 더 투명하게 거래되도록 규제가 강화되었다. 이는 더 이상 금융기관의 '선의'에만 의존하지 않고, 소비자와 투자자 스스로 정보를 얻고 판단할 수 있는 힘을 길러주려는 시도다.

또한 기술의 발전은 신뢰를 구축하는 새로운 가능성을 열어주고 있다. 중앙 기관 없이도 개인 간의 직접적인 신뢰를 보장하려는 블록체인 기술이나, 수많은 사람의 집단지성을 활용하여 평판을 쌓아가는 플랫폼 경제는 새로운 시대의 신뢰가 어떤 모습일 수 있는지를 보여주는 실험장이다. 이러한 변화들은 모두 권위를 분산시키고, 정보를 공유하며, 우리 모두 신뢰 시스템의 주체적인 참여자가 되어야 한다는 방향을 가리키고 있다. 신뢰는 이제 누군가에게 위임하는 것이 아니라, 모두가 함께 참여하여 만들어가는 투명한 과정이 되어야 한다.

돈의 영혼을 찾아서

국제결제은행(BIS)의 총재 아구스틴 카르스텐스(Agustin Carstens)는 "화폐의 영혼은 신뢰"라고 말했다.[15] 그의 말처럼, 돈이 단순한 거래 수단을 넘어 우리 사회의 혈액처럼 흐를 수 있는 이유는 그 안에 신뢰라는 영혼이 깃들어 있기 때문이다. 위기는 그 영혼이 얼마나 쉽게 상처받을 수 있는지를 보여주었지만, 동시에 그 영혼을 더욱 강하게 단련하는 계기가 되기도 했다. 우리는 이제 돈의 가치가 금이나 은 같은 물질이 아니라, 모두 함께 지켜나가는 약속과 믿음이라는 무형의 자산에서 비롯된다는 사실을 안다.

돈을 올바르게 사용한다는 것은, 단지 부를 축적하는 기술을 넘어 이 사회적 신뢰를 훼손하지 않고 가꾸어나가는 윤리적 책임까지 포함하는 행위가 된다. 내가 하는 하나의 거래가, 내가 지키는 하나의 약속이 이 거대한 신뢰의 네트워크를 더욱 튼튼하게 만드는 벽돌 한 장이 될 수 있다는 자각, 그것이 바로 우리가 위기로부터 얻어야 할 가장 소중한 교훈이다. 신뢰는 이처럼 보이지 않는 것을 기꺼이 감수하려는 용기이며, 그 용기가 마법처럼 흩어진 개인들을 하나의 공동체로 묶어내는 진정한 연금술이다.

다음 장으로 향하는 발걸음

도로시는 마침내 캔자스의 집으로 돌아온다. 화려했던 에메랄드 시티의 마법은 한바탕 꿈처럼 사라졌지만, 그녀의 마음속에는 친구들과 함께 역경을 헤쳐나간 기억과 스스로의 힘으로 길을 찾았다는 단단한 믿음이 남았다. 신뢰에 관한 이야기도 이제 마무리할 시간이다. 우리는 신뢰가 어떻게 돈에 마법을 불어넣고, 때로는 거품이 되어 무너지며, 또 어떻게 잿더미 속에서 다시 피어나는지를 목격했다.

견고하게 재건된 신뢰의 토대 위에서, 비로소 사람들은 안심하고 서로의 가치를 주고받기 시작한다. 신뢰가 돌아온 자리에 온기가 퍼지자, 꽁꽁 얼어붙었던 시장의 톱니바퀴가 다시 맞물려 돌기 시작한다. 그렇게 사람들은 다시 서로의 가치를 주고받으며, 새로운 관계의 문을 연다.

6 돈과 교환
이기심이 만든 공감의 질서

◀ 정태관, 「보이지 않는 손과 시장」, 2026.

"이처럼 수많은 이점이 있는 분업은 처음부터
부유함을 예견하고 의도한 인간의 지혜에서
비롯된 것은 아니다. 그것은 오히려 인간 본성에
내재되어 있는, 매우 느리고 점진적이지만
필연적인 결과다. 즉, 한 물건을 다른 물건과
교환하려는 성향 말이다."
– 애덤 스미스,『국부론』

굶주림이 칼에게 말을 걸다

자욱한 안개에 잠긴 새벽, 전국시대 일본의 외딴 산골 마을에 또다시 공포의 그림자가 드리운다. 지난 계절 거두어들인 얼마 안 되는 곡식을 노리는 산적들이 언제 들이닥칠지 모르는 불안 속에서, 농민들은 뜬눈으로 밤을 지새운다. 가진 것을 모두 빼앗기고 굶주림 속에 죽어갈 것인가, 아니면 어떻게든 이 절망을 끊어낼 힘을 빌려올 것인가.

선택의 기로에서 마을의 원로는 과거 다른 마을의 이야기를 꺼낸다. 돈 한 푼 없이 오직 식량을 대가로 떠돌이 무사들을 고용해 위기에서 벗어났다는 희미한 희망. 그것은 어쩌면 이 마을이 붙잡을 수 있는 마지막 지푸라기였을지도 모른다. 이 절박한 제안, 낯선 이의 칼과 나의 쌀을 맞바꾸자는 이 원초적 거래의 시작에 바로 교환의 풍경이 있다.

어긋나는 욕망, 위태로운 약속

며칠 뒤, 마을을 대표한 농민 몇몇은 떨리는 걸음으로 인근 고을의 저잣거리로 향한다. 초라한 행색의 떠돌이 무사들을 발견한 그들은 두려움을 누르고 조심스럽게 말을 건넨다.

"저희에게는 드릴 돈이 없습니다. 드릴 수 있는 것은 하루 세끼의 흰 쌀밥뿐입니다. 하지만 저희 마을을 지켜주신다면, 저희 또한 목숨을 걸고 당신들을 섬기겠습니다."

굶주림에 지친 7인의 사무라이에게 따뜻한 밥 한 그릇은 외면하기 힘든 제안이었다. 이렇게 굶주린 배를 채워야 하는 자와 당장 목숨을 지켜야 하는 자의 필요가 마주쳤다. 경제학에서는 이를 '욕망의 이중적 합치'라는 다소 생소한 말로 표현한다.[1] 한 사람이 내놓는 것과 다른 사람이 원하는 것이 정확히 맞아떨어져야만 거래가 성립한다는 의미다.

하지만 이 합치는 얼마나 위태로운 우연에 기댄 것인가. 만약 사무라이들이 원한 것이 쌀이 아니라 귀한 약재나 튼튼한 옷감이었다면, 농민들은 무엇으로 그들의 칼을 살 수 있었을까? 더 절망적인 상황도 있을 수 있다. 사무라이들은 쌀을 원했지만, 이미 산적에게 모든 것을 빼앗긴 농민들에게는 내어줄 쌀이 한 톨도 없었다면? 이처럼 서로의 욕망이 어긋나는 순간, 거래의 문은 굳게 닫힌다.

농민들은 자신들이 가진 유일한 것, 즉 노동력을 팔아 사무라이가 원하는 것을 구하는 더 길고 험난한 교환의 여정을 떠나야 했을지도 모른다. 예를 들어, 이웃 마을 대장간에서 일을 해주고 그 대가로 받은 철기를 들고 다시 시장에 나가, 그 철기를 원하는 상인을 찾아 쌀과 바꾸는 식의 복잡한 연쇄 거래를 거쳐야만 비로소 사무라이를 고용할 수 있게 되는 것이다.

돈이 없는 물물교환의 세계에서 거래는 이렇듯 좁고 험한 길 위에서만 간신히 이루어진다. 내가 가진 잉여생산물을 원하는 상대를 찾아야 하고, 동시에 그 상대가 내가 필요로 하는 것을 가지고 있어야 한다는 이중의 장벽을 넘어야만 한다. 굼벵이처럼 느리고, 안갯속처럼 불확실한 이 과정에서 얼마나 많은 교환의 기회가 그저 스쳐 지나갔을까. 문명이 이처럼 불편하고 비효율적인 교환의 한계에 오랫동안 갇혀 있었던 이유다.

물물교환의 이러한 근본적인 어려움은 역사의 아버지 헤로도토스(Herodotos)가 기록한 카르타고인의 '침묵교역' 사례에서 더욱 명확해진다. 헤로도토스의 『역사』에 따르면, 카르타고인은 아프리카의 한 해안에 도착하면 배에서 상품을 내려놓고 연기를 피워 신호를 보낸 뒤 다시 배로 돌아갔다. 그러면 원주민이 다가와 상품 옆에 금을 놓아두고 물러났다. 카르타고인이 다시 돌아와 금의 양이 만족스러우면 금을 가지고 떠났고, 그렇지 않으면 다시 배로 돌아가 원주민들이 더 많은 금을 놓아주기를 기다렸다.

이처럼 서로 말 한마디 섞지 않고, 오직 물건과 금을 번갈아 놓아두는 지난한 과정을 거쳐야만 비로소 거래가 성립되었다. 이 기묘한 거래 방식은 '욕망의 이중적 합치'가 얼마나 어려운지를 극명하게 보여준다. 각자의 욕망이 톱니바퀴처럼 정확히 맞물리지 않을 때, 교환은 이처럼 막대한 시간과 노력이 드는, 즉 '탐색 비용'이 극도로 높은 고단한 일이 된다.[2]

거래라는 인간의 불꽃, 돈이라는 촉매

인류는 왜 이토록 끈질기게 낯선 이와 무언가를 바꾸려고 시도했을까. 애덤 스미스는 그 답을 인간의 본성에서 찾았다. 그는 인간에게 "거래하고, 흥정하고, 교환하려는 성향"이 내재해 있으며, 이는 다른 어떤 동물에게서도 찾아볼 수 없는 고유한 특징이라고 보았다.[3]

사자나 늑대는 힘으로 먹이를 쟁취할 뿐, 다른 무리와 공정하게 사냥감을 나누는 법이 없다. 하지만 인간은 다르다. 자신의 필요를 채우기 위해 타인의 필요에 호소하고, "내가 원하는 것을 주면 당신이 원하는 것을 주겠다"는 약속을 통해 협력의 길을 연다. 농민과 사무라이가 맺은 동맹 역시 서로의 이기심에 호소하여 공동의 이익을 만들어내는 교환 본능의 한 장면이다.

이러한 교환 본능은 단순히 재화를 주고받는 행위를 넘어, 인류 문명 발전의 동력이었다. 과학 저술가 매트 리들리(Matt Ridley)는 『이성적 낙관주의자』에서 호모사피엔스가 네안데르탈인과의 생존 경쟁에서 승리할 수 있었던 비결 중 하나가 바로 '교환'에 있었다고 말한다.[4] 호모사피엔스는 수백 킬로미터 떨어진 곳의 흑요석이나 조개껍데기를 교역하며 넓은 네트워크를 형성한 반면, 네안데르탈인은 자신이 살던 지역의 자원만을 이용하는 고립된 생활을 했다.

서로 다른 집단이 만나 아이디어와 기술, 도구를 교환하면서 인류는 '집단지성'을 형성했고, 이는 혁신의 속도를 높였다. 이처럼 인간만이 가진 교환의 불꽃은 문명의 교착상태를 뚫고 나아갈 동력이었지만, 그 불꽃을 거대한 불길로 키워낸 것은 단연 돈의 역할이었다. 돈은 이 내면의 충동을 가장 효율적이고 보편적인 시스템으로 전환해, 인류가 상상조차 할 수 없었던 협력을 가능하게 만들었다.

돈, 교환의 문제를 해결하다

물물교환 경제에서 개인의 욕망은 서로 어긋나는 경우가 많았다. 농부는 쌀을 주고 옷감을 원하지만, 옷감 장수는 쌀 대신 소금을 원할 수 있다. 이처럼 욕망이 일치하지 않으면 교환은 연쇄적으로 지연되거나 무산된다. 이 문제를 해결한 것이 바로 '돈'이다. 돈은 사회 구성원 모두가 그 가치를 인정하는 '보편적 교환 매개체'로 기능하며, 서로 다른 욕망을 연결하는 역할을 수행했다.

돈은 이 복잡한 교환의 문제를 단순화했다. 농부는 쌀을 시장에 팔아 돈을 얻고, 그 돈으로 옷감을 구매하면 된다. 옷감 장수 또한 그 돈으로 자신이 필요로 하는 소금을 살 수 있다. 이처럼 돈은 각기 다른 욕망의 연결고리가 되어 A가 B를, B가 C를, C가 A를 원하는 복잡한 관계를 효율적인 직선 관계로 바꾸었다. 덕분에 인류는 '욕망의 이중적 합치'라는 제약에서 벗어나, 낯선 이들과도 자유롭게 협력하는 시대를 열 수 있었다.

교환의 또 다른 장벽이었던 '가치 측정의 문제' 역시 돈 앞에서 힘을 잃었다. 물물교환 경제에서는 쌀 한 가마니와 칼 한 자루의 가치를 비교할 공통의 잣대가 없어 끝없는 흥정이 필요했지만, 돈은 모든 재화와 서비스에 '가격'이라는 이름표를 붙여주었다. 쌀은 열 냥, 칼은 쉰 냥이라는 식으로 가치가 숫자로 표현되면, 누구나 쉽게 가치를 비교하고 거래를 결정할 수 있다.

마지막으로, 돈은 '가치의 저장고'가 되어주었다. 쉽게 썩거나 사라지는 쌀과 달리, 돈은 그 가치를 비교적 오래 보존할 수 있었다. 이 덕분에 사람들은 생산물을 당장 처분해야 한다는 압박에서 벗어나, 부를 축적하고 미래를 계획할 여유를 얻게 되었다. 돈이 가진 이 세 가지 얼굴은 인류를 교환의 교착상태에서 구출했다.

돈의 진화, 교환의 확장

돈이 어떻게 제국의 혈맥이 되어 광대한 영토를 하나로 묶었는지를 보여주는 가장 거대한 실험은 고대 로마에서 시작되었다. 로마는 광활한 제국 전역에 대표적인 표준 주화인 '데나리우스' 은화를 비롯한 통일된 화폐를 유통했다. 이전까지 각 속주는 저마다 다른 화폐를 사용하거나 물물교환에 의존했지만, 로마의 주화가 제국 공용 교환 수단이 되자 모든 길이 로마의 돈으로 통하게 되었다.

이집트의 곡물, 브리타니아의 주석, 갈리아의 포도주가 모두 데나리우스로 거래되면서, 지중해는 인류 역사상 유례없는 단일 시장으로 변모했다. 로마의 잘 닦인 도로 위로 상품과 함께 주화가 흘렀고, 이 원활한 교환 시스템은 제국의 군대를 유지하고, 도시를 건설하며, 문화를 융성시키는 동력이 되었다. 돈의 형태가 통일되자, 교환에서 마찰이 사라지고 경제는 성장했다.[5]

또 다른 혁신은 1,000년 전 동쪽에서 일어났다. 11세기 중국 송나라에서 세계 최초의 지폐인 '교자'(交子)가 발명된 것이다. 당시 상인들은 무거운 철전이나 동전 꾸러미를 들고 장거리 교역을 하는 데 어려움을 겪었다. 이를 해결하기 위해 상인 조합은 일종의 예금증서인 교자를 발행하기 시작했고, 이것이 점차 정부가 보증하는 공식 화폐로 발전했다.

가벼운 종이돈의 등장은 상업의 풍경을 바꾸었다. 상인들은 더 이상 무거운 주화의 무게에 얽매이지 않고 더 멀리 더 많은 상품을 실어 나를 수 있게 되었다. 교환의 속도와 규모가 증가하면서, 송나라는 당시 세계에서 가장 상업이 발달한 국가 중 하나로 떠올랐다. 이처럼 돈의 형태가 금속에서 종이로 진화한 것은 교환의 물리적 한계를 극복하고 경제의 혈액순환을 개선한 사건이었다.[6]

돈의 진화는 현대에 이르러 정점을 맞이한다. 신용카드와 전자 결제 시스템의 등장은 교환의 시공간적 제약을 거의 완벽하게 제거했다. 이제 우리는 지갑 속 현금 한 장 없이도, 스마트폰 터치 몇 번으로 지구

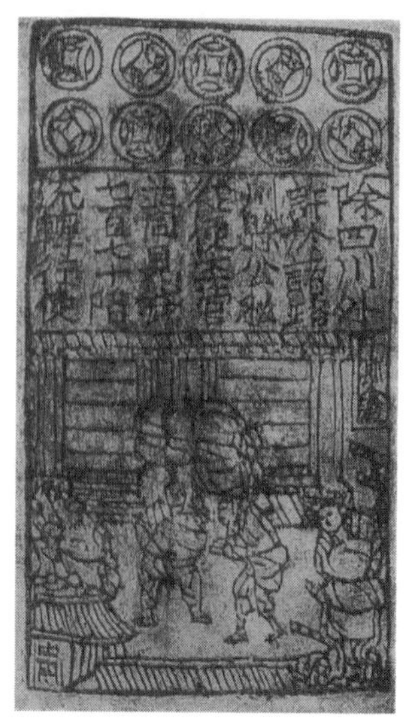

로마의 은화 데나리우스와 세계 최초의 지폐인 송나라 교자
대제국은 광범한 교역과 행정의 효율을 위해 교환의 매개로 화폐를 제도화했다.

반대편의 물건을 구매하고 대금을 지불한다. 모든 거래는 눈에 보이지 않는 숫자의 이동으로 순식간에 완료된다. 이 디지털 화폐의 시대에 교환의 탐색 비용과 거래 비용은 실질적으로 '0'에 수렴하게 되었다.

이처럼 돈의 형태가 조개껍데기에서 금속 주화로, 다시 종이 지폐를 거쳐 보이지 않는 디지털 신호로 진화해온 역사는, 인류가 어떻게 교환의 장벽을 허물고 협력의 범위를 확장해왔는지를 보여주는 서사다. 돈이 흐르기 시작하면서, 쌀과 칼을 맞바꾸던 작은 마을의 교환은 비로소 세상의 모든 길을 잇는 거대한 협력의 서막을 연 것이다.

각자의 칼, 하나의 방패

쌀과 칼의 교환으로 시작된 동맹은 마을을 하나의 전투 조직으로 바꾸어놓았다. 사무라이들은 각자의 전문성을 발휘하여 방어 전략을 세우고, 농민들은 그 지시에 따라 마을 곳곳에 함정과 목책을 설치했다. 이 풍경은 돈이 어떻게 개인의 재능을 사회적 협력으로 엮어내는지를 보여주는 축소판이다. 만약 농민들이 직접 칼을 들고, 사무라이들이 쟁기를 잡았다면 그 결과는 비참했을 것이다. 하지만 돈(쌀)을 매개로 한 교환은 각자가 가장 잘하는 일에 집중하게 했고, 이는 마을의 생존 가능성을 높였다.

돈이 있기에 가능한 전문화

이러한 역할 분담, 즉 전문화가 지속 가능한 시스템이 되기 위해서는 하나의 전제 조건이 필요하다. 바로 자신의 전문화된 노동이 언제든 다른 재화와 서비스로 교환될 수 있다는 믿음이다. 사무라이가 전투 기술 연마에 평생을 바친 이유는, 자신의 칼이 언젠가 쌀이 될 것이라 믿었기 때문이다. 농민이 한 해 내내 흙과 씨름한 것도 자신의 땀이 안전이라는 가치로 돌아올 것을 알았기 때문이다.

바로 여기서 '돈'은 단순한 교환의 매개를 넘어, 전문화된 사회를 떠받치는 신뢰의 기둥으로 기능한다. 돈은 나의 재능이 고립되지 않고, 언제든 세상의 다른 모든 재능과 연결될 수 있다는 약속의 증표다.

18세기 스코틀랜드의 작은 핀 공장에서, 애덤 스미스는 이 협력의 비밀을 발견했다.

그는 한 명의 노동자가 철사를 자르고, 뾰족하게 갈고, 머리를 붙이는 모든 공정을 혼자 감당할 때와, 열 명의 노동자가 각 공정을 나누어 맡을 때의 생산성이 수백 수천 배 차이 난다는 사실에 주목했다. 그는 이 원리를 '분업'이라 부르고, 이것이 인류의 부를 증진하는 동력이라고 주장했다.[7] 이 핀 공장의 노동자들 역시 자신이 만든 핀의 일부가 결국 빵과 옷이 되어 돌아올 것이라는 믿음, 즉 돈이라는 보편적 교환 수단이 있었기에 기꺼이 자신의 자리를 지킬 수 있었다.

모두가 이기는 교환의 법칙

그렇다면 항상 각자가 가장 잘하는 일만 해야 하는 걸까? 영국의 경제학자 데이비드 리카도(David Ricardo)의 '비교우위' 개념은 이 질문을 더 깊이 파고든다. 설령 한쪽이 모든 면에서 상대보다 뛰어나더라도(절대우위), 각자 상대적으로 더 잘하는 일(기회비용이 더 낮은 일)에 집중해서 교환하면 양쪽 모두에게 이익이 된다는 것이다.[8] 사무라이 마을의 상황이 바로 그렇다.

사무라이 리더인 칸베이가 칼솜씨는 물론 농사 실력까지 뛰어나다고 해보자. 그렇다고 해도 칸베이가 직접 쟁기를 잡는 것보다 그 시간에 전투 전략을 짜고 농민들을 훈련시키는 편이 마을 전체에는 훨씬 큰 이익이다. 그가 농사를 짓는 동안 포기해야 하는 '전략가로서의 가치'가 너무나 크기 때문이다. 반대로 농민은 어설프게 칼을 휘두르는 것보다 한 톨의 쌀이라도 더 생산하여 사무라이들을 지원하는 것이 현명한 선택이다.

돈이 매개하는 교환은 각자가 자신의 비교우위를 발견하고 거기에 집중하게 함으로써, 사회 전체의 파이를 키우는 '모두가 승리하는 게임'(Win-Win Game)을 가능하게 한다. 현대 사회에서 의사가 진료에만 집중하고, 필요한 법률 서비스는 변호사에게 돈을 지불하고 맡기는 것이 대표적인 예다. 의사가 직접 법률 서적을 뒤지는 것보다 그 시간에 환자 한 명을 더 보는 편이 사회 전체적으로 효율적이다.

돈이 이들 사이의 교환을 매끄럽게 만들어주기에, 각 전문가는 자신의 역량을 최대한 발휘하며 서로에게 의존하는 정교한 협력 체계를 구축할 수 있다. 분업이 재능을 전문화하는 과정이라면, 비교우위는 그 전문화된 재능을 어떻게 교환해야 모두에게 가장 큰 이익이 돌아오는지를 알려주는 지혜인 셈이다.

돈은 보이지 않는 조율자

애덤 스미스가 묘사한 핀 공장의 기적은 오늘날 더 큰 규모로 확장되었다. 우리가 매일 사용하는 스마트폰 한 대는 분업과 교환의 결정체라 할 수 있다. 스마트폰의 두뇌 역할을 하는 애플리케이션 프로세서(AP)는 미국의 기업이 설계하지만, 그 설계도를 바탕으로 한 초정밀 반도체 칩은 타이완이나 한국의 공장에서 생산된다. 디스플레이 패널은 한국의 기술로, 카메라는 일본의 센서 기술로, 배터리는 중국의 공장에서 만들어진다. 이 모든 부품은 전 세계 각지에서 생산되어, 최종적으로 중국이나 베트남의 조립 공장으로 모인다. 그곳에서 수만 명의 노동자가 각자의 공정에서 나사 하나를 조이고 부품 하나를 끼우는 일을 반복한다.

이 과정에 참여하는 사람은 수백만 명에 달하지만, 그들 중 누구도 스마트폰 전체를 만들겠다는 목표로 일하지 않는다. 그들은 단지 자신의 노동에 대한 대가, 즉 돈을 벌기 위해 각자의 자리에서 묵묵히 일할 뿐이다. 하지만 돈이라는 보편적 교환 수단이 이 모든 개별적인 노동을 하나의 네트워크로 엮어내면서, 결국 우리 손에 완제품 스마트폰이 쥐어지게 되는 것이다.

이는 마치 사무라이 칸베이가 그린 전략 지도 위에, 각기 다른 재능을 가진 사무라이와 농민들이 자신의 위치에서 최선을 다해 하나의 방어선을 구축하는 모습과 같다. 그들을 하나의 목표로 조율하는 보이지 않는 힘, 그것이 바로 '돈'과 '시장' 시스템이다. 돈이 가격이라는 신호를 통해 무엇이 더 필요하고 덜 필요한지를 알려주면, 세상의 모든 재능과 자원은 그 신호에 따라 움직이며 스스로 조화를 이루어낸다.

쌀과 칼의 교환으로 시작된 작은 협력의 선율은, 돈이라는 조율자를 만나 인류 문명 전체를 아우르는 거대한 협력으로 발전했다. 그러나 이 거대한 협력이 언제나 완벽한 화음만을 만들어내는 것은 아니다. 때로는 날카로운 불협화음이, 소외된 이들의 신음이 그 속에 숨겨져 있다.

거래가 낳은 시너지와 소외

마을의 방어 준비는 정교한 협력 체계로 움직이기 시작했다. 사무라이 칸베이가 그린 전략 지도 위에서 각자는 정해진 역할을 수행했다. 칼 솜씨가 뛰어난 큐조는 적진의 최전선에, 혈기 넘치는 키쿠치요는 농민들의 훈련 교관으로, 젊은 카츠시로는 스승의 그림자처럼 전술을 익혔다. 농민들은 울타리를 세우고, 땅을 파 함정을 만들며, 후방에서 주먹밥을 날랐다.

칼을 든 자는 칼의 역할에, 낫을 든 자는 낫의 역할에 집중했다. 이들의 움직임이 하나의 목표 아래 어우러질 때, 마을은 이전과는 다른 힘을 가진 하나의 조직으로 변모했다.

돈이 만든 협력의 가치

마을의 방어 준비 과정은 돈이 매개하는 교환이 어떤 시너지를 만들어내는지 보여준다. 사무라이들은 자신들의 전투 경험을 바탕으로 방어 계획을 세우고, 농민들은 수십 년간 살아오며 체득한 마을의 지리 정보를 제공했다.

"저쪽 샛길은 비가 오면 진흙탕으로 변해 말이 달리기 어렵습니다."

"북쪽 숲에는 맹수가 있어 밤에는 아무도 접근하지 않습니다."

사무라이의 전략적 지식과 농민의 향토적 지혜가 결합되자, 방어 계획은 단순한 탁상공론을 넘어 살아 있는 전술이 되었다. 이 과정에서 쌀의 형태를 한 돈은 각자의 전문성을 교환하고 신뢰를 구축하는 역할을 했다. 농민들은 사무라이들의 리더십을 믿고 자신들의 가장 소중한 자산인 식량을 내놓았다. 사무라이들은 그 대가에 부응하기 위해 자신들의 모든 지식과 경험을 쏟아부었다.

이러한 교환의 약속이 없었다면, 이질적인 두 집단은 결코 이처럼 깊은 수준의 협력을 이끌어내지 못했을 것이다. 돈은 서로 다른 재능을 가진 이들이 자신의 역할에만 집중할 수 있도록 만드는 안전장치이며, 그 안전장치가 있기에 각 개인은 자신의 역량을 최대한 발휘할 수 있다. 이 협력의 조화는 돈이 가진 교환의 얼굴이 단순히 재화를 주고받는 것을 넘어, 공동체 전체의 잠재력을 끌어내는 촉매임을 증명한다.

보이지 않는 계약, 익명의 협력

이 협력 관계가 계속되기 위해서는 중요한 전제가 필요하다. 바로 '지속적인 교환에 대한 믿음'이다. 「7인의 사무라이」의 마을처럼 작은 공동체에서는 얼굴을 마주하고 신뢰를 쌓아갈 수 있지만, 수백만 명이 협력하는 현대의 분업 시스템은 어떻게 유지될까? 스마트폰 공장의 노동자는 자신이 평생 만날 일 없는 반도체 설계자의 노동을 어떻게 믿고 협력할 수 있을까? 그 해답 역시 돈에 있다. 돈은 익명의 타인들 사이에서도 협력을 가능하게 하는 '보편적 약속의 언어'이기 때문이다.

내가 월급을 받는다는 것은 나의 노동이 사회적으로 가치 있음을 '돈'이라는 형태로 인정받았다는 뜻이다. 나는 그 돈으로 전혀 모르는 사람이 재배한 쌀을 사고, 낯선 기술자가 만든 자동차를 이용한다. 이 모든 과정은 돈에 대한 사회 전체의 신뢰가 없다면 불가능하다. 즉, 돈은 낯선 이들의 재능을 연결하는 것을 넘어, 그 낯선 재능들이 지속적으로 교환될 수 있도록 보증하는 사회적 계약의 역할을 한다.

사무라이와 농민이 쌀이라는 현물로 직접 계약했다면, 현대 사회의 노동자는 돈이라는 추상적인 약속을 통해 전 세계의 노동자와 간접적으로 계약을 맺고 있는 셈이다. 이 보이지 않는 계약이 있기에, 우리는 낯선 이들과도 거대한 협력 관계를 맺을 수 있다.

교환의 그늘, 소외된 노동

돈이 매개하는 교환은 효율성을 낳는 동시에, 모든 관계를 비인격적인 계약으로 만들며 개인을 거대한 기계의 부속품으로 전락시킬 위험을 내포하고 있다. 카를 마르크스(Karl Marx)는 자본주의 사회의 분업이 노동자를 자신의 노동과정과 그 결과물로부터 소외시킨다고 비판했다.[9]

애덤 스미스가 말한 핀 공장 노동자는 하루 종일 핀 머리만 만들거나 철사만 자르는 단순 작업을 반복한다. 그는 자신이 만드는 핀의 전체 모습을 보지 못하며, 자신의 노동이 어떤 의미를 갖는지 느끼기 어렵다. 그의 노동은 자아실현의 과정이 아니라 생계를 유지하기 위해 자신의 시간을 돈과 맞바꾸는 행위, 즉 판매할 수 있는 상품이 되어버린다.

마을을 지키는 전투 속에서도 이러한 '소외'(疏外)의 그림자를 엿볼 수 있다. 사무라이들은 자신들의 목숨을 건 싸움이 고작 쌀밥 몇 끼를 위한 '거래'로 전락했다고 느끼는 순간 깊은 허무감에 빠질 수 있다. 그들의 칼은 더 이상 명예와 의를 위한 것이 아니라, 돈으로 고용된 노동력의 일부가 된다. 농민들 역시 마찬가지다. 그들은 자신들의 삶터와 가족을 지키기 위해 싸우지만, 어느새 사무라이들의 전략에 따라 움직이는 하나의 '병력'으로 취급될 수 있다. 자신의 의지와 감정은 배제된 채, 더 큰 목표를 위한 수단이 되어버리는 것이다.

이처럼 돈을 매개로 한 교환은 모든 것을 효율과 계산의 논리로 환원하려는 경향이 있다. 그 과정에서 인간적인 가치, 노동의 존엄성, 자발적인 헌신 같은 것은 쉽게 잊히거나 무시될 수 있다.

멈출 수 없는 협력의 수레바퀴

이것이 돈이 가진 교환의 양면성이다. 돈은 낯선 이들을 하나의 목표 아래 묶어주는 힘을 가졌지만, 동시에 그 관계를 차갑고 비인격적인 계약 관계로 만들 수도 있다. 프랑스의 사회학자 에밀 뒤르켐(Émile Durkheim)은 분업이 사회를 하나로 묶는 '유기적 연대'를 만들지만,

그것이 제대로 조율되지 않을 경우 '아노미'(Anomie), 즉 규범이 부재한 혼란 상태를 야기할 수 있다고 경고했다.[10] 돈을 중심으로 한 교환 관계 역시 마찬가지다. 상호 존중과 신뢰라는 윤리적 규범이 함께 작동하지 않는다면, 효율성만을 쫓는 분업은 결국 공동체의 유대를 약화하고 개인의 소외를 심화시키는 결과로 이어질 수 있다.

그럼에도 인류는 왜 이 분업과 교환의 수레바퀴를 멈추지 않는가? 그 이유는 단순하다. 이것이 가져다주는 물질적 풍요와 가능성이 매우 크기 때문이다. 소외 같은 그림자에도 불구하고, 돈이 매개하는 협력 시스템은 인류를 기아와 빈곤에서 상당 부분 구출했으며, 과거에는 왕조차 누릴 수 없었던 삶의 편의를 평범한 사람들에게 안겨주었다.

사무라이와 농민이 각자 소외감을 느꼈을지언정 그들의 협력이 없었다면 마을은 산적의 손에 잿더미가 되었을 것이다. 생존이라는 현실적인 목표 앞에서, 협력은 멈출 수 없는 선택이었을지 모른다. 돈이 가져다준 풍요 속에서 혹시 잃어버리고 있는 것은 없는지 우리가 늘 되새겨보아야 하는 이유다.

보이지 않는 계산과 마주 잡은 손

빵을 자를 때, 이 빵이 우리에게 오기까지 얼마나 많은 사람의 노동이 관여했는지 생각하는 일은 드물다. 애덤 스미스는 이 현상을 다음과 같이 설명했다.

"우리가 저녁 식사를 기대할 수 있는 것은 정육점, 양조장, 빵집 주인의 자비심 덕분이 아니라, 그들 자신의 이익에 대한 그들의 관심 덕분이다."[11]

각자가 자신의 이익을 좇는 행위가 시장의 '보이지 않는 손'에 이끌려 의도치 않게 사회 전체의 이익을 증진한다는 것이다. 돈을 매개로 한 시장경제는 개인의 이기심을 사회적 협력으로 전환하는 장치로 여겨져왔다. 하지만 인간의 모든 협력이 이 계산만으로 완성될 수 있을까?

스미스의 두 얼굴: 이기심과 공감

흔히 애덤 스미스는 이기심을 옹호한 자본주의의 아버지로만 알려져 있다. 하지만 그의 사상의 다른 한쪽에는 '공감'(Sympathy)이라는 기둥이 서 있었다. 그는 『국부론』보다 먼저 집필한 『도덕감정론』에서 "인간이 아무리 이기적인 존재라 할지라도, 인간의 본성에는 타인의 운명에 관심을 갖고 그들의 행복을 자신에게 필수적인 것으로 만드는 어떤 원리가 분명히 존재한다"고 말했다. 인간은 타인의 슬픔에 함께 아파하고, 기쁨에 함께 즐거워하는 공감 능력을 통해 도덕적 판단을 내리고 사회적 존재로 살아간다는 것이다.

이기심과 공감, 이 두 가지 생각은 서로 모순되는 것이 아니다. 오히려 그것들은 인간 사회를 움직이는 두 개의 엔진과 같다. 돈을 매개로 한 교환은 각자의 이익을 추구하는 과정에서 시작되지만, 그 관계가 깊어지고 지속되기 위해서는 최소한의 공감과 신뢰가 필수적이다. 「7인의 사무라이」에서 농민과 사무라이의 관계가 이를 보여준다.

처음 그들은 쌀과 전투력이라는 명확한 이해관계로 뭉쳤다. 하지만 함께 싸우고, 서로의 처지를 목격하며, 동료의 죽음을 애도하는 과정 속에서 그들의 관계는 단순한 계약을 넘어선다. 농민들은 사무라이들의 헌신에 감사하게 되고, 사무라이들은 농민들의 절박함에 공감하며 계약 이상의 희생을 감수한다. 이처럼 계산적인 거래의 장에서 피어난 인간적인 연결이야말로, 그들의 협력을 끝까지 지탱해준 힘이었을지도 모른다.

거래의 언어를 넘어, 마음의 교환으로

프랑스의 인류학자 마르셀 모스(Marcel Mauss)는 『증여론』에서, 현대 시장경제와는 다른 교환의 논리를 탐구했다. 그는 많은 고대 사회에서 교환이 '선물'(gift)의 형태로 이루어졌으며, 이 선물 교환은 단순한 물질의 이동이 아니라 사회적 관계와 의무를 창조하는 행위였음을 밝혔다. 선물을 주는 행위는 받는 사람에게 '보답해야 할 의무'를 지우고, 이 주고받음의 순환 속에서 사람들은 유대감과 상호 신뢰를 형성한다. 선물은 물건 이상의 것, 즉 주는 사람의 영혼과 마음이 담긴 상징적인 존재였다.

이러한 '선물의 논리'는 현대의 돈거래와는 달라 보이지만, 그 본질은 여전히 우리 곁에 살아 숨 쉰다. 동네 단골집에서 셈을 할 때, 주인이 말없이 반찬 하나를 더 얹어주거나 과일 몇 알을 덤으로 주는 풍경을 떠올려보자. 계산서에는 찍히지 않는 그 '덤'이야말로, 이익을 넘어선 정(情)의 교환이다. 그것은 "다음에 또 오라"는 무언의 약속이자, 손님에 대한 감사의 마음을 담은 선물이다. 크라우드펀딩을 통해 전혀 모르는 창작자의 꿈을 후원하거나, 재난 구호 성금을 보내는 것 모두가 돈을 매개로 공감과 지지를 교환하는 현대판 선물 경제라 할 수 있다.

농민들이 사무라이들에게 내어준 쌀 한 됫박 역시 단순한 고용계약의 대가를 넘어선 '선물'의 의미를 담고 있었을지 모른다. 그것은 마을의 희망을 담아 목숨을 지켜달라는 부탁이자, 그들의 용기에 대한 존경의 표시였다. 사무라이들이 그 쌀을 받아들인 순간, 그들은 단순한 용병이 아니라 마을의 운명을 함께 짊어진 동료가 되는 사회적 계약을 맺은 셈이다. 이처럼 모든 교환의 이면에는 계산기를 두드리는 손과 함께 마음을 건네는 손길이 공존한다.

차가운 시장에 온기를 불어넣는 법

돈이 모든 교환을 지배할 때, 그 계산의 논리는 때로 우리가 소중히 여기는 가치들을 밀어내기도 한다. 영국 사회학자 리처드 티트머스(Richard Titmuss)는 『선물 관계』에서 혈액 기증 시스템을 통해 이 문제를 파고들었다. 그는 순수하게 자발적인 기부로 혈액을 공급받는 영국의 시스템과 돈을 지불하고 혈액을 구매하는 미국의 상업적 시스템을 비교했다. 그 결과, 돈이라는 대가를 지불하는 것이 순수한 이타심, 즉 '생명을 나누고자 하는 선물'의 동기를 약화시킬 수 있다고 주장했다. 돈을 받고 피를 파는 행위는 숭고한 기증을 하나의 '상품 거래'로 변질시키며, 공동체 의식을 훼손할 수 있다는 것이다.

철학자 마이클 샌델 역시 그의 저서 『돈으로 살 수 없는 것들』에서, 시장 논리가 교육, 건강, 시민의 의무 같은 비시장 영역을 침범할 때 발생하는 '오염 효과'를 경고한다. 어떤 재화나 행위들은 돈으로 가격이 매겨지는 순간 그 본래의 의미와 가치가 타락한다는 것이다. 생일 선물로 책 대신 현금을 건넬 때의 어색함, 이웃의 작은 호의에 돈으로 보답하려 할 때 느껴지는 불편함 속에는 이러한 진실이 숨어 있다. 어떤 행위는 돈이 끼어드는 순간 그 순수한 의미와 온기를 잃어버린다.

그렇기 때문에 우리는 시장경제가 원활하게 작동하기 위해서 최소한의 사회적 신뢰와 윤리적 규범이 왜 필요한지를 깨닫게 된다. 모든 것을 가격으로만 환산하려는 시장의 논리에 제동을 걸고, 인간적 가치를 지켜내려는 사회적 합의가 없다면, 애덤 스미스의 '보이지 않는 손' 역시 탐욕의 손으로 변질할 수 있기 때문이다. 법을 지키고, 계약을 존중하며, 사기를 치지 않을 것이라는 기본적인 믿음이야말로 차가운 시장에 온기를 불어넣는 안전장치다.

결국 인간 사회의 교환은 '보이지 않는 손'과 '마주 잡은 손'이 함께 만들어가는 하나의 커다란 짜임새 같다. 돈은 이 짜임새의 뼈대가 되는 날줄처럼 교환의 구조를 만들고 효율성을 높이지만, 그 위에 다채로운 무늬를 수놓는 것은 공감과 호혜라는 따뜻한 씨줄이다. 우리는 돈을 통해 낯선 이와 연결되고 분업의 혜택을 누리지만, 동시에 그 관계 속에서 인간적인 온기를 나눌 때 비로소 진정한 의미의 풍요를 경험할 수 있다. 사무라이와 농민들이 서로의 등을 지켜주며 신뢰를 쌓아갔던 것처럼 계산적인 거래 속에서도 서로의 손을 맞잡을 때 교환은 비로소 우리를 더 나은 공동체로 이끄는 지혜가 될 것이다.

거래가 끝난 들판에 남은 것

전투가 끝난 들판에 다시 평화가 찾아왔다. 빗줄기는 멎고, 살아남은 농민들은 말없이 쟁기를 들고 흙으로 돌아간다. 그들의 손에는 다시 희망의 씨앗이 들려 있다. 언덕 위 네 자루의 칼이 꽂힌 무덤을 뒤로한 세 명의 사무라이는 조용히 마을을 떠날 채비를 한다. 모든 것이 제자리로 돌아가는 듯한 이 풍경 속에서, 리더인 칸베이는 나지막이 읊조린다.

"결국, 이긴 것은 저들이다. 우리가 아니야."

이 한마디는 쌀과 칼로 시작된 이 모든 교환의 여정이 무엇을 남겼는지에 대한 성찰을 담고 있다.

승리한 자와 떠나는 자

사무라이들의 임무는 끝났다. 그들은 약속된 대가인 쌀과 잠자리를 얻었고, 농민들은 그토록 원하던 평화와 생존을 지켜냈다. 계약의 관점에서 보면, 양쪽 모두 원하는 것을 얻었으니 성공적인 거래였다. 하지만 칸베이의 말속에는 그 이상으로 복잡한 감정이 스며 있다. 그는 자신들이 용병으로서 역할을 다했지만, 결국 이 땅의 진정한 주인은 다시 흙과 씨름하며 내일의 삶을 일구어갈 농민들이라는 사실을 깨달은 것이다. 사무라이들은 바람처럼 나타나 폭풍을 잠재우고, 다시 바람처럼 떠나가는 존재다. 그들의 교환은 마을의 역사를 바꾸었지만, 그들 자신은 그 역사의 일부가 되지 못하고 스쳐 지나간다.

이 결말은 우리에게 교환의 본질에 대해 다시 한번 묻는다. 돈을 매개로 한 거래의 궁극적인 목표는 과연 무엇인가? 돈 그 자체의 획득인가 아니면 돈을 통해 얻고자 했던 더 근본적인 가치인가? 농민들에게 교환의 목적은 '사무라이를 고용하는 것'이 아니라 '평화로운 삶을 되찾는 것'이있다. 쌀은 그 목직을 위한 수단에 불과했다.

돈이 우리 삶에서 수행하는 역할도 이와 다르지 않다. 우리는 돈을 벌기 위해 일하지만, 사실은 돈을 통해 얻고자 하는 안정, 행복, 성장과 같은 더 깊은 가치를 추구하는 것이다. 돈이 목적이 되는 순간, 우리는 칸베이가 느낀 허무함에 빠질지도 모른다. 손에 쥔 돈은 쌓여가지만, 정작 그것으로 무엇을 해야 할지 길을 잃어버리는 것이다.

우리 삶의 거래 장부

이제 시선을 우리 자신의 삶으로 돌려보자. 우리는 매일 무언가를 교환하며 살아간다. 나의 시간을 회사에 내어주고 월급과 교환하고, 그 월급의 일부를 지불하여 안락한 집과 맛있는 음식과 교환한다. 때로는 더 많은 돈을 위해 건강이나 가족과 함께할 시간을 교환하기도 하고, 마음의 평안을 얻기 위해 화려한 도시의 삶을 소박한 시골의 삶과 맞바꾸기도 한다. 우리의 인생은 이처럼 크고 작은 교환의 연속으로 이루어진 하나의 장부와 같다.

그렇다면 우리 인생이라는 장부의 마지막 장은 어떤 기록으로 채워질까. 우리는 무엇을 얻기 위해 무엇을 내어주고 있는가. 그 거래는 과연 우리에게 '남는 장사'일까? 사무라이들은 목숨을 걸고 싸웠지만, 그들이 얻은 것은 잠시의 식량과 떠나야 할 길뿐이었다. 어쩌면 그들은 '손해 보는 거래'를 한 것처럼 보일 수도 있다. 하지만 그들은 약자를 지키고 의를 행했다는 사무라이로서의 명예와 자부심을 얻었다. 돈으로 환산할 수 없는 가치를 지켜낸 것이다. 우리 삶의 거래 역시 마찬가지다. 당장의 이익이나 눈에 보이는 숫자를 넘어, 그 교환이 나의 삶에 어떤 의미와 가치를 더하는지 가만히 헤아려볼 때, 비로소 우리는 현명한 거래를 할 수 있다.

다음 장을 향한 문턱

우리는 무엇을 주고받으며 살아갈 것인가? 이 질문에 답하듯, 교환은 단순히 낯선 이들을 연결하고 효율성을 높이는 기술을 넘어, 각자의 가치관이 드러나는 무대가 된다. 그리고 이 교환의 도구는 이제 더 큰 힘과 만나 새로운 모습으로 우리 앞에 나타날 준비를 하고 있다.

개인의 신용을 넘어, 사회 전체의 빚과 약속이 거대한 지렛대가 되어 미래를 통째로 움직이는 세계가 있다. 바로 '레버리지'(Leverage)와 '부채'(Debt)의 영역이다. 쌀 한 됫박으로 시작된 작은 교환이 이 금융의 힘과 결합할 때, 때로는 성장을, 때로는 파국적인 위기를 불러오는 예측 불가능한 폭풍으로 변모한다. 거래가 끝난 자리에 남은 온기는 이제 곧 다가올 거대한 파도의 전조일지도 모른다.

Part 3

돈이 여는 기회
가능성의 도약과 그 무게

"빚과 레버리지라는 도구는 미래의 시간을
현재로 가져와 우리 삶의 가능성을 넓혀준다.
하지만 그 도약의 이면에는
반드시 감당해야 할 무게가 따른다."

7 돈과 레버리지

현재의 한계를 뛰어넘는 지렛대

◀ 정태관, 「지구를 들어올리는 아르키메데스」, 2026.

> "나에게 한 점의 받침대와 지렛대를 준다면,
> 나는 지구도 들어올릴 수 있다."
>
> ─아르키메데스

내일을 빌려 오늘을 살다

고대 그리스의 한 천재가 던진 외침이 2,000년의 시간을 넘어 우리에게 말을 건다. 한 인간이 하나의 점과 긴 막대만으로 행성을 움직일 수 있다고 선언했던 그 담대한 상상력. 그것은 자신의 물리적 한계를 넘어서고 싶어 하는 인간의 가장 원초적인 욕망이었다.[1] 세상을 움직이고 싶다는 이 오랜 꿈은, 현대사회에 이르러 가장 강력하고 추상적인 시스템, 바로 '돈'의 세계에서 그 모습을 드러냈다.

아르키메데스가 그토록 필요로 했던 지렛대(Lever)는, 이제 월스트리트의 일상어인 레버리지(Leverage)가 되었다. 이 장에서 우리는 돈이 가진 가장 위험하면서도 매혹적인 속성, 레버리지에 대해 이야기하고자 한다.

시간을 압축하는 욕망

인간은 왜 레버리지를 갈망하는가. 그 근원에는 성장을 향한 욕망과 유한한 시간이라는 피할 수 없는 한계가 자리한다. 우리는 지금보다 더 나은 상태를 원하지만, 현재 가진 자원만으로는 그 목표에 도달하기까지 오랜 시간이 걸린다. 바로 이 지점에서 돈은 본연의 속성을 드러낸다.

돈은 '미래의 가치를 현재로 가져오는 속성'이 있기에, 레버리지를 가능하게 하는 가장 효율적인 매개가 되었다. 미래에 벌어들일 소득, 미래에 창출될 가치를 현재의 시점으로 끌어와 지금 사용할 수 있는 힘으로 변환시키는 것, 이것이 레버리지의 시작이다.

이 힘은 개인의 삶을 구체적으로 바꾸어놓는다. 이제 막 사회에 첫발을 내디딘 젊은 부부를 생각해보자. 그들의 소득만으로는 수십 년을 꼬박 모아야 겨우 안락한 보금자리를 마련할 수 있다. 하지만 그들은 '주택담보대출'이라는 이름의 레버리지를 이용해 그 긴 시간을 현재로 압축한다. 미래 30년치 소득의 일부를 담보로 삼아, 오늘의 주거 안정을 손에 넣는 것이다. 돈이 가진 이 증폭의 힘이 없었다면, 수많은 사람의 삶은 불안정한 기반 위에서 오랜 시간을 표류해야 했을지도 모른다.

학업에 대한 열정은 있으나 당장 등록금을 감당하기 어려운 학생 역시 마찬가지다. 그는 '학자금 대출'이라는 지렛대를 이용해 미래 전문가가 될 자기 잠재력에 현재 투자한다. 미래의 자신이 벌어들일 소득을 현재의 교육 기회와 맞바꾸는 것이다. 돈은 시간을 거슬러 미래의 가능성을 현재의 교육 기회로 바꾸는 매개가 된다. 이처럼 레버리지는 개인의 삶에서 꿈을 현실로 만드는 가장 구체적인 다리 역할을 수행한다.

신용이라는 이름의 받침점

아르키메데스의 지렛대가 힘을 발휘하려면 단단한 받침대가 필요한 것처럼, 금융의 레버리지 역시 반드시 기댈 곳이 있어야 한다. 그 받침점 역할을 하는 것이 바로 '신용'(Credit)이다. 그 신용은 구체적으로 '부채'(Debt)라는 형태로 구현된다. 타인의 돈, 즉 미래에 갚겠다는 약속을 통해 현재 사용할 수 있는 자원을 빌려오는 것이 레버리지의 본질이기 때문이다. 신용이라는 받침점이 없다면, 아무리 긴 지렛대가 있어도 힘을 승복할 수 없다.

앞서 언급한 젊은 부부의 주택담보대출과 학생의 학자금 대출은 모두 빚, 즉 부채다. 그들은 은행이라는 금융 시스템의 신용을 바탕으로 미래의 소득을 현재의 자산으로 전환했다. 이 과정이 시사하는 바는 명확하다. 돈의 속성으로서 레버리지는 언제나 부채를 동반한다는 것이다. 부채를 일으킬 수 있는 능력, 즉 신용이 없다면 개인이나 기업은 레버리지를 활용할 수 없다. '타인의 돈을 빌려 현재의 힘을 키운다'는 레버리지의 정의는, 이처럼 신용과 부채의 개념을 필연적으로 포함한다.

이러한 관계는 인류의 경제 발전 과정에서 자연스럽게 형성되었다. 미래의 수확을 기대하고 씨앗을 빌리는 농부의 행위에서부터, 미래의 이익을 예상하고 투자받는 기업의 활동에 이르기까지 모든 경제주체는 신용을 받침대 삼아 현재의 한계를 극복해왔다. 돈은 이 신용 관계를 표준화하고 측정하고 유통하는 역할을 하며 레버리지의 범위를 사회 전체로 확장했다. 결국 돈의 레버리지 속성은 신용이라는 사회적 약속 위에서만 꽃필 수 있는 것이다.

가능성의 문을 열다

'미래를 당겨와 힘을 증폭시키는' 레버리지라는 돈의 속성은 인류에게 새로운 '가능성의 문'을 열어주었다. 개인의 삶을 넘어 기업과 사회 단위로 확장될 때, 그 힘은 더욱 분명해진다. 혁신적인 기술을 가진 작은 스타트업을 상상해보자. 이 기업은 타인 자본, 즉 부채를 지렛대 삼아 공장을 짓고 연구개발에 투자하며 시장에 뛰어든다. 자신만의 힘으로는 10년이 걸릴 일을 1년으로 단축시키는 것이다.

인류의 기술 발전과 산업 혁신의 역사 뒤에는 이처럼 돈의 레버리지 효과를 믿고 과감히 미래에 베팅했던 기업가들의 결단이 있었다. 그들은 미래의 현금 흐름을 현재로 가져와 성장의 발판으로 삼았고, 그 결과 사회 전체의 부와 생산성을 끌어올렸다. 제2차 세계대전 이후 폐허가 된 국가들이 단기간에 경제를 재건할 수 있었던 것도 마찬가지다. 국가들은 미래의 경제성장을 담보로 막대한 자금을 빌려와 도로를 깔고 항만을 건설하며 통신망을 구축했다. 돈이 가진 레버리지라는 속성은 한 세대의 노력을 다음 세대의 번영으로 이어주는 강력한 동력이었다.

하지만 여기서 우리는 잠시 숨을 고르고, 이 강력한 도구의 본질을 냉정하게 들여다볼 필요가 있다. 지렛대는 힘의 방향은 바꾸지 않은 채 그 크기만을 증폭시킬 뿐이다. 올바른 방향으로 힘을 가하면 작은 노력으로도 세상을 움직일 수 있지만, 만약 그 힘의 방향이 잘못되었다면 어떻게 될까. 증폭된 힘은 내가 원했던 결과가 아닌, 상상조차 하지 못했던 파멸을 향해 움직일 수도 있다.

이처럼 레버리지는 가능성을 여는 문인 동시에, 그 문 뒤에 무엇이 기다리고 있을지 알 수 없는 양면성을 지닌다. 이 강력하고도 유용한 돈의 속성이 우리에게 구체적으로 어떤 풍요를 가져다주었는지, 그리고 그 풍요의 약속 뒤에는 어떤 그림자가 숨어 있는지 면밀하게 탐색할 필요가 있다.

2000년대 중반, 세계 금융의 심장부에서 벌어졌던 사건을 다룬 영화 「빅쇼트」(The Big Short)는 레버리지라는 돈의 속성이 어떻게 찬란한 번영을 약속하고, 또 어떻게 한순간에 모든 것을 집어삼키는 파국으로 이어질 수 있는지 생생하게 보여준다.[2] 이제 우리는 그 이야기 속으로 들어가 이 지렛대의 또 다른 얼굴을 마주하고자 한다.

월스트리트의 연금술

앞선 이야기에서 우리는 레버리지가 미래의 가능성을 현재로 가져오는 돈의 속성임을 확인했다. 아르키메데스의 꿈처럼, 이 힘은 인류에게 상상 속의 일을 현실로 만들 수 있다는 희망을 안겨주었다.

그렇다면 이 지렛대는 구체적으로 어떻게 개인의 삶을 바꾸고 사회의 풍요를 만들어낼까. 영화 「빅쇼트」가 포착한 붕괴의 전조 이전에, 월스트리트의 금융공학자들이 레버리지라는 돈의 속성을 이용해 어떻게 전례 없는 번영의 시대를 설계했는지 그 유익한 측면을 먼저 들여다볼 필요가 있다.

숫자로 빚어낸 부의 제국

2000년대 초, 월스트리트는 낙관으로 가득했다. 닷컴 버블 붕괴의 상처가 아물고, 9·11 테러의 충격에서 벗어나기 위해 미국 연방준비제도가 기준금리를 역사적으로 낮은 수준까지 인하하면서 시장에는 값싼 돈이 넘쳐났다. 금융공학자들은 이 풍부한 유동성을 바탕으로 새로운 부의 원천을 찾아냈고, 그들의 시선은 미국인들의 가장 큰 자산이자 꿈인 '집'으로 향했다.

그들은 흩어져 있는 수백만 건의 주택담보대출, 즉 모기지(Mortgage)를 한데 모아 새로운 금융상품으로 가공하는 연금술을 선보였다. 이것이 바로 '주택저당증권'(Mortgage-Backed Security, MBS)이다. 주택저당증권은 수천수만 개의 주택담보대출 채권을 한 바구니에 담아, 그 채권에서 발생하는 원리금 수취 권리를 증권 형태로 쪼개어 투자자들에게 판매하는 상품이었다.

이 설계의 논리는 표면적으로 견고했다. 개별 주택 소유자는 실직이나 질병으로 대출금을 갚지 못할 수 있지만, 수천수만 가구의 대출을 한데 묶으면 그 위험은 통계적으로 분산된다고 믿었다. 일부가 돈을 갚지 못하더라도, 대다수는 성실하게 원리금을 상환할 것이므로 주택저당증권은 국채만큼이나 안전하면서도 더 높은 수익을 주는 투자처로 여겨졌다. 돈이 가진 '결합과 분할'의 속성은 이처럼 개별적인 빚들을 하나의 거대한 투자 가능한 자산으로 탈바꿈시켰다.

이 금융상품의 등장은 주택담보대출 시장에 대규모 자금이 유입될 수 있는 구조를 만들었다. 은행들은 더 이상 대출 자금이 수십 년간 묶일 것을 걱정할 필요가 없었다. 대출을 실행한 뒤, 그 채권을 주택저당증권으로 만들어 시장에 팔면 즉시 현금을 회수할 수 있었고, 그 자금으로 또 다른 대출을 내줄 수 있었다. 이 과정이 반복되면서, 돈의 레버리지는 주택 시장을 향해 끝없이 흘러 들어갔다. 신용평가사들은 이러한 상품에 AAA라는 최고 등급을 부여하며 그 안전성을 보증했고, 전 세계 투자자들은 이 '안전하고 수익성 높은' 상품을 앞다투어 사들였다.

이러한 주택 시장의 활황은 '부의 효과'(Wealth Effect)를 통해 실물경제로 확산되었다. 집값이 계속 오르자 주택 소유자들은 스스로 부유해졌다고 느꼈고, 이를 바탕으로 소비를 늘렸다. 집을 담보로 추가 대출을 받아 자동차를 사고, 자녀 교육에 투자했으며, 여가를 즐겼다. 넘쳐나는 소비는 기업의 매출과 이익 증가로 이어졌고, 이는 다시 고용 창출과 임금 상승을 이끄는 선순환 구조를 만들었다. 레버리지는 단순히 금융시장에만 머무르지 않고, 미국 경제 전체를 성장시키는 강력한 엔진으로 작동했다.

숫자의 연금술과 수익률 증폭

레버리지는 구체적으로 어떻게 풍요를 만들어내는가. 그 비밀은 '자기자본수익률'(Return on Equity, ROE)이라는 개념에 숨어있다. 자기자본수익률은 기업이 주주의 돈(자기자본)을 가지고 얼마만큼의 이익을 냈는지를 보여주는 지표다. 만약 한 기업이 자기자본 100억 원만으로 사업을 해 10억 원의 순이익을 냈다면, 자기자본수익률은 10퍼센트가 된다.

이 기업이 은행에서 100억 원을 연 5퍼센트 이자로 빌려와 총 200억 원으로 사업을 하고, 20억 원의 순이익을 냈다고 가정해보자. 이자 비용 5억 원(100억 원×5퍼센트)을 제외하고도 15억 원의 순이익이 남는다. 이때 주주의 돈은 여전히 100억 원이므로, 자기자본수익률은 15퍼센트로 상승한다. 이처럼 타인의 자본을 빌려와 수익을 높이는 효과를 '재무 레버리지 효과'라고 한다.

레버리지 효과를 더 정교하게 분석하기 위해 듀폰(DuPont)사가 개발한 '듀폰 분석'을 활용할 수 있다. 이는 자기자본수익률을 세 가지 요소로 분해하여 기업의 수익성을 입체적으로 파악하는 방법이다. 자기자본수익률은 순이익률(매출액 대비 순이익), 총자산회전율(매출액을 총자산으로 나눈 값), 그리고 재무 레버리지(총자산을 자기자본으로 나눈 값)의 곱으로 나타낼 수 있다.

여기서 '재무 레버리지' 항목이 바로 부채 활용도를 나타내는 지렛대다. 이 수치가 높을수록 기업이 타인 자본에 많이 의존하고 있다는 의미이며, 다른 조건이 동일하다면 자기자본수익률을 끌어올리는 역할을 한다. 듀폰 분석은 기업의 수익성이 단순히 이익을 많이 내는 것뿐만 아니라, 자산을 얼마나 효율적으로 사용하고, 부채를 얼마나 현명하게 활용하는지에 따라 결정된다는 점을 보여준다.

레버리지의 효과는 '총자산수익률'(Return on Assets, ROA)과 비교할 때 더욱 명확해진다. 총자산수익률은 부채까지 포함한 기업의 총자산으로 얼마의 이익을 창출했는지를 측정하는 지표다. 레버리지가 긍정적으로 작용하는 핵심 조건은 기업의 총자산수익률이 부채의 이자율보다 높을 때다. 예를 들어 기업이 총자산을 굴려 10퍼센트의 수익을 내는데, 빌려온 돈의 이자가 5퍼센트에 불과하다면 그 차이인 5퍼센트만큼의 추가 이익이 주주에게 돌아간다. 반대로 사업 수익률이 이자율보다 낮다면 빚을 내어 투자할수록 오히려 손해가 커진다. 결국 레버리지는 잘 쓰면 수익을 증폭시키는 달콤한 약이지만, 잘못 쓰면 손실을 키우는 독이 될 수 있다.

빚이 가치를 더하는 역설

경제학자 프랑코 모딜리아니와 M.H 밀러의 정리(MM 이론)는 이러한 레버리지의 효과를 이론적으로 탐구한 현대 재무 이론의 초석이다. 그들은 1958년 발표한 첫 번째 논문에서, 세금이나 파산 비용이 없는 완벽한 자본시장을 가정하면 기업의 가치는 자본구조(부채와 자기자본의 비율)와 무관하다고 주장했다.[3] '자본구조 무관련 이론'으로 불리는 이 주장은 레버리지에 대한 우리의 직관을 뒤흔들었다.

그들의 복잡한 이론은 의외로 우리에게 친숙한 피자 한 판의 비유로 쉽게 풀어낼 수 있다. 기업 전체의 가치는 한 판의 피자와 같다. 이 피자의 크기는 기업이 벌어들이는 영업이익, 즉 사업 자체의 능력에 의해 결정된다. 이론의 핵심은 이 피자를 어떻게 자르든, 즉 자본을 모두 주주의 돈으로 채우든 일부를 빚으로 조달하든, 피자 전체의 크기 자체는 변하지 않는다는 것이다.

부채를 사용하면 채권자(은행)가 가져갈 피자 조각이 생기는 대신 주주가 가져갈 피자 조각은 작아지지만, 이는 단지 피자를 나누는 방식의 차이일 뿐 기업의 총가치에는 영향을 주지 않는다. 주주들은 더 작은 조각을 갖게 되는 대신, 더 적은 돈으로 피자를 즐길 수 있게 되므로 한 조각당 수익률(자기자본수익률)은 올라간다. 그러나 동시에 빚을 갚지 못할 위험도 함께 커진다. 결국 늘어난 수익률은 늘어난 위험으로 상쇄되어, 기업 전체 가치(피자의 크기)에는 아무런 영향을 미치지 못한다는 것이 이 이론의 핵심이다. 즉, 레버리지는 공짜 점심이 아니라는 사실을 이론적으로 보인 것이다.

그들은 1963년 발표한 수정 논문에서 현실 세계의 중요한 요소인 '법인세'를 고려에 넣었다. 법인세가 존재하는 경우, 부채에 대한 이자 비용은 세금 계산 시 비용으로 처리되어 법인세를 줄여주는 효과, 즉 '감세 효과'를 가져온다. 이는 마치 정부가 빚을 쓴 대가로 피자 위에 공짜 토핑을 하나 더 얹어주는 것과 같다. 이 감세 효과만큼 기업의 총 가치(피자의 크기)가 실제로 증가하기 때문에, 현실에서는 기업이 적절한 수준의 부채를 사용하는 것이 오히려 기업 가치를 높이는 데 유리하다는 결론에 이른다.[4]

모딜리아니와 밀러의 이론은 레버리지가 단순히 주주의 수익률을 높이는 기술을 넘어, 기업의 전체 가치 평가와 재무 전략에 왜 중요한지를 이론적으로 설명해주었다. 빚을 통해 기업의 가치가 높아질 수 있다는 역설, 이것이 바로 레버리지가 가진 또 하나의 얼굴이며, 월스트리트의 설계자들이 쌓아 올린 풍요의 이론적 기반이었다.

약속된 번영의 이면

레버리지는 개인에게는 성장의 사다리가 되고, 기업과 사회에는 풍요를 가져다주는 강력한 도구다. 미래에 대한 긍정적인 믿음을 바탕으로 현재의 한계를 넘어서게 하는 돈의 놀라운 속성이다. 이 지렛대가 없었다면 인류의 발전은 훨씬 더뎠을 것이며, 수많은 개인의 꿈은 실현될 기회조차 얻지 못했을 것이다. 레버리지가 약속하는 번영의 그림은 이처럼 밝고 희망적이다.

하지만 모든 강력한 힘에는 그림자가 따르기 마련이다. 이 눈부신 풍요의 약속 뒤에는 아직 드러나지 않은 어두운 이면이 존재했다. 미래의 가치를 현재로 가져오는 행위는, 만약 그 미래가 예상대로 펼쳐지지 않았을 때의 감당 못 할 위험 또한 고스란히 현재로 가져오는 것이기 때문이다. 영화 「빅쇼트」는 바로 이 지점에서 시작한다. 레버리지가 만들어낸 풍요의 축제에 모두 취해 있을 때, 몇몇 사람은 그 화려한 잔칫상 아래에서 조용히 썩어가고 있는 진실을 발견한다. 그들이 목격한 것은 인간의 탐욕과 결합한 거대한 지렛대가 어떻게 모든 것을 무너뜨리는 파멸의 도구로 변모하는지에 대한 서늘한 경고였다.

그림자가 모든 것을 삼킬 때

레버리지가 빚어낸 풍요의 시대는 영원할 것처럼 보였다. 월스트리트의 설계자들은 복잡한 숫자의 조합으로 부를 창조했고, 사람들은 그들이 만든 금융상품이 국채만큼이나 안전하다고 믿었다. 하지만 모든 지렛대에 힘이 집중되는 받침점이 있듯, 이 번영 역시 위태로운 기반 위에 서 있었다. 그것은 바로 '주택 가격은 절대 떨어지지 않는다'는 집단적 믿음이었다.

허술한 받침점과 보이지 않는 균열

2005년, 헤지펀드 매니저 마이클 버리(Michael Burry)는 방대한 양의 주택담보대출 데이터를 들여다보다 이상한 점을 발견한다. 표면적으로는 견고해 보이는 주택저당증권 상품들 속에 신용등급이 낮은 서브프라임 모기지의 연체율이 조용히 상승하고 있었다. 당시 대부분의 전문가는 이를 무시했다. 주택 가격이 계속 오르는 한, 대출금을 갚지 못하는 사람이 생겨도 은행은 집을 처분해 손실을 메울 수 있다고 생각했기 때문이다.

버리는 달랐다. 그는 수많은 서브프라임 모기지가 2~3년의 고정금리 기간이 끝나면 변동금리로 전환되면서 이자 부담이 급증하는 구조임을 파악했다. 그는 이 '금리 재설정' 시점이 오면 수많은 대출자가 원리금을 감당하지 못하고 연쇄적으로 채무 불이행에 빠질 것이라 예측했다. 그의 분석은 당시 월스트리트의 통념에 정면으로 맞서는 것이었다.

모두가 AAA 등급을 신뢰할 때, 그는 그 등급이 허상일 수 있다고 주장했다. 수천 개의 빚을 섞어놓으면 위험이 사라지는 것이 아니라, 오히려 부실이 어디에 숨어 있는지 알 수 없게 될 뿐이라고 그는 생각했다. 이것이 바로 거대한 금융 구조물에 나타난 최초의 균열이었다. 돈의 속성으로서 레버리지는 신용이라는 받침점 위에서 작동하는데, 버리는 그 받침점 자체가 썩어가고 있음을 간파한 것이다. 그는 이 예측에 자신의 모든 것을 걸고, 주택 시장의 붕괴에 베팅하는 신용부도스

와프(Credit Default Swap, CDS) 상품을 사들이기 시작한다.

젠가 탑 시뮬레이션

마이클 버리가 본 것을 우리도 따라가보자. 2007년 초, 도이체방크에서 발행한 한 금융상품 설명서는 당시의 낙관이 얼마나 허술한 가정 위에 서 있었는지를 보여주는 하나의 시뮬레이션 무대 같았다.[5] 그들의 분석은 간단한 질문을 던졌다. 만약 끝없이 오를 것만 같던 주택 가격 상승세가 멈춘다면 어떤 일이 벌어질까?

월스트리트가 믿었던 '안전한 세계'의 시나리오, 즉 주택 가격이 계속 오르는 상황에서는 일부 대출이 부실해져도 전체 손실은 미미했다. 하지만 시뮬레이션의 조건을 바꾸어 주택 가격 상승률을 '0'으로 떨어뜨리자 결과는 재앙에 가까웠다. 손실률이 눈덩이처럼 불어나, 신용등급이 가장 낮았던 채권 대부분이 휴지 조각이 될 수 있다는 끔찍한 경고가 나타난 것이다. 이는 월스트리트가 쌓아 올린 탑의 가장 아랫부분이 사실은 모래로 만들어졌음을 보여주는 것과 같았다.

마치 젠가 게임과 같다. 수천 개의 주택담보대출이라는 블록으로 쌓아 올린 거대한 탑. 맨 위에는 가장 안전한 AAA 등급 블록이, 맨 아래에는 가장 취약한 BBB 등급 블록이 놓여 있다. 월스트리트의 설계자들은 탑이 무너지지 않을 것이라 믿으며, 아래쪽 블록이 다소 부실해도 괜찮다고 말했다. 하지만 누군가 조용히 묻는 것이다.

"만약 맨 아래 블록 몇 개가 동시에 부서진다면 어떻게 될까?"

금융기관들은 리스크 모델 속에서 이런 '최악의 시나리오'를 의도적으로 외면했다. 그들의 모델은 과거 수십 년간 미국 주택 가격이 전국적으로 동시에 하락한 적이 없다는 데이터에 기반했다. 하지만 마이클 버리는 바로 그 '설마'가 현실이 될 수 있다고 보았다. 소득이나 직업이 없는 사람에게까지 대출을 내주는 'NINJA(No Income, No Job or Assets) 대출'이 성행하는 것을 보며, 그는 이 거품이 지속될 수 없다는 것을 직감했다. 돈의 레버리지는 이처럼 눈에 보이지 않는 가정 하나가 무너질 때, 모든 것을 삼키는 그림자로 돌변할 수 있었다.

민스키 모멘트와 무너지는 빚의 탑

마이클 버리가 옳았다. 2007년에 접어들자 서브프라임 모기지 부실은 현실이 되었고, 주택 가격은 하락하기 시작했다. 이 순간, 풍요를 낳던 지렛대는 정반대 방향으로 움직이기 시작했다. 수익을 증폭시키던 레버리지가 이제는 손실을 증폭시키는 파괴의 도구로 변한 것이다. 이러한 극적인 전환의 순간은, 앞의 5장 「신뢰」에서 경제학자 하이먼 민스키가 경고했던 바로 그 '민스키 모멘트'의 도래였다. 안정 속에서 점차 위험한 빚이 쌓여가다, 마침내 자산 가격 상승이라는 마지막 환상에 기댄 '폰지 금융' 단계에 이르면, 작은 충격만으로도 모든 것이 무너진다는 예언이 정확히 실현된 것이다.[6]

2000년대 중반의 미국 주택 시장이 바로 폰지 금융의 전형이었다. 모두가 집값 상승이라는 환상에 기대어 빚을 쌓아 올렸다. 민스키는 이러한 거품이 한계에 도달하면, 자산 가격이 더 이상 오르지 않는다는 작은 계기만으로도 신뢰가 무너지고 모두가 자산을 팔기 시작하는 패닉 상태가 온다고 보았다. 2008년, 월스트리트는 바로 이 민스키 모멘트를 맞이했다. 끝없이 오를 것 같던 주택 가격이 멈추자, 레버리지로 쌓아 올린 빚의 탑은 자신의 무게를 이기지 못하고 무너져 내리기 시작했다.

2008년 9월 15일, 미국의 4대 투자은행이었던 리먼 브라더스가 파산을 신청했다. 이 사건은 금융 시스템의 심장이 멎는 것과 같은 충격을 주었다. '대마불사'의 신화가 깨지자, 금융기관들은 서로를 믿지 못하고 돈줄을 잠갔다. 신용 시장은 순식간에 얼어붙었고, 기업들은 자금 조달에 실패해 투자를 중단했으며, 전 세계 주식시장은 연일 폭락했다. 레버리지가 만들어낸 부의 제국이 하룻밤 사이에 폐허로 변한 것이다.

이 파국은 단순히 숫자의 붕괴로 끝나지 않았다. 수백만 명의 사람이 집을 잃고 거리로 나앉았고, 실업률은 급등했으며, 평생 모은 연금 자산이 증발했다. 영화 「빅쇼트」는 월스트리트의 사무실에서 시작된 숫자의 게임이 어떻게 평범한 사람들의 삶을 송두리째 파괴했는지를 담담하게 보여준다. 레버리지라는 돈의 속성이 인간의 탐욕과 시스템의 허점을 만났을 때, 그것은 지구를 들어 올리는 도구가 아니라, 수많은 사람의 삶의 터전을 무너뜨리는 파괴의 힘으로 작동했다.

외줄 위의 균형 감각

레버리지의 그림자는 깊고 서늘했다. 지렛대가 부러지는 순간, 풍요의 약속은 폐허만 남은 현실로 바뀌었다. 이 파국의 풍경 앞에서 우리는 근본적인 질문과 마주한다. 이토록 위험한 도구라면, 우리는 레버리지를 아예 포기해야 하는가? 하지만 그 유익함을 알기에 버릴 수도 없다. 이것이 바로 레버리지를 다루는 일이 위험한 줄타기와 같은 이유다. 우리는 외줄 위에서 아슬아슬하게 균형을 잡아야만 한다. 한쪽은 무한한 가능성의 풍요이고, 다른 한쪽은 모든 것을 잃을 수 있는 추락이다.

광기의 역사와 우리 안의 목소리

2008년의 붕괴는 과연 특별한 사건이었을까? 역사는 그렇지 않다고 말한다. 레버리지와 인간의 탐욕이 만나 빚어낸 거품과 붕괴의 드라마는 시대와 장소를 달리하며 반복되어왔다. 18세기 초 영국에서는 '남해회사'(South Sea Company) 주식을 둘러싼 거대한 투기 광풍이 불었다. 정부의 부채를 떠안는 대가로 남미와의 무역 독점권을 부여받은 이 회사의 주가는, 실체 없는 기대감 속에서 열 배 가까이 폭등했다. 당대 최고의 지성이었던 아이작 뉴턴마저 이 광기에 휩쓸려 막대한 재산을 잃고 "나는 천체의 움직임은 계산할 수 있어도, 사람들의 광기는 도저히 계산할 수 없다"는 유명한 한탄을 남겼다.

1929년 대공황 역시 마찬가지다. '광란의 20년대'라 불리던 호황 속에서 수많은 미국인이 빚을 내어 주식에 투자했고, 그 거품이 터지자 세계경제는 전례 없는 침체의 늪으로 빠져들었다. 이러한 역사의 패턴은 우리에게 중요한 사실을 알려준다. 레버리지의 비극은 특정 금융상품이나 제도의 문제라기보다 시대를 초월하여 나타나는 인간 심리의 문제와 깊이 연관되어 있다는 것이다.

행동경제학은 인간이 언제나 합리적으로 판단하는 존재가 아님을 보여준다. 특히 금융시장의 호황기에는 '과신'과 '집단행동'이라는 두 가지 심리적 편향이 집단적으로 나타나 균형 감각을 마비시킨다.[7] 사람들은 시장이 계속 오름세일 것이라는 긍정적인 정보만을 선택적으로 믿고, 자신의 투자 능력을 실제보다 높게 평가한다. 남들이 모두 돈을 벌고 있다는 생각은 뒤처지고 싶지 않다는 불안감을 자극하고, 결국 개인은 자신의 이성적 판단보다 군중의 선택을 따르게 된다.

경제학자 로버트 실러는 이러한 현상을 '비이성적 과열'이라 불렀다.[8] 그는 자산 가격의 거품이 배당이나 소득, 생산성 같은 경제적 펀더멘털보다는 가격 상승을 정당화하는 낙관적 기대와 이야기가 사회적으로 확산되는 과정에서 형성된다고 보았다. 이처럼 돈이 가진 추상적인 숫자의 힘은 인간의 비합리적인 마음과 만났을 때 통제할 수 없는 광풍으로 변하곤 한다.

외줄타기를 위한 안전그물

인간의 심리가 이토록 불완전하기에, 사회는 개인의 판단력에만 의존하는 대신 시스템적인 안전장치를 마련해왔다. 레버리지의 위험한 줄타기에서 떨어지지 않도록 돕는 '안전그물'과 '균형추' 역할을 하는 것이 바로 금융규제와 제도다. 2008년 금융위기 이후, 전 세계 규제 당국은 같은 비극이 반복되는 것을 막기 위해 다양한 제도적 보완을 추진했다. 이러한 노력은 레버리지의 적정 수준을 찾고, 그 위험을 관리하기 위한 집단적 지혜의 산물이다.

개인의 영역에서는 '총부채원리금상환비율'(Debt-Service Ratio, DSR)과 같은 규제가 대표적이다. 총부채원리금상환비율은 개인의 연간 소득에서 주택담보대출을 포함한 모든 대출의 원리금 상환액이 차지하는 비율을 제한하는 것이다. 이는 개인이 소득 수준을 넘어 과도한 빚을 내는 것을 막아, 무리한 레버리지로 인한 가계 부실 위험을 줄이는 역할을 한다. '주택담보대출비율'(Loan-to-Value, LTV) 역시 주택 가격 대비 대출받을 수 있는 금액의 한도를 정함으로써, 부동산 시장의 과열과 가계의 과도한 레버리지를 억제하는 장치다.

기업과 금융기관의 영역에서는 '자기자본규제'가 핵심적인 역할을 한다. 바젤은행감독위원회가 마련한 '바젤 III' 자본 협약은 은행들이 위험 가중 자산 대비 일정 비율 이상의 자기자본을 보유하도록 의무화했다.[9] 이는 은행이 손실을 흡수할 수 있는 충분한 완충 자본을 갖추게 함으로써, 레버리지로 인한 파산 위험을 줄이기 위함이다.

또한 금융위기 이후에는 시스템적으로 중요한 대형 금융기관에 대해 더 엄격한 자본규제를 적용하고, 정기적으로 '스트레스 테스트'를 실시하여 최악의 경제 상황에서도 버틸 수 있는지를 점검한다. 「빅쇼트」의 비극이 일어난 것은 바로 이러한 안전장치들이 부재하거나 제대로 작동하지 않았기 때문이다.

숫자를 넘어선 지혜의 영역

이러한 제도적 장치만으로 레버리지의 모든 위험을 통제할 수 있을까. 역사는 그렇지 않다고 말한다. 규제는 언제나 시장의 혁신 혹은 탐욕의 속도를 뒤쫓아가기 마련이다. 새로운 금융상품과 거래 기법은 끊임없이 등장하며 규제의 허점을 파고들고, 인간의 비이성적 과열은 어떤 제도적 틀 안에서도 다시 고개를 들 수 있다. 결국 레버리지의 최적점을 찾는 것은 정확한 공식으로 계산할 수 있는 과학의 영역이 아니라, 끊임없는 경계와 성찰을 요구하는 '지혜'의 영역에 속한다.

「빅쇼트」의 주인공들이 특별했던 이유는, 그들이 단지 다른 종류의 수학 공식을 사용했기 때문이 아니다. 그들은 모두가 '진실'이라고 믿었던 시스템의 근본적인 가정 자체에 질문을 던졌다.

"수천 개의 부실 대출을 섞어놓으면 정말 위험이 사라지는가?"

"신용평가사의 AAA 등급은 과연 믿을 만한가?"

이러한 질문들은 숫자를 넘어선 통찰에서 비롯되었다. 그들은 시장의 소음에 귀를 닫고, 데이터 뒤에 숨겨진 현실을 직시하는 지혜가 있었다. 그것이야말로 거대한 자본의 레버리지에 맞선 '통찰의 레버리지'였다.

결국 레버리지를 다루는 것은 외줄 위에서 춤을 추는 곡예와 같다. 한쪽 발은 수익의 가능성에, 다른 쪽 발은 손실의 위험에 딛고 서서 끊임없이 균형을 잡아야 한다. 제도적 규제는 그 줄 아래에 쳐진 안전그물과 같아서 추락의 충격을 완화해줄 수는 있지만, 줄 위에서 넘어지지 않도록 중심을 잡는 것은 결국 각 경제주체의 몫이다. 그 중심을 잡는 힘은 과거의 교훈을 잊지 않는 기억, 눈앞의 이익에 현혹되지 않는 절제, 시스템의 이면을 꿰뚫어 보는 지혜에서 나온다.

내 삶의 받침점과 무게추

거대한 금융 시스템의 이야기는 결국 우리 각자의 삶으로 놀아온다. 월스트리트의 마천루에서 벌어진 숫자의 게임이 평범한 가정의 저녁 식탁에까지 영향을 미쳤던 것처럼, 레버리지라는 돈의 속성은 더 이상 전문가들만의 언어가 아니다. 그것은 현대사회를 살아가는 우리 모두 알게 모르게 짊어지고 있는 삶의 조건이자 피할 수 없는 질문이 되었다. 그 거대한 지렛대의 원리를 목격했으니, 이제 시선을 돌려 내 삶의 작은 지렛대를 들여다볼 시간이다.

선택이 아닌 숙명

자본주의 사회에서 부를 축적하고 계층의 사다리를 오르기 위한 가장 보편적인 경로는 레버리지를 활용하는 것이다. 내 집을 마련하기 위해, 사업을 시작하기 위해, 더 나은 교육을 받기 위해 우리는 빚을 내어 미래의 가능성에 투자한다. 이 지렛대를 사용하지 않고 오직 자신의 소득만으로 부를 쌓는 것은, 거대한 파도를 상대로 조각배를 저어가는 일과 같을 수 있다. 특히 자산 가격이 소득보다 빠르게 상승하는 시대에, 레버리지는 뒤처지지 않기 위한 생존의 도구다.

동시에 개인은 통제할 수 없는 시스템 리스크에 고스란히 노출된다. 2008년 금융위기는 월스트리트의 이야기로 시작되었지만, 그 끝은 평범한 개인들의 실직과 주택 압류, 자산 손실로 이어졌다. 개인이 아무리 현명하게 자신의 빚을 관리하고 미래를 설계하더라도 금융 시스템 전체가 흔들리는 파도 앞에서는 속수무책일 수 있다.

결국 현대인은 성장을 위해 레버리지라는 지렛대를 사용해야만 하는 동시에, 그 지렛대가 언제 부러질지 모른다는 시스템적 위험을 안고 살아가는 딜레마에 처해 있다. 이 위험한 줄타기 속에서, 개인에게 요구되는 것은 자신만의 작은 경제 시스템에 대한 깊은 이해다.

내 삶의 지렛대 들여다보기

레버리지의 원리를 한 개인의 삶에 적용해본다면, 거기에도 아르키메데스가 말했던 두 가지 필수 요소가 존재한다. 바로 지렛대를 단단히 받쳐주는 '받침점'과 그것을 움직이는 '힘'이다. 한 사람의 삶에서 이 두 요소는 각각 '부채'와 '유동성'이라는 모습으로 나타난다.

개인의 지렛대는 언제나 '부채'라는 받침점 위에서만 작동한다. 타인의 돈, 즉 미래에 갚아야 할 빚을 빌려오지 않고서는 현재의 힘을 증폭시킬 수 없기 때문이다. 받침점이 얼마나 견고하고 안정적인가, 다시 말해 부채가 얼마나 건전한가에 따라 들어 올릴 수 있는 무게가 달라진다. 만약 받침점이 허술하다면, 예를 들어 높은 이자의 단기 대출이나 상환 계획이 불분명한 빚 위에 서 있다면, 작은 무게에도 지렛대는 쉽게 부러지고 만다. 결국 자신의 레버리지를 이해하는 첫걸음은, 각자의 부채를 정직하게 마주하는 일에서 시작된다.

한편 지렛대를 움직이는 '힘'은 '자금의 흐름', 즉 유동성에 해당한다. 돈이 원활하게 흘러야만 부채를 일으킬 수 있고, 그 부채를 통해 투자하며, 그 투자가 다시 수익으로 이어지는 선순환이 가능해진다. 삭자의 월급과 사업 소득 같은 현금 흐름이 바로 지렛대를 누르는 힘인 셈이다. 이 힘이 약하거나 불규칙하다면, 아무리 단단한 받침점이 있어도 지렛대는 움직이지 않는다. 갑작스러운 실직이나 예상치 못한 지출로 현금 흐름이 끊기는 순간, 개인은 지렛대를 움직일 힘을 잃고 만다.

지렛대가 가리키는 곳

2008년의 금융위기가 남긴 폐허 속에서 세상은 중요한 교훈을 얻었다. 레버리지는 성장의 동력이지만 동시에 파괴의 그림자를 품고 있다는 사실이었다. 그후 금융 시스템은 이전보다 더 엄격한 규제의 틀 안으로 들어왔다. 도드프랭크 법(Dodd-Frank Act)[10]의 제정과 같은 조치들은 금융기관의 과도한 위험 추구를 억제하고 소비자를 보호하기 위한 목적에서 비롯되었다. 하지만 지렛대를 향한 인간의 오랜 욕망과 돈이 가진 힘의 증폭이라는 속성 자체가 사라진 것은 아니다. 제도는 변했지만, 레버리지의 본질은 여전히 경제의 심장부에서 뛰고 있다.

레버리지 이야기는 결국 각자의 삶을 돌아보는 계기를 마련한다. 개인의 받침점은 튼튼한지, 감당해야 할 무게는 적절한지, 그리고 거시경제의 거대한 파도 앞에서 삶이라는 작은 지렛대가 버틸 수 있는지에 대한 진지한 고민이 필요하다. 돈의 이러한 속성을 이해하는 것은 더 이상 경제학자나 투자자만의 과제가 아니며, 현대를 살아가는 모든 이의 생존 지혜가 되었다.

이 강력한 지렛대는 언제나 '부채'라는 받침점과 '유동성'이라는 힘 위에서 움직인다. 지렛대의 한쪽 끝에는 인류의 꿈이, 다른 쪽 끝에는 파멸이라는 무게추가 매달려 있는 것이다. 그 위태로운 균형의 본질은, 결국 지렛대의 받침점이 되는 '부채'의 속성을 이해하는 데서 찾을 수 있다.

8 돈과 부채
가장 무거운 약속

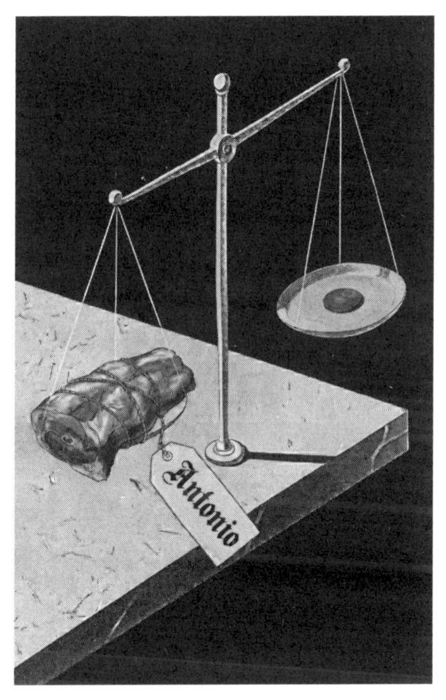

◀ 정태관, 「살로 갚아야 할 계약」, 2026.

"우리는 모두 서로에게 빚을 지고 있다."

– 데이비드 그레이버

저울 위에 오른 살 1파운드

베니스의 달빛 어린 운하 위로 한 상인의 깊은 고뇌가 그림자처럼 드리운다. 사랑하는 친구의 미래를 위해 그는 자신의 심장에서 가장 가까운 살 1파운드를 담보로 내걸고 돈을 빌린다. 셰익스피어의 희곡 『베니스의 상인』 속 이 기이하고도 섬뜩한 서약은, 400년의 시간을 뛰어넘어 우리의 살갗에 날카로운 질문을 새긴다. 빚이란, 어쩌면 가장 연한 살을 담보로 미래를 사는 일 아니냐고.

이 충격적인 계약은 당시 관객과 독자들에게 강렬한 물음을 던졌다. 부채(負債), 즉 빚을 갚지 못하면 과연 어디까지 내어줄 각오를 해야 하는가? 금전으로 시작된 약속이 살로 끝맺을 수 있다는 발상은 경제적 거래에 숨은 잔혹성을 드러낸다. 셰익스피어의 이 극적인 설정은 훗날 "피 한 방울 흘리지 않고 살 1파운드를 베어내라"는 법정 장면으로도 유명해졌지만, 우리에게 남는 것은 그 재판의 묘기가 아니라 애초에 그런 계약이 가능했다는 사실이 주는 섬뜩함이다.

인간의 몸을 담보로 한 이 약속은 돈과 생명의 경계, 법과 윤리의 한계가 얼마나 위태롭게 교차하는지를 보여주는 강력한 은유로 남아 있다. 빚은 단순히 숫자로 오가는 금전의 문제가 아니라 인간의 삶과 미래, 나아가 존재의 무게까지 저울 위에 올려놓는 가장 무거운 약속이라는 것이다. 돈이 가진 가장 오래되고도 강력한 속성 중 하나는, 아직 오지 않은 시간을 현재로 불러오는 힘, 즉 빚을 창조하는 능력이다. 이 이야기는 빚이 지닌 가혹한 속성과 그 약속의 무게를 우리 앞에 서늘하게 펼쳐놓는다.

약속을 새기는 잉크

빚이라는 단어의 속살을 파고들면, 거기에는 지워지지 않는 약속의 그림자가 어른거린다. 경제학의 저울은 그 무게를 '과거의 거래로 인해 발생하여, 미래에 자원의 유출로 이행될 것으로 기대되는 현재의 의무'라고 측정한다.[1] 이 건조한 정의 뒤에는 '약속'이라는 인간적인 단어가 숨어 있다. 내가 지금 돈을 빌리는 행위는, 미래의 내가 반드시 갚겠다는 약속을 현재의 타인에게 파는 것과 같다. 돈은 이처럼 보이지 않는 약속을 구체적인 숫자로 바꾸어, 미래의 가치를 현재로 가져오는 시간의 마법을 부린다. 영어의 'credit' 역시 라틴어 'credere'(믿다)에서 왔듯, 모든 빚은 신뢰를 먹고 자란다.

하지만 인간의 믿음은 연약하고 기억은 희미해지기 마련이다. 철학자 프리드리히 니체는 인간을 "약속할 수 있는 동물"이라 칭하면서도, 그 능력이 거저 주어진 것이 아니라고 보았다. 그는 망각하기 쉬운 인간에게 약속의 무게를 기억시키기 위해, 고대 사회가 '고통'이라는 잔혹한 잉크를 사용했다고 말한다. 빚을 갚지 못한 자의 몸에 형벌을 가함으로써, 잊을 수 없는 기억을 새겨 넣었다는 것이다.[2] 돈이 없던 시절의 약속은 피로 서명하고, 살을 베는 고통으로 그 책임을 물었다. 안토니오가 서명한 계약서는 바로 이 돈의 '강제성'이라는 속성이 얼마나 무섭고도 강력한지를 보여주는 이야기다.

빚, 죄가 되다

인류학자 데이비드 그레이버는 한 걸음 더 나아가, 이 고통의 기억이 어떻게 '죄'라는 도덕적 개념으로 발전했는지를 파헤친다. 여러 문화권에서 '빚'과 '죄'가 같은 어원을 공유한다는 사실을 통해 이 주장을 뒷받침한다. 독일어에서 빚(Schulden)과 죄책감(Schuld)이 같은 단어에서 파생되었고, 영어의 빚(debt) 역시 라틴어의 죄(debitum)와 뿌리가 닿아 있다.[3] 우리말의 "빚을 졌다"는 표현도 단순히 돈을 빌린 상태를 넘어 누군가에게 신세를 져 마음의 짐을 안고 있는 상태까지 아우른다.

이처럼 빚은 단순한 경제적 채무를 넘어, 마음을 짓누르는 도덕적 무게를 지닌다. 약속을 지키지 못했을 때의 죄책감은 "받은 것은 되돌려주어야 한다”는 공동체의 근원적인 정의감을 어겼다는 자책에서 비롯된다. 빛을 갚지 못한 사람은 사회의 신뢰를 저버린 존재로 낙인찍히고, 그 무거운 마음의 짐은 때로 평생을 따라다닌다. 부채의 약속이란 이처럼 우리의 양심과 정신 깊숙한 곳까지 파고드는 힘을 지닌다.

오늘날 우리는 더 이상 살점을 담보로 돈을 빌리지 않는다. 대신 계약서에 서명하고 법의 보호를 받는다. 현대의 돈은 그 자체로 사회가 그 가치를 보증하는 약속의 증표다. 계약서에 찍힌 잉크와 법률 조항은, 과거의 고통스러운 형벌을 대체하여 약속의 무게를 담보하는 문명화된 장치가 되었다. 돈은 교환 매개일 뿐만 아니라 사회적 약속과 그것을 강제하는 힘을 담아두는 매체이기도 하다.

희망의 무게, 책임의 저울

물론 빛이 언제나 파멸의 서곡인 것은 아니다. 때로는 빛이 희망의 씨앗이 되기도 한다. 빛을 통해 우리는 현재의 한계를 뛰어넘어 미래에 투자할 기회를 얻는다. 안토니오가 친구의 행복을 위해 자신의 미래를 걸었듯, 오늘날 수많은 청년은 더 나은 내일을 위해 학자금 대출이라는 빛을 기꺼이 짊어진다. 그들은 미래의 소득을 담보로 현재의 교육 기회를 구매하며, 그 약속 위에서 성장의 사다리를 오른다. 창업을 꿈꾸는 이에게 빛은 아이디어를 현실로 만드는 지렛대가 되어준다.

돈은 빛의 형태를 통해 개인에게 꿈을, 사회에는 성장을 선물하는 긍정적인 힘을 발휘한다. 그러나 모든 희망에는 그만큼의 책임이 따른다. 저울의 한쪽에는 미래에 대한 밝은 기대가 놓이지만, 다른 한쪽에는 그 기대가 무너졌을 때 감당해야 할 위험의 무게가 함께 놓인다. 안토니오의 무역선이 바다 위를 항해하는 동안, 그의 미래는 희망과 파멸의 가능성 사이에서 아슬아슬한 줄타기를 하고 있었다.

우리가 빚을 낼 때, 우리는 바로 이 안토니오의 저울 앞에 서게 된다. 이 돈이 나의 미래를 밝혀줄 희망의 등불이 될 것인가, 아니면 나의 발목을 잡는 무거운 족쇄가 될 것인가. 그 선택의 무게를 온전히 감당할 수 있을 때, 비로소 빚은 우리에게 성장의 기회를 허락한다. 돈의 이러한 이중적 속성은 빚을 대하는 우리의 태도가 얼마나 신중해야 하는지를 보여준다.

인간을 재는 저울의 한계

샤일록의 살 1파운드 계약이 우리를 섬뜩하게 만든 이유는, 부채라는 추상적인 약속이 어떻게 인간의 실존을 뒤흔들 수 있는지를 적나라하게 보여주기 때문이다. 부채는 숫자로 기록되지만, 그 숫자를 갚아낼 수 없을 때의 대가는 결코 추상적이지 않다. 그것은 때로 한 개인의 삶을, 한 가정의 평화를, 나아가 한 사회의 신뢰를 앗아가는 구체적인 고통으로 나타난다.

『베니스의 상인』에서 포샤는 법정의 엄격한 논리 속에서 자비의 가치를 역설하며 안토니오를 구원한다. 이는 법과 계약이라는 차가운 규칙만으로는 인간 사회의 모든 문제를 해결할 수 없음을 암시한다. 돈의 규칙은 인간을 위해 존재해야 하며, 그 규칙이 인간성을 파괴하는 도구가 되어서는 안 된다는 것이다. 그녀의 목소리는 계약의 냉혹함 위에 인간다움의 온기를 덧입힌다.

"자비의 본질은 강요되는 것이 아닙니다. 하늘에서 내리는 감미로운 비처럼 땅을 적시는 것이지요. 자비는 이중의 축복을 내리니, 주는 자와 받는 자 모두에게 축복이 됩니다. 그것은 강한 자에게 가장 어울리는 덕이며, 왕좌에 앉은 군주의 왕관보다도 더 그를 빛나게 합니다."

이 장면은 돈의 한계를 드러낸다. 돈은 강력한 가치 측정의 도구이지만, 인간의 존엄성이나 생명과 같은 근본적인 가치 앞에서는 그 저울이 멈춰서야 한다는 사회적 합의가 존재한다는 것이다.

결국 빚의 이야기는 돈의 이야기가 아니라 돈을 사용하는 우리 인간의 이야기다. 돈이 가진 '미래를 창조하는 힘'을 어떻게 사용할 것인가. 그 약속의 무게를 어떻게 감당할 것인가. 1파운드의 살이라는 섬뜩한 비유를 통해, 우리는 돈의 속성에 담긴 가장 근원적인 질문과 마주한다. 그것은 바로 보이지 않는 계약 뒤에 숨겨진 인간의 책임과 존엄에 대한 물음이다.

아직 오지 않은 시간을 파는 가게

돈이 가진 가장 특별한 마법은 시간을 거스르는 능력에 있다. 돈은 아직 오지 않은 미래의 가치를 오늘의 현실로 끌어와, 우리의 손 위에 만질 수 있는 자원으로 바꾸어놓는다. 이 마법의 이름이 바로 '빚'이다. 우리는 빚을 통해 내일의 가능성을 담보로 오늘의 결핍을 메우고, 보이지 않는 희망을 동력 삼아 현재의 한계를 뛰어넘는다. 이 시간을 거래하는 특별한 가게에서 우리는 때로는 꿈을 사지만, 때로는 미래 전체를 팔아넘기기도 한다.

바다에 띄운 희망, 미래를 건 계약

베니스의 상인 안토니오 역시 이 특별한 가게의 문을 두드렸다. 그의 금고는 텅 비어 있었지만, 그의 희망은 머나먼 바다의 파도 위에 실려 있었다. 아직 항구에 닿지 않은 무역선에 가득 실린 향신료와 비단만이 그가 팔 수 있는 유일한 미래였다. 그는 그 보이지 않는 미래의 한 조각을 떼어, 친구 바사니오가 사랑을 얻을 수 있는 현재의 금화와 맞바꾸었다. 이 거래의 본질은 시간을 저당 잡히는 것이었다. 미래의 어느 날, 자신의 부가 무사히 귀환할 것이라는 약속을 팔아 친구의 절박한 현재를 구원할 돈을 샀다.

돈은 불확실한 미래의 가능성을 현재의 확실한 가치로 교환해주는 매개체다. 돈이 없었다면 안토니오의 미래 자산은 그저 막연한 기대에 머물렀을 것이다. 하지만 돈은 그 기대를 구체적인 계약으로 바꾸고, 아직 현실화되지 않은 부를 오늘의 행동을 위한 자원으로 변환시켰다. 이것이 바로 돈이 가진 시간적 속성이며, 빚을 통해 미래를 창조하는

망망대해에서 폭풍을 만난 안토니오의 무역 선박들
이 사고로 안토니오는 살 1파운드를 베어내야 할 법적 책임을 지게 된다.

힘이다. 물론 그 힘에는 언제나 그림자가 따른다. 안토니오의 배가 폭풍우를 만나 돌아오지 못했을 때, 그가 팔았던 미래의 약속은 그의 살점을 요구하는 현재의 비극으로 돌아왔다. 미래는 약속대로 오지 않을 수 있으며, 시간을 담보로 한 거래는 언제나 그 위험을 내포한다.

교실에서 미래를 사는 아이들

안토니오의 무역선이 떠 있던 그 아슬아슬한 바다는, 시대를 건너 오늘을 사는 우리의 삶과 포개어진다. 수많은 젊은이가 대학 교정의 푸른 꿈을 위해 '학자금 대출'이라는 이름의 계약서에 서명한다. 그들이

214

담보로 내놓는 것은 무엇일까. 그것은 졸업 후 얻게 될 번듯한 직장과 안정적인 소득, 즉 자신의 '미래'다. 돈은 이 보이지 않는 미래의 잠재력을 현재의 등록금과 생활비로 바꾸어주는 연금술을 부린다. 빚이라는 지렛대 덕분에, 청년들은 당장의 경제적 어려움에도 불구하고 지식과 경험에 투자하며 성장의 기회를 얻는다.

이것은 빚이 가진 가장 빛나는 얼굴이다. 빚은 개인의 현재 조건을 뛰어넘어 더 나은 미래로 나아갈 수 있는 사다리가 되어준다. 돈의 시간적 교환 기능이 없었다면, 수많은 인재가 경제적 장벽 앞에서 꿈을 접어야 했을지도 모른다. 하지만 이 희망의 계약에도 어두운 이면은 존재한다. 만약 졸업 후의 현실이 기대와 다르다면, 미래를 팔아 얻었던 오늘의 기회는 무거운 족쇄가 되어 평생을 따라다닌다. 갚지 못한 학자금은 신용을 무너뜨리고, 새로운 시작을 가로막는 벽이 된다. 돈은 이처럼 개인의 미래를 창조하는 동시에, 그 미래를 속박할 수도 있는 이중적 힘을 지닌다.

차고에서 쏘아올린 꿈, 사회의 미래를 걸다

개인의 미래를 넘어, 사회 전체의 미래를 담보로 한 빚도 있다. 혁신적인 아이디어를 가진 창업가가 자본이 부족할 때, 그는 자신의 비전과 미래의 성공 가능성을 팔아 투자금을 유치한다. 투자자들은 그 창업가의 꿈에 돈을 걸고, 그 돈은 새로운 기술과 일자리를 창조하는 동력이 된다. 실리콘 밸리의 허름한 차고에서 시작된 수많은 스타트업이 빚과 투자를 지렛대 삼아 세상을 바꾸는 거대 기업으로 성장했다. 빚은 그렇게 개인의 결핍을 넘어 사회 전체의 성장을 이끄는 촉매로 작용한다. 돈은 빚이라는 얼굴로 사회의 미래에 과감히 베팅하는 것이다.

한 사회가 혁신과 도전에 관대하고, 실패를 용납하며, 새로운 아이디어를 기꺼이 돈으로 뒷받침해줄 때, 그 사회는 역동적인 성장을 이룰 수 있다. 하지만 이 역시 성공만을 보장하는 길은 아니다. 수많은 창업이 실패로 끝나고, 투자금은 공중으로 흩어진다. 미래에 대한 투자는 본질적으로 불확실성을 내포하며, 그 위험을 사회가 어떻게 분담하고 관리하는지에 따라 빚은 축복이 될 수도 있고 재앙이 될 수도 있다.

미래

안토니오에게 돌아오지 않은 배처럼, 혹은 졸업 후 얻지 못한 높은 연봉처럼, 만약 우리가 기대한 미래가 끝내 오지 않는다면 우리는 무엇을 잃게 될까? 부채의 세계에서 이 질문은 곧 신뢰의 상실과 도덕적 해이(Moral Hazard)[4]에 대한 이야기로 이어진다. 미래에 대한 믿음이 깨지는 순간, 약속에 기반한 관계의 신뢰도 금이 간다.

배가 영영 돌아오지 않으면 베니스 상인 세계의 신용은 무너지고, 채권자는 분노하며, 채무자는 삶의 일부를 잃는다. 오늘날도 마찬가지다. 개인이든 국가든 빚을 갚지 못하면 신용이라는 보이지 않는 사회적 자본이 추락하고 만다. 동시에 어떤 사람은 묻는다.

"애초에 그 미래가 오지 않을 걸 알았다면? 처음부터 갚을 생각이 없었던 것은 아닌가?"

여기서 부채의 그림자는 착각과 도덕적 해이의 문제로 번진다. 미래에 대한 과도한 낙관은 착각을 낳고, 남의 돈으로 내가 이익을 보는 상황은 잘못된 유인을 만든다. 누구는 몸 담보까지 걸고 돈을 빌리지만, 누구는 실패해도 자기 살점을 떼일 일은 없을 것이라는 안이함 속에 빚을 남발하기도 한다. 현대 금융 시스템에서는 특히나 이러한 도덕적 해이가 큰 위험 요소로 지목된다.

결국 안토니오의 항해에서부터 학생의 책상, 창업가의 차고에 이르기까지 빚은 언제나 '아직 오지 않은 시간'을 거래하는 행위다. 돈은 이 시간 여행을 가능하게 하는 유일한 매개체이며, 그 마법 같은 힘 덕분에 인류는 현재의 제약을 넘어 끊임없이 미래를 꿈꾸고 창조해왔다. 그 거래의 끝이 희망일지 파멸일지는 우리가 미래를 얼마나 현명하게 예측하고 책임감 있게 약속을 이행하는지에 달려 있다.

우리 안의 낙관적인 파산자

인간은 본질적으로 미래를 낙관하는 존재다. 내일은 오늘보다 나을 것이라는 희망, 언젠가는 좋은 일이 생길 것이라는 막연한 기대가 없다면 우리는 오늘의 고단함을 견디기 어려울 것이다. 하지만 이 낙관이 빚과 만날 때, 때로는 현실을 외면하는 위험한 착각으로 변모하기도 한다. 돈이 가진 추상적인 속성은 이 착각을 더욱 부추긴다. 손에 잡히지 않는 숫자로 이루어진 돈은, 우리로 하여금 미래에 갚아야 할 책임의 무게를 쉽게 잊게 만들기 때문이다.

『베니스의 상인』의 안토니오가 보여준 모습이 바로 그러하다. 그는 자신의 전 재산이 실린 무역선들이 망망대해 위에 흩어져 있음에도, "내 재산은 한 척 배에 실린 것이 아니니 염려 말라"며 폭풍우나 해적의 위험을 애써 외면했다. 친구를 위해 돈을 빌릴 때도, 곧 돌아올 배가 모든 것을 해결해줄 것이라는 낙관 속에서 자신의 살 한 파운드를 담보로 거는 극단적 계약을 맺는다. 그의 믿음은 용기처럼 보였지만, 현실의 파도가 덮쳐왔을 때 치명적인 대가를 요구하는 위험한 도박이었음이 드러난다. 안토니오의 근거 없는 낙관은, 빚이라는 계약이 얼마나 위험한 환상 위에 세워질 수 있는지를 보여주는 명백한 예시다.

숫자의 안개와 마음의 착각

자기기만적인 희망은 비단 안토니오에게만 국한되지 않는다. 귀스타브 플로베르(Gustave Flaubert)의 소설 『마담 보바리』의 주인공 엠마는 권태로운 시골 생활에서 벗어나, 파리의 화려한 사교계를 동경한다. 그녀는 자신의 분수를 넘어서는 사치를 위해 상인 르뢰에게 외상을 지고, 그 빚은 눈덩이처럼 불어난다. 그녀는 값비싼 드레스와 가구로 현실의 공허함을 감추려 하지만, 그 화려함은 모두 빚으로 쌓아 올린 신기루에 불과하다. 엠마는 언젠가 막대한 유산이 굴러들어오거나,

기적 같은 일이 벌어져 모든 빚을 해결할 수 있을 것이라는 위험한 낙관에 빠져든다. 그녀의 모습은 빚을 대하는 인간의 보편적인 심리적 착각을 상징적으로 보여준다.

우리 역시 엠마 보바리와 다르지 않을 때가 많다. 신용카드로 할부 결제를 하며 "다음 달의 내가 해결해줄 거야"라고 생각하거나 주택 가격이 오를 것이라는 막연한 기대로 상환 능력을 넘어서는 대출을 받기도 한다. 경제심리학에서는 이러한 현상을 '부채 착각'(Debt Illusion)이라는 개념으로 설명한다. 사람들은 빚을 통해 얻는 현재의 효용은 크게 느끼는 반면, 미래에 갚아야 할 비용의 무게는 심리적으로 축소하는 경향이 있다는 것이다.[5]

마음을 흔드는 이 힘은 돈의 비물질성, 즉 추상성에서 비롯된다. 과거의 물물교환 시대에는 쌀 한 가마니를 빌리면 그 무게와 부피를 통해 빚의 실체를 직접 느낄 수 있었다. 하지만 오늘날의 돈은 통장 속 숫자나 카드 명세서의 기록으로 존재한다. 손에 잡히지 않는 숫자는 현실의 무게감을 잊게 만들고, 우리는 마치 게임 속 포인트를 쓰듯 쉽게 빚을 내고 소비한다. 이 숫자의 안개 속에서 우리는 빚의 본질, 즉 '미래에 대한 책임'을 망각하고 만다.

보이지 않는 그물과 위험한 줄타기

개인의 낙관이 사회적 불안과 만날 때, 빚의 위험은 걷잡을 수 없이 커진다. 2020년대 초 한국 사회를 휩쓴 '영끌'과 '빚투' 현상은 그 대표적인 사례다. 유례없는 저금리와 부동산 가격 급등 속에서, 많은 젊은 세대가 "지금 집을 사지 않으면 평생 내 집을 마련할 수 없다"는 극심한 불안감에 휩싸였다. 그들은 자신의 소득 수준을 넘어서는 빚을 내어 아파트 구매 행렬에 동참했고, 이는 다시 집값을 밀어 올리는 악순환을 낳았다.[6]

"모두가 저렇게 돈을 버는데 나만 뒤처질 수 없다"는 조바심은 마침내 이성의 목소리에 귀를 닫게 했다. '이번에는 다르다'는 집단적 착각이 안개처럼 퍼지자, 빚이 가진 본래의 위험성은 점차 무감각한 풍경이 되어갔다. 돈이 만들어내는 이 거대한 열광의 소용돌이 속에서 개인의 합리성은 군중심리라는 거센 물결에 휩쓸려 자리를 잃는다. 보이지 않는 누군가 혹은 사회 시스템 전체가 결국 자신을 구원해줄 것이라는 믿음은 역설적으로 더 위험한 도박에 기꺼이 몸을 던지게 만든다.

'영끌' 투자자들의 마음 한편에는 "설마 정부가 집값을 폭락하게 두겠어?"라는 막연한 기대가 있을지 모른다. 이처럼 보이지 않는 사회적 안전망에 대한 믿음은, 개인이 져야 할 책임의 무게를 덜어내 더 과감하게 빚을 내도록 부추긴다. 돈의 속성은 이처럼 개인의 불안과 사회적 믿음 사이의 틈을 파고들어 책임의 소재를 모호하게 만들고 위험을 시스템 전체로 확산시킨다. 돈은 본질적으로 사회적 신뢰 시스템 위에서 작동하기에, 그 시스템이 자신을 구원해줄 것이라는 믿음은 때로 가장 위험한 착각이 된다.

가장 작은 공동체의 균열

안토니오의 빚은 친구 바사니오와의 우정에서 비롯되었지만, 그 파장은 베니스 상업 공동체 전체의 신뢰를 시험하는 무대가 되었다. 그의 채무불이행 가능성은 단순히 개인의 파산을 넘어 '베니스의 상인은 약속을 지킨다'는 집단적 명성에 흠집을 낼 수 있었다. 만약 법정이 샤일록의 정당한 계약 이행 요구를 거부한다면, 앞으로 어떤 외국 상인이 베니스의 법과 상인을 믿고 거래하려 하겠는가?

이처럼 한 개인의 빚은 관계의 네트워크를 타고 흘러 공동체 전체의 신뢰 자본을 위협하는 균열을 만든다. 비단 16세기 베니스만의 이야기가 아니다. 한 개인의 빚이 공동체의 신뢰를 어떻게 파괴하는지를 보여주는 가장 거대한 비극은 우리 시대에 벌어졌다. 바로 버나드 메이도프(Bernard Madoff) 사건이다. 월스트리트의 존경받는 투자 거물이었던 그는, 수십 년간 정교한 폰지 사기(Ponzi scheme)를 통해 수천 명의 투자자로부터 막대한 돈을 끌어모았다.

메이도프의 투자자들은 그를 맹목적으로 신뢰했고, 그가 약속하는 꾸준하고 높은 수익률이라는 '미래'를 담보로 기꺼이 돈을 맡겼다. 본질적으로 메이도프는 투자자들에게 거대한 '빚'을 지고 있었던 셈이다. 하지만 그가 약속한 수익은 처음부터 존재하지 않는 허상이었다. 2008년 금융위기로 신규 투자금 유입이 끊기자, 그의 거대한 부채 피라미드는 한순간에 무너져 내렸다.

그 결과는 참혹했다. 수많은 개인 투자자가 평생 모은 돈을 잃었고,

여러 자선 단체와 재단이 문을 닫아야 했다. 메이도프 한 사람의 거짓된 빚은 그를 믿었던 수많은 사람의 삶을 파괴하고 금융 시스템에 대한 신뢰 자체에 깊은 상처를 남겼다.[7] 빚의 그림자는 이처럼 가장 믿었던 관계의 틈을 파고들어, 공동체 전체를 무너뜨리는 무서운 힘을 감추고 있다.

훈련받지 않은 항해사

우리는 왜 이토록 빚의 유혹에 쉽게 흔들리는 것일까. 그 이면에는 빚을 다루는 법을 제대로 배우지 못한 채, 차가운 금융 시스템의 바다로 내몰리는 현대인의 모습이 있다. 우리는 학교에서 수많은 지식을 배우지만, 정작 자신의 삶을 지탱할 돈, 특히 빚을 어떻게 관리해야 하는지에 대해서는 거의 훈련받지 못한다. 금융이라는 제도는 그 자체로 선하거나 악하지 않은 무색무취의 도구다. 하지만 그 도구를 사용하는 법을 모르는 이에게는 언제든 자신을 해칠 수 있는 위험한 무기가 된다.

안토니오 역시 베니스의 유능한 상인이었을지는 몰라도, 미래의 불확실성을 담보로 한 계약의 위험성을 제대로 훈련받은 재무관리자는 아니었다. 그는 자신의 경험과 직관 그리고 친구를 위한 선한 마음에 기대어 위험한 계약서에 서명했다. 현대의 개인들도 마찬가지다. 더 나은 삶을 향한 선한 욕망과 희망을 가지고 금융 시스템을 이용하지만, 그 시스템이 가진 냉정한 속성과 위험을 충분히 이해하지 못한 채 항해를 시작한다. 그 결과 작은 파도에도 배는 쉽게 흔들리고, 때로는 좌초의 위기를 맞기도 한다.

빚의 비극은 개인의 탐욕이나 나약함의 문제만은 아니다. 그것은 준비되지 않은 개인과 그들에게 친절한 사용 설명서 없이 강력한 도구를 쥐여주는 사회 시스템 사이의 구조적인 문제이기도 하다.

서명하지 않은 이들에게 배달된 청구서

빚으로 쌓아 올린 성의 그림자는 생각보다 길고 짙다. 그 성이 무너져 내릴 때, 잔해를 치우고 폐허 위에서 다시 삶을 일으켜 세워야 하는 책임은 계약서에 서명한 당사자에게만 머무르지 않는다. 돈은 빚이라는 모습으로 그 책임을 시간과 공간 너머로 조용히 전가하는 강력한 힘을 발휘한다. 한 세대의 선택이 남긴 청구서는 그렇게 서명하지 않은 이들의 미래 위에 소리 없이 쌓여간다.

황금 족쇄를 벗어던진 돈

이 거대한 빚의 축제는 언제부터 시작되었을까. 그 기원은 1971년 8월, 미국 대통령 리처드 닉슨이 텔레비전 카메라 앞에서 달러를 더 이상 금으로 바꿔주지 않겠다고 선언한 밤으로 거슬러 올라간다. 수십 년간 세계경제의 근간을 이루던 금본위제가 종식되는 순간이었다. 이 '닉슨 쇼크' 이전까지, 돈의 가치는 땅속에서 캐낸 금이라는 실물 자산에 묶여 있었다. 정부가 돈을 함부로 찍어낼 수 없었고, 빚의 총량 역시 물리적인 제약을 받았다.

돈이 금의 족쇄에서 풀려나자, 인류는 역사상 유례없는 금융 실험에 돌입했다. 이제 돈은 정부의 약속과 신용만으로 창조될 수 있는 순수한 '법정화폐'가 되었다.[8] 실물에서 완전히 분리되어 추상적인 '약속의 기호'가 된 것이다. 이 변화는 돈에 새로운 속성을 부여했을 뿐만 아니라, 경제 시스템의 근본적인 작동 방식을 바꾸어놓았다. 바로 성장을 위해 빚에 의존하는 '부채 주도 경제'의 문을 활짝 연 것이다.[9]

국가는 이제 금 보유량에 얽매이지 않고 필요에 따라 돈을 창조하고 빚을 낼 수 있게 되었고, 이 힘은 경제 위기를 극복하고 성장을 촉진하는 유용한 도구가 되기도 했다. 하지만 그 이면에는 끝없이 빚을 쌓아야만 유지되는 시스템의 위험한 유혹이 도사리고 있었다.

미래 세대의 주머니를 터는 약속

돈을 창조할 수 있는 권력은 현재를 살아가는 세대에게 막대한 혜택을 주었다. 정부는 국채를 발행하여 미래의 세금을 담보로 현재의 복지 지출을 늘리거나 대규모 공공사업을 벌일 수 있게 되었다. 하지만 이 약속의 청구서는 누가 지불하는가? 바로 아직 태어나지 않았거나 투표권이 없는 미래 세대다. 오늘날 많은 나라가 안고 있는 막대한 국가채무는 현세대가 누린 풍요의 대가를 다음 세대에게 전가하는 구조를 보여준다.

일본의 상황은 이 문제를 극적으로 드러낸다. 세계 최고 수준인 GDP 대비 250퍼센트를 넘나드는 국가부채는 인구 고령화와 맞물려 미래 세대에게 엄청난 부담을 안겨주고 있다.[10] 현재의 노년층을 위한 복지 지출은 계속 늘어나지만, 이를 감당해야 할 젊은 세대의 수는 급격히 줄어들고 있다. 결국 오늘의 빚은 내일의 젊은이들이 짊어져야 할 세금의 무게로 돌아온다. 돈은 시간을 초월하여 가치를 이전시키는 동시에 책임과 부담 또한 다음 세대로 넘겨버리는 힘을 지닌다.

이러한 현실은 마치 베니스의 상인 안토니오의 채무가 개인의 문제가 아니라 베니스 도시 전체의 불안을 자아냈던 것처럼, 국가부채가 다음 세대 전체의 경제적 자유를 저당 잡는 그림자임을 보여준다.

망각의 강을 건너는 약속

역사상 수많은 부채 위기와 금융 파탄 사례가 있었지만, 아이러니하게도 각 시대의 사람들은 늘 '이번엔 다르다'는 믿음에 빠지곤 했다. 이는 경제학자 라인하트(Reinhart)와 로고프(Rogoff)가 밝힌 이른바 'This time is different' 심리로, 사람들이 과거의 금융 파국을 잊은 채 현재의 부채 팽창을 정당화하는 경향을 말한다.[11] 그들은 800년에 걸친 금융 역사를 분석하며, 과도한 빚이 결국 위기를 불러오는 패턴이 끊임없이 반복되었음을 증명했다.

스페인은 16세기에 세계 최강의 제국이었지만 전쟁 비용을 빚으로 충당하다 여러 차례 국가부도를 맞았고, 라틴아메리카 국가들은 20세기 후반 부채 위기로 '잃어버린 10년'을 겪었다. 동아시아의 1997년 외환위기, 2008년 미국발 금융위기도 모두 과도한 신용팽창과 부채 누적의 대가였다. 그럼에도 불구하고 위기 때마다 금융시장과 정책 입안자들은 "이번에는 옛날과 상황이 달라서 걱정 없다"며 경고를 무시하곤 했다.

이러한 망각은 왜 일어나는가? 돈의 추상성은 여기서도 중요한 역할을 한다. 명목화폐 시대의 빚은 실물경제와 괴리된 채 숫자로만 존재하기에 그 위험성을 체감하기 어렵다. 기술혁신이나 새로운 금융 기법이 등장할 때마다 사람들은 '이번에는 과거와 다르다'는 낙관에 쉽게 빠져든다. 돈의 발행 권력을 쥔 정부나 중앙은행 역시 단기적인 경기 부양이라는 유혹 앞에서 장기적인 부채의 위험을 외면하곤 한다.

결국 빚의 역사는 인간의 망각과 돈의 권력성이 빚어낸 거대한 순환의 드라마다. 한 세대는 빚을 통해 풍요를 누리고, 그 청구서는 망각의 강을 건너 다음 세대에게 전달된다. 그리고 그 청구서를 받아 든 세대는 또다시 '이번엔 다르다'는 희망 속에서 새로운 빚을 쌓아 올린다. 『베니스의 상인』에서 안토니오가 자신의 배가 무사히 돌아올 것이라 믿었듯, 우리 역시 미래는 언제나 밝을 것이라는 낙관 속에서 오늘의 책임을 잊고 있는 것은 아닐까.

도시의 심장을 겨눈 저울

안토니오의 가슴팍을 겨누던 차가운 칼날이 멈춘 뒤, 베니스의 공기는 이전과 사뭇 달라졌다. 한 개인의 채무가 도시 전체의 신용을 어떻게 뒤흔들 수 있는지 운하의 상인부터 광장의 시민까지 모두가 목격했기 때문이다. 개인의 빚은 더 이상 개인만의 문제가 아니었다. 그것은 언제든 공동체 전체를 위협할 수 있는, 도시의 심장에 숨겨진 시한폭탄과도 같았다.

이 서늘한 교훈은 베니스의 상업 규칙에 작은 파문을 일으켰다고 전해진다. 다시는 인간의 살점이 저울 위에 오르는 일이 없도록 법이 정비되고, 예측 불가능한 바다의 위험에 대비해 상인들이 함께 손실을 나누는 공동 기금의 필요성이 논의되었다. 안토니오를 구하기 위해 모여들었던 친구들과 시민들의 연대는 차가운 계약의 논리보다 인간적인 유대가 공동체를 지키는 더 강한 힘임을 증명했다. 베니스의 금고 사이를 흐르는 것은 더 이상 냉혹한 계산뿐만이 아니라, 서로의 위험을 보듬는 자비와 신뢰의 강물이었다.

신들의 저울과 인간의 계약서

인류는 5,000년의 시간 동안 빚이라는 그림자와 함께 걸어왔다. 때로는 그 무게에 짓눌려 신음했고, 때로는 그것을 지렛대 삼아 하늘로 솟아올랐다. 빚이라는 계약서는 그렇게 피와 잉크로 쓰이고, 지워지고, 또다시 고쳐져왔다. 단순한 경제적 약속을 넘어 한 사회의 도덕과 권력, 인간다움의 의미를 담아온 이 오래된 계약서를 펼쳐보면, 돈이 가진 가장 근원적인 속성, 즉 '인간이 만든 규칙'이라는 본질과 마주하게 된다.

피와 잉크로 새긴 계약

고대 사회에서 빚은 신성불가침의 약속이었다. 그 약속을 어긴 대가는 혹독했다. 인류학자 데이비드 그레이버는 초기 문명에서 빚이 종종 폭력과 결부되었음을 지적하며, 채무자의 몸뚱이가 곧 담보가 되던 시대를 상기시킨다.[12] 로마의 '12표법'에는 빚을 갚지 못한 채무자의 신체를 채권자들이 나누어 가질 수 있다는 조항이 있었고, 중세 유럽의 '빚 감옥'은 가난하다는 이유만으로 사람들을 어두운 감옥에 가두었다.[13]

이처럼 빚은 한때 인간의 살과 피로 그 책임을 묻는, 지울 수 없는 낙인이었다. 이는 돈의 규칙이 처음에는 얼마나 엄격하고 비인간적일 수 있었는지를 보여준다. 『베니스의 상인』에서 샤일록이 안토니오의 살 1파운드를 요구하며 "계약서대로"를 외쳤던 것은, 바로 이러한 '피의 계약' 시대의 논리를 대변한다. 돈의 규칙은 한번 정해지면 신의 율법처럼 절대적이며, 인간의 사정 따위는 고려하지 않는다는 냉혹한 선언이었다.

용서라는 이름의 발명

인류는 언제까지나 이 피의 계약서에 얽매여 있지는 않았다. 역사상 가장 위대한 발명은 어쩌면 '용서'였을지도 모른다. 공동체는 빚의 굴레가 사회 전체를 파멸로 이끌 수 있음을 깨닫기 시작했다. 고대 메소포타미아의 왕들은 주기적으로 부채 탕감을 선포하여 백성들의 짐을 덜어주었고, 성경의 '희년' 제도는 50년마다 모든 빚을 소멸시키고 노예를 해방하라는 파격적인 규범을 제시했다.[14]

이러한 전통은 인류사적 전환을 의미한다. 돈의 규칙이 신이나 자연이 정한 불변의 법칙이 아니라, 공동체의 안녕을 위해 인간이 스스로 바꿀 수 있는 '사회적 합의'임을 깨달은 것이다. 빚을 갚는 것이 도덕의 전부가 아니라, 때로는 빚을 탕감해주는 것이 더 높은 차원의 정의가 될 수 있다는 지혜였다. 근대에 이르러 채무자 감옥이 폐지되고, 실패한 개인에게 재기의 기회를 주는 파산법이 도입된 것 역시 이러한 '용서의 발명'의 연장선에 있다. 돈의 규칙은 인간을 위해 존재하며, 인간을 파괴하는 규칙은 언제든 다시 쓰일 수 있다는 위대한 자각이었다.

신들의 저울과 포샤의 지혜

『베니스의 상인』의 클라이맥스, 베니스의 법정은 바로 이 두 가지 규칙이 충돌하는 무대다. 샤일록은 '피의 계약'이라는 원시의 규칙을, 포샤는 '인간을 위한 자비'라는 새로운 규칙을 대변한다. 샤일록의 저울은 정확하게 살 1파운드를 재려 하지만, 포샤의 저울은 계약의 문자 너머에 있는 인간의 생명과 공동체의 정의를 함께 올려놓는다.

포샤가 "피 한 방울 흘리지 말고 살만 베어가라"고 판결한 것은 단순한 법률적 기지가 아니다. 그것은 돈의 규칙이 인간의 삶이라는 더 큰 가치를 침해할 수 없다는 선언이다. 계약서에 명시되지 않은 '피'는 숫자로 환산할 수 없는 인간의 존엄성을 상징한다. 포샤의 판결은, 돈의 계약이 아무리 신성하다 해도, 그것이 인간을 파괴하는 도구가 될 때는 공동체가 개입하여 그 규칙을 재해석하고 제한할 수 있다는 원칙을 세운 것이다.

이것이 바로 돈이 가진 가장 심오한 속성이다. 돈은 자연법칙이 아니라 인간이 만든 한 권의 계약서다. 그 계약서의 조항들, 예컨대 이자를 얼마로 할지, 빚을 어떻게 탕감할지, 실패의 책임을 누구에게 물을지는 고정불변이 아니다. 그것은 매 시대, 모든 공동체가 함께 토론하고 합의하며 고쳐 써나가는 사회적 약속이다.

우리는 지금 거대한 빚의 시대에 살고 있다. 개인과 국가 모두 미래의 시간을 담보로 현재를 살아가고 있다. 이 시대에 우리에게 필요한 것은 포샤의 지혜다. 빚이라는 계약서의 조항들을 맹목적으로 따르는 것이 아니라, 그 계약이 과연 우리 공동체를 더 정의롭고 풍요롭게 만드는지를 끊임없이 되묻는 것이다. 돈의 규칙을 만드는 것은 신이 아니라 우리 자신이며, 그 규칙을 어떻게 쓰느냐에 따라 돈은 희망의 레버리지가 될 수도, 파괴의 족쇄가 될 수도 있다. 저울은 우리 손에 들려 있다. 그 저울 위에 무엇을 올려놓을 것인지는, 오롯이 우리의 선택에 달려 있다.

9 돈과 유동성

흐르는 강물이 마를 때

◀ 정태관, 「쏟아져 흐르는 돈」, 2026.

"모든 것은 흐른다."

– 헤라클레이토스

그 겨울, 마을의 심장은 왜 멎었나

그해 겨울, 베드퍼드 폴스의 눈(雪)은 포근했으나, 사람들의 눈(眼)은 차가웠다. 크리스마스를 코앞에 둔 작은 마을, 포근하게 내리는 눈송이와 달리 조지 베일리가 운영하는 금융조합 창구 앞에는 냉랭하고도 절박한 공기가 감돌았다.

"내 돈을 당장 내놓으시오!"

어딘가에서 터져 나온 고함은 순식간에 전염병처럼 번져나갔다. 평생을 이웃으로 살아온 정겨운 얼굴들은 간데없고, 자기 재산을 지키기 위해 타인을 밀어내는 낯선 군중만이 그 자리를 채우고 있었다. 은행이 곧 파산할 것이라는 흉흉한 소문 하나가 한 마을의 심장을 순식간에 멎게 만든 것이다.

프랭크 카프라(Frank Capra) 감독의 영화 「멋진 인생」(It's A Wonderful

Life)이 그린 이 풍경은 돈이 가진 가장 본질적이면서도 연약한 속성, '유동성'(Liquidity)의 실체를 우리 눈앞에 펼쳐 보인다. 무엇이 선량한 사람들을 한순간에 약탈자로 돌변시켰는가. 무엇이 어제의 따뜻한 신뢰를 오늘의 차가운 불신으로 얼어붙게 만들었는가. 그 질문의 한가운데에 돈의 흐름에 대한 이야기가 있다.

돈, 흐르지 않으면 의미 없는 강물

"여러분의 돈은 금고에 잠들어 있지 않습니다. 당신들의 돈은 톰의 집을 짓는 벽돌이 되었고, 마티니 부부의 새 가게를 여는 열쇠가 되었습니다."

조지 베일리의 절박한 외침은 돈의 본질을 꿰뚫는다. 돈은 고여 있는 소유물이 아니라, 관계 속에서 흐르는 강물이라는 것을. 돈은 그 자체로 목적이 아니라, 우리 삶에 필요한 다른 가치들과 만나기 위해 끊임없이 흘러야 한다. 흐르지 않는 강이 생명력을 잃듯, 흐름을 멈춘 돈은 그저 종잇조각이나 장부 속 숫자에 불과하다.

돈은 다른 모든 것을 빠르게 교환할 수 있게 만든다. 우리는 그 변화의 속도와 자유로움을 유동성이라 부른다. 조지 베일리의 금융조합은 돈의 이러한 본질을 잘 보여준다. 그곳의 돈은 금고 안에 갇혀 있지 않았다. 은행은 돈을 금고에 쌓아두는 곳이 아니라, 필요한 곳으로 흐르게 하는 통로다. 평소에는 누구도 의식하지 못했지만, 돈의 흐름이 멈출 뻔한 그날, 베드퍼드 폴스의 주민들은 한 가지 진리를 깨닫는다. 돈은 돌고 돌아야 한다는 것.

돈이 흘러 집을 짓고, 가게를 열고, 일자리를 만들 때 공동체의 삶은 이어진다. 돈은 마을 구석구석을 돌며 멈춰 있던 가능성을 현실로 바꾸는 혈액과 같았다. 돈의 유동성이란 이처럼 공동체의 꿈을 실어 나르는 강물이며, 그 흐름이 멈추지 않을 때 마을은 비로소 살아 숨 쉴 수 있었다. 베일리가 지켜낸 것은 은행만이 아니었다. 그것은 마을 사람들의 믿음과 그들 사이를 잇는 보이지 않는 생명줄이었다. 돈은 고여 있을 때가 아니라 흐를 때 가장 돈다워진다.

신뢰라는 이름의 심장 박동

하지만 이 강물은 무엇을 동력으로 삼아 흐르는 것일까? 돈은 스스로 흐르지 않는다. 그 흐름을 만들어내는 보이지 않는 힘, 그것이 바로 신뢰다. 베드퍼드 폴스의 주민들이 평생 모은 논을 기꺼이 금융조합의 강물에 흘려보낼 수 있었던 이유는, 조지 베일리의 정직함과 그의 조합이 가진 공동체적 가치를 믿었기 때문이다. 이 믿음이 있었기에 돈은 개인의 소유물을 넘어 사회 전체를 순환하는 유동성을 얻게 된 것이다.

우리가 은행에 돈을 맡기는 행위 역시, 그 은행이 내가 원할 때 언제든 약속을 지켜 돈을 내어줄 것이라는 믿음에 기반한다. 역사학자 유발 하라리가 돈을 "인류가 만들어낸 가장 보편적이고 효율적인 상호 신뢰 시스템"이라 불렀듯, 돈의 유동성은 결국 신뢰라는 심장이 만들

어내는 힘찬 박동이다.[1]

하지만 이 믿음의 심장은 생각보다 연약한 기반 위에 서 있다. 현대 은행 시스템이 '부분지급준비제도'(fractional reserve banking) 위에 세워져 있기 때문이다. 은행은 법적으로 예금의 일부(지급준비금)를 즉시 인출에 대비해 현금으로 보관하고, 나머지는 다른 사람이나 기업에 대출해 준다. 이 구조 덕분에 은행은 사회에 꼭 필요한 역할을 한다. 바로 우리가 언제든 찾아 쓸 수 있는 단기 예금을 받아, 주택이나 공장 설비처럼 오랜 시간이 필요한 장기 대출로 바꾸어주는 것이다. 이 역할은 경제의 성장을 돕지만, 모든 예금자가 동시에 돈을 인출하려 할 경우 현금이 부족해지는 구조적 한계를 필연적으로 안고 있다.

2022년 노벨 경제학상을 수상한 더글러스 다이아몬드(Douglas Diamond)와 필립 디빅(Philip Dybvig)은 바로 이 메커니즘을 설명했다. 그들이 밝혀낸 바에 따르면, 은행이 아무리 건전하더라도 예금자들이 '은행이 위험하다'고 믿기 시작하면, 그 믿음 자체가 현실이 되어 은행을 무너뜨릴 수 있다. 소문이 공포를 낳고, 그 공포가 결국 은행을 파산시키는 '자기실현적 예언'이 되는 것이다.[2]

베드퍼드 폴스의 뱅크런 사태는, 이처럼 작은 소문 하나가 어떻게 신뢰 시스템 전체를 마비시킬 수 있는지 보여주는 완벽한 예시다. 사람들은 자기 돈이 이웃의 꿈을 위해 흐르고 있다는 사실을 기억하지 못했다. 그들의 머릿속에는 오직 하나의 공포, 즉 '내 돈을 잃을지도 모른다'는 두려움만이 가득했다. 이 집단적 공포가 이성의 목소리를 잠재우고, 사람들을 창구 앞으로 달려가게 만든 것이다. 돈의 흐름을 가능하게 했던 신뢰가 바로 그 돈 때문에 무너져 내리는 역설적인 순간이다.

얼어붙은 강물 위에서

신뢰가 무너지고 돈의 흐름이 멈추는 순간 경제는 혹한의 겨울을 맞는다. 영화 속 조지 베일리가 직면한 위기는 은행의 자산이 부족해서가 아니었다. 그의 은행은 마을 사람들의 주택담보대출이라는 우량한 자산을 충분히 보유하고 있었다. 문제는 그 자산을 당장 현금으로 바꿀 수 없다는 데 있었다. 즉, 지급능력에는 문제가 없었지만 유동성이 고갈된 것이다. 이는 마치 강물이 꽁꽁 얼어붙어, 그 안에 풍부한 물이 있음에도 불구하고 누구도 그 물을 마실 수 없는 상황과 같다. 돈이 가진 유동성이라는 속성은 이처럼 신뢰의 온도에 따라 자유롭게 흐르는 강물이 되기도 하고, 차갑게 얼어붙은 빙하가 되기도 한다.

이러한 비극은 비단 영화 속 이야기가 아니다. 1930년대 초 미국 대공황 시기, 수천 개의 은행이 연쇄적으로 파산하며 미국 경제를 마비시켰던 배경에도 이와 같은 뱅크런 사태가 있었다.[3] 은행 시스템에 대한 신뢰가 붕괴하자, 사람들은 돈을 은행에 맡기는 대신 현금으로 바꾸어 장롱 속에 숨겨두었다. 시중에 돈이 흐르지 않자 기업들은 투자를 멈추고 문을 닫았으며, 이는 대규모 실업과 소비 위축으로 이어지는 악순환을 낳았다. 문제는 붕괴 그 자체가 아니라 그것이 얼마나 빠

아메리칸 유니온 뱅크의 뱅크런
은행에 대한 신뢰가 무너지자, 사람들이 돈을 찾으러 몰려들었다.

르게 전염되는지다.

영국의 경제학자 존 메이너드 케인스는 이러한 현상을 '유동성 선호'라는 개념으로 설명했다. 그는 불확실성이 커질수록 사람들이 미래의 불투명한 수익보다 현재의 확실한 현금을 선호하게 되며, 이로 인해 돈이 시장에서 돌지 않고 개인의 금고에 갇히게 된다고 보았다.[4] 모두가 안전을 위해 현금을 움켜쥐는 합리적 선택이 역설적으로 사회 전체를 유동성 부족이라는 비합리적인 함정에 빠뜨리는 것이다. 베드퍼드 폴스의 주민들이 그리고 대공황 시대의 미국인들이 보여준 집단적 공포는 바로 이 유동성 함정의 입구였다.

다시 뛰는 심장을 위하여

조지 베일리는 절망의 순간, 자신의 신혼여행 자금까지 내놓으며 이웃들의 불안을 잠재우려 애쓴다. 그의 진심 어린 호소와 희생에 사람들은 마침내 이성을 되찾고 꼭 필요한 만큼의 돈만 찾아가기로 합의한다. 마지막 순간, 공동체의 신뢰가 멎어가던 마을의 심장을 다시 뛰게 한 것이다. 이 감동적인 결말은 유동성 위기의 해법이 단순히 돈을 공급하는 기술적인 문제를 넘어, 공동체의 신뢰를 어떻게 회복할 것인지를 묻는 사회적인 과제임을 보여준다. 그의 행동은 단순한 현금 지급이 아니라 강력한 메시지였다.

"여러분의 믿음이 이 은행을 살리고, 저의 믿음이 여러분을 지킵니다. 우리가 서로를 저버리지 않는 한, 이 마을은 결코 무너지지 않습니다."

현대사회는 이러한 비극을 막기 위해 제도적인 안전장치를 마련했다. 은행이 파산하더라도 정부가 예금을 보증하는 '예금자보호제도'나, 위기 시 중앙은행이 금융기관에 긴급 유동성을 공급하는 '최종 대부자' 역할이 바로 그것이다. 이는 마치 마을의 심장이 멎으려 할 때, 외부에서 강력한 전기충격을 가해 심장박동을 되살리는 것과 같다.

하지만 가장 근본적인 해결책은, 모두가 돈의 흐름이 곧 공동체의 생명선임을 이해하고 섣부른 공포에 휩쓸리지 않는 성숙한 신뢰를 쌓아가는 것이다. 베드퍼드 폴스의 그 겨울밤이 우리에게 남긴 것은, 돈의 흐름 뒤에 가려진 신뢰의 무게 그리고 그 신뢰를 지켜내려는 인간의 연대가 얼마나 위대한 가치인지에 대한 깊은 성찰이다.

만질 수 없는 황금의 만찬

베드퍼드 폴스의 이야기는 돈의 흐름이 멈추었을 때의 공포를 보여주었다. 이제 이야기를 조금 다른 각도에서 살펴보자. 세상의 모든 부를 손에 쥐었지만 그 부가 전혀 흐르지 않는다면 어떤 일이 벌어질까? 이 기묘한 질문에 대한 답은 고대 신화 속에 이미 예언처럼 담겨 있다. 부를 향한 인간의 끝없는 욕망이 어떤 비극적 역설을 낳을 수 있는지, 프리기아의 왕 미다스의 이야기는 우리에게 서늘한 통찰을 건넨다.

황금의 저주와 흐르지 않는 부

미다스왕은 신에게서 소원 하나를 이룰 기회를 얻자, 자신의 손에 닿는 모든 것을 황금으로 변하게 해달라고 빌었다. 소원이 이루어진 순간, 그는 환희에 휩싸였다. 장미 넝쿨도, 궁전의 기둥도, 심지어 흐르는 시냇물까지도 그의 손길이 닿는 순간 영원한 광채를 뿜어내는 금으로 변했다. 하지만 이 눈부신 축복은 이내 끔찍한 저주가 되어 돌아왔다. 그가 입에 가져간 빵과 포도주마저 차갑고 단단한 금속으로 변해버려, 그는 산더미 같은 황금 위에서 굶주림과 갈증에 시달려야 했다.[5]

미다스의 비극은 돈이 가진 속성을 이해하는 데 중요한 통찰을 던진다. 바로 '자산'과 '유동성'은 결코 같은 개념이 아니라는 사실이다. 미다스는 세상에서 가장 가치 있는 자산인 황금을 무한정 소유했지만, 그것을 당장 필요한 빵 한 조각, 물 한 모금으로 바꿀 수 없었다. 그의 부는 교환 가능성을 상실한, 즉 유동성이 완전히 마비된 부였다. 이처럼 돈의 유동성이란, 단순히 자산의 가치 총량이 아니라 그 가치를 우리가 필요로 하는 현실의 쓸모로 전환하는 능력이다. 이 능력이 사라질 때 부는 한낱 허상에 불과하다.

가치와 쓸모, 그 아득한 거리

미다스왕이 겪었던 황금의 저주는 현대 금융시장에서도 다른 모습으로 재현된다. 2008년 9월, 158년의 역사를 자랑하던 거대 투자은행 리먼 브라더스는 불과 며칠 만에 파산의 나락으로 내몰렸다. 파산 직전까지 리먼의 장부상 자산 규모는 6,000억 달러가 넘었다. 숫자만 보면 그들은 여전히 월스트리트의 거인이었다. 하지만 그들이 보유한 자산의 대부분은 서브프라임 모기지 사태로 인해 시장에서 아무도 사주지 않는 '독성 자산'으로 변해 있었다.

리먼은 미다스왕처럼 거대한 자산을 손에 쥐고 있었지만, 당장 갚아야 할 단기 부채를 막을 현금이 없었다. 다른 은행들은 리먼의 자산을 담보로 돈을 빌려주기를 거부했고, 시장의 신뢰가 무너지면서 그들의 자산은 교환가치를 상실했다. 결국 리먼은 유동성 부족이라는 치명타

를 이기지 못하고 역사상 최대 규모의 파산을 맞이했다.[6]

이 사건은 기업의 '지급능력'과 '유동성'이 어떻게 다른지를 명확히 보여준다. 지급능력이란 총자산이 총부채보다 많은 상태를 의미하지만, 유동성은 그 자산을 필요할 때 현금으로 바꿀 수 있는 능력을 말한다. 리먼은 장부상으로는 지급능력이 있었을지 몰라도, 유동성이 고갈되면서 현실에서는 파산을 피할 수 없었다.

이러한 '유동성의 착각'은 비단 거대 금융기관만의 문제가 아니다. 우리 주변의 기업들 역시 비슷한 위험에 노출되어 있다. 회계장부상으로는 이익을 내고 있음에도 불구하고, 거래처의 대금 지급이 늦어지거나 갑작스러운 지출이 발생하여 현금 흐름이 막히면 '흑자도산'이라는 비극을 맞을 수 있다. 이는 마치 풍성한 수확을 앞둔 농부가 당장 먹을 양식이 없어 굶주리는 것과 같다. 기업의 재무제표에 찍힌 숫자의 화려함에 취해 그 이면에 흐르는 현금이라는 혈액의 중요성을 간과할 때, 미다스의 저주는 언제든 현실이 될 수 있다.

돈의 유동성이 중요한 이유는, 그것이 '자산'이라는 약속을 '쓸모'라는 현실로 바꾸는 힘이기 때문이다. 우리가 앞서 '부채' 이야기에서 살펴본 안토니오의 곤경은 바로 이 유동성의 부재가 어떤 비극을 낳는지 생생하게 보여준다. 그는 베니스에서 손꼽히는 부유한 상인이었지만, 그의 모든 재산은 머나먼 바다 위를 항해하는 무역선에 실려 있었다.

친구를 위해 당장 현금이 필요해졌을 때, 그는 자신의 거대한 자산을 증명하고도 돈을 빌리지 못해 결국 자신의 살점을 담보로 내걸어야 했다. 설상가상으로 그의 배가 모두 난파되었다는 소식이 전해지자, 그의 유동성 위기는 곧바로 지급불능의 파국으로 이어졌다. 이처럼 아무리 가치 있는 자산이라도 필요한 순간에 제값을 받고 현금으로 바꾸는 교환 과정이 원활하지 않다면 그 가치는 장부 속 숫자에 불과하다.

이것이 바로 유동성이 마른 시장에서 벌어지는 일이다. 모두가 현금을 원하고 자산을 팔려고만 할 때, 자산의 가격은 본래 가치와 상관없이 폭락한다. 돈의 유동성이란 바로 이 교환 과정이 얼마나 원활하게 이루어지는지를 의미한다. 이 흐름이 막힐 때 리먼 브라더스가 가졌던 수천억 달러의 자산은 휴지 조각처럼 여겨졌다. 돈의 유동성은 이처럼 자산의 가치를 지켜주는 마지막 방파제다. 이 방파제가 무너질 때 부의 성은 모래성처럼 허무하게 스러진다.

우물은 마르지 않았다, 다만

유동성 위기와 지급불능은 종종 혼동되지만 그 본질은 다르다. 유동성 위기는 '목은 마르지만 우물에는 물이 있는' 상태에 비유할 수 있다. 당장 현금이 부족할 뿐, 시간을 갖고 자산을 정리하면 부채를 갚을 수 있는 상태다. 반면 지급불능은 '우물 자체가 말라버린' 상황이다. 보유한 모든 자산을 처분해도 빚을 감당할 수 없는 근본적인 재무구조의 문제다.

건실한 기업이라도 거래처의 대금 지급 지연이나 예상치 못한 비용

발생으로 일시적인 유동성 위기를 겪을 수 있다. 이때는 외부에서 단기 자금을 지원받거나, 보유 자산을 일부 매각하여 급한 불을 끌 수 있다. 하지만 지급불능 상태에 빠진 기업은 단순한 자금 수혈만으로는 회생하기 어렵다. 부채를 탕감하거나, 사업 구조를 완전히 바꾸는 근본적인 수술이 필요하다.

2023년의 실리콘밸리은행 사태는 이 두 위기가 어떻게 연결되는지를 잘 보여준다. 처음 실리콘밸리은행이 직면한 것은 뱅크런으로 인한 유동성 위기였다. 하지만 예금 인출 요구에 대응하기 위해 보유하고 있던 장기 채권을 큰 손실을 보며 급하게 매각하는 과정에서, 자산가치가 부채보다 작아지는 지급불능의 위험에 직면하게 되었다.[7] 유동성 위기가 지급불능 위기로 전이된 것이다.

이처럼 돈의 흐름이 막히는 것은 단기적인 문제로 시작될 수 있지만, 신속하고 현명하게 대처하지 못하면 기업이나 금융기관의 존립 자체를 위협하는 근본적인 문제로 번질 수 있다. 따라서 유동성 위기의 신호를 초기에 감지하고, 그것이 더 큰 위기로 번지지 않도록 관리하는 지혜가 필요하다. 이처럼 흐르지 않는 부의 비극을 목격했으니 이제 돈의 흐름이 반대로 넘쳐흐를 때 어떤 풍경이 펼쳐지는지 살펴볼 차례다.

홍수와 가뭄, 그 잔인한 변덕

경제라는 강물은 때로 조용히 흐르지만, 때로는 걷잡을 수 없는 홍수가 되어 제방을 무너뜨리거나, 바닥을 드러내는 가뭄으로 대지를 갈라지게 한다. 돈의 유동성 역시 이와 같다. 너무 넘쳐도, 너무 메말라도 경제는 깊은 상처를 입는다. 2020년대 초, 세계는 이 두 가지 극단의 얼굴을 연이어 목격했다. 팬데믹이 불러온 전례 없는 '유동성 홍수'와 그 뒤를 이은 급격한 긴축이 초래한 '유동성 가뭄'의 공포가 그것이다. 이 상반된 풍경은 돈의 흐름이라는 속성이 얼마나 미묘한 균형 위에 서 있는지를 우리에게 보여준다.

넘쳐흐르는 강, 자산 거품의 시대

2020년, 코로나19 팬데믹이라는 미증유의 위기가 닥치자 각국 정부와 중앙은행은 경제의 완전한 붕괴를 막기 위해 역사상 유례없는 규모의 돈을 시장에 쏟아냈다. 미국 연방준비제도는 기준금리를 제로 수준으로 낮추고, 무제한 양적완화를 통해 수조 달러의 유동성을 공급했다. 정부 역시 막대한 재정 지출로 가계에 직접 현금을 지원하고 기업을 도왔다. 그 결과, 2020년 한 해에만 미국의 총통화량은 25퍼센트 가까이 급증하며 역사상 가장 빠른 증가세를 보였다.[8]

이 '유동성 홍수'는 꺼져가던 경제의 불씨를 되살리는 긍정적인 역할을 했다. 돈이 넘쳐나자 마땅한 투자처를 찾지 못한 자금은 주식과 부동산, 심지어 암호화폐 같은 위험자산으로 흘러 들어갔다. 주식시장은 팬데믹 초기 폭락 이후 V자 반등을 그리며 사상 최고치를 경신했고, '밈(meme) 주식' 열풍 속에서 일부 개인 투자자는 하룻밤 사이에 백만장자가 되기도 했다.

하지만 이 풍요의 이면에는 어두운 그림자가 드리워져 있었다. 실물경제의 가치와 괴리된 자산 가격의 거품이 그것이다. 미국의 주택 가격은 2020년부터 2년 남짓한 기간 동안 40퍼센트 이상 급등하며 많은 이들에게 '내 집 마련'의 꿈을 앗아가는 동시에 자산 불평등을 심화시켰다.[9]

시간을 잡아먹는 유령의 귀환

넘쳐흐르는 강물은 결국 제방을 무너뜨린다. 과잉 유동성이 불러온 파티는 오래가지 못했다. 2021년 하반기부터 세계경제는 수십 년간 잊고 지냈던 '인플레이션'이라는 유령과 다시 마주해야 했다. 팬데믹 기간 동안 풀린 막대한 돈이 시차를 두고 소비자 물가를 밀어 올리기 시작한 것이다. 여기에 공급망 교란과 에너지 가격 급등이 겹치면서 물가 상승세는 걷잡을 수 없이 번져나갔다.

미국의 소비자물가상승률은 2022년 중반 9퍼센트를 넘어서며 40년만의 최고치를 기록했고, 유럽 역시 비슷한 상황에 처했다. 밀턴 프리드먼이 "인플레이션은 언제 어디서나 화폐적 현상"이라고 말했듯, 통화량의 급격한 팽창은 결국 화폐가치의 하락, 즉 물가 상승으로 이어질 수밖에 없었다.[10] 돈이 가진 '가치 저장'이라는 기억 기능이 급격히 훼손되기 시작한 것이다.

처음에 일시적 현상일 것이라던 중앙은행의 진단은 빗나갔다. 한번 고개를 든 인플레이션은 사람들의 기대 심리를 자극하며 스스로를 강화했다. 앞으로 물가가 더 오를 것이라 예상한 사람들은 임금 인상을 요구하고, 기업은 비용 상승을 이유로 상품 가격을 올렸다. 이러한 '기대 인플레이션'의 고착화는 중앙은행에게 가장 어려운 숙제였다. 이 악순환의 고리를 끊기 위해, 중앙은행들은 결국 급격한 방향 전환을 선택할 수밖에 없었다. 유동성 파티의 흥겨운 음악이 멈추고, 차가운 긴축의 시간이 다가오고 있었다.

사막으로 변한 계곡

유동성의 홍수가 썰물처럼 빠져나갈 때, 가장 먼저 바닥을 드러내는 것은 가장 얕은 곳에 있던 조약돌이다. 2023년 3월, 미국 실리콘밸리은행의 갑작스러운 파산은 이 진실을 냉혹하게 보여주었다. 실리콘밸리은행은 기술 스타트업들의 예금을 기반으로 급성장했지만, 팬데믹 기간 동안 넘쳐나는 유동성을 금리 상승에 취약한 장기 국채에 대거 투자하는 실수를 저질렀다.

2022년부터 시작된 연준의 가파른 금리 인상은, 실리콘밸리은행이 보유한 채권의 가치를 급락시켰다. 동시에 기술 기업들은 자금 조달이 어려워지자 은행에 맡겨두었던 예금을 찾아 쓰기 시작했다. 예금은 빠져나가고 자산 가치는 떨어지는 이중고 속에서, 실리콘밸리은행은 유동성 위기에 직면했다.

2023년 3월 8일, 은행이 자본 확충 계획을 발표하자 시장의 불안은 패닉으로 번졌다. 특히 예금의 대부분이 예금자보호 한도를 넘는 기업 고객들이었고, 이들은 트위터와 같은 SNS를 통해 순식간에 정보를 공유하며 디지털 뱅크런을 감행했다. 불과 48시간 만에 420억 달러라는 천문학적인 예금이 인출되었고, 한때 혁신의 상징이었던 은행은 지급 불능 상태에 빠져 문을 닫았다.[11]

이 사건은 현대 금융 시스템에서 유동성 위기가 얼마나 빠른 속도로 발생하고 전파될 수 있는지를 보여주었다. 돈의 흐름을 지탱하던 신뢰가 무너지는 순간, 유동성은 마치 사막의 신기루처럼 흔적도 없이 사라질 수 있음을 실리콘밸리의 침묵은 우리에게 각인시켰다. 돈의 흐름이 가진 이 두 얼굴, 즉 넘쳐흐를 때의 환희와 메마를 때의 공포 사이에서, 우리는 유동성이라는 돈의 속성이 가진 진정한 무게를 깨닫게 된다.

탐욕과 공포의 왈츠

돈의 흐름이 멈추는 공포와 넘쳐흐르는 환희, 이 두 극단의 풍경을 목격한 우리는 이제 한 가지 근본적인 질문과 마주한다. 왜 돈의 강물은 이토록 변덕스럽게 흐르는가? 그 이유는 돈의 흐름이 단순히 물리적인 양의 문제가 아니라, 인간의 집단 심리가 빚어내는 주기적인 리

듬, 즉 '신용 사이클'을 따르기 때문이다.

경제는 기계처럼 정해진 규칙으로만 움직이지 않는다. 경제는 희망과 두려움, 탐욕과 공포 사이를 오가는 인간의 마음을 동력으로 삼는 거대한 유기체 같다. 돈의 유동성은 바로 이 유기체의 심장박동이며, 그 박동의 세기와 속도가 경제의 계절을 결정한다.

거인의 숨결, 신용의 파동

경제학자들은 오래전부터 돈의 흐름이 일정한 주기를 그리며 확장과 수축을 반복한다는 사실에 주목해왔다. 투자가 레이 달리오(Ray Dalio)는 이 거대한 흐름을 단기와 장기라는 두 개의 겹쳐진 파동으로 설명하며 우리에게 명쾌한 그림을 제시한다.[12] 우리가 흔히 '경기 변동'이라 부르는 짧은 주기의 파동은 이렇다. 경제가 성장하고 소득이 늘면 사람들은 미래를 낙관하며 빚을 내어 소비와 투자를 늘린다.

문제는 이 빚이 공장을 짓거나 새로운 기술을 개발하는 생산적인 투자를 넘어, 오직 가격 상승만을 기대하는 자산 매입으로 쏠릴 때 발생한다. 은행 역시 대출을 확대하며 이 흐름에 불을 붙인다. 이렇게 신용이 팽창하며 경제가 과열되면, 중앙은행은 인플레이션을 막기 위해 금리를 인상하여 돈의 흐름을 조인다. 금리가 오르면 빚 상환 부담이 커지고, 사람들은 지출을 줄이며 경제는 서서히 수축 국면으로 접어든다. 이후 경기가 충분히 냉각되면 중앙은행은 다시 금리를 내려 경제에 활력을 불어넣는다.

하지만 이 작은 파도들은 시간이 흐르면서 하나의 거대한 물결을 만들어낸다. 단기 사이클이 반복되는 동안, 경제 전체의 부채는 조금씩, 하지만 꾸준히 쌓여간다. 사람들은 호황기의 기억에 기대어 이전보다 더 많은 빚을 내는 것에 익숙해지고, 그 빚은 다시 자산 시장으로 흘러 들어가 가격을 밀어 올린다. 이렇게 부채로 쌓아 올린 자산 가격은 장기적으로 우상향하는 것처럼 보이지만, 그 기반은 점점 더 위태로워진다.

이 과정이 수십 년간 누적되면, 경제는 더 이상 금리 조정만으로는 해결할 수 없는 거대한 부채의 산과 마주하게 된다. 이것이 바로 장기 부채 사이클의 정점이다. 1930년대 대공황이나 2008년 글로벌 금융위기는 이 장기 사이클의 거대한 파도가 부서지며 발생한 사건들이었다. 결국 돈의 유동성은 짧은 호흡의 잔물결과 긴 호흡의 거대한 파도가 겹쳐지며 그 흐름을 결정하는 것이다.

가장 높은 탑은 바람에 무너진다

그렇다면 이 사이클은 왜 정점에서 그토록 갑작스럽고 파괴적으로 무너지는 것일까? 우리는 이미 앞선 이야기들에서 그 단서들을 찾아보았다. 은행 시스템은 본질적으로 신뢰가 무너지는 순간 뱅크런에 취약한 구조고, 시장은 종종 '비이성적 과열'에 휩싸여 자산 가격에 거대한 거품을 만들어낸다. 이 두 가지 불안정한 조건 위에서, 부채의 질은 서서히 악화된다.

오랜 호황기는 사람들의 경계심을 무너뜨린다. '이번에는 다르다'는 위험한 낙관론이 시장을 지배하고,[13] 투자자들은 더 큰 수익을 위해 점점 더 많은 빚을 낸다. 이 과정에서 부채의 질적 하락이 나타난다. 처음에는 이자와 원금을 감당할 수 있는 건전한 대출이 주를 이루지만, 점차 원금 상환은 뒤로 미루고 이자만 갚는 투기적 대출이 늘어난다. 마침내 거품이 절정에 이르면, 이자조차 새로운 빚으로 막아야 하는 '폰지 금융'이 만연하게 된다. 이렇게 시스템 전체가 부실한 빚의 탑 위에 서 있을 때, 금리 인상과 같은 작은 충격만으로도 모든 것이 무너져내리는 '민스키 모멘트'가 찾아온다.

이 순간 시장의 이야기는 백팔십도 뒤바뀐다. 낙관은 비관으로, 탐욕은 공포로 돌변한다. 사람들은 자신의 자산이 사실은 부실한 빚더미 위에 서 있었다는 사실을 깨닫고 앞다투어 자산을 팔아 현금을 확보하려 한다. 하지만 모두가 팔려고만 할 뿐 아무도 사려 하지 않는 시장에서 거래는 실종된다. 바로 이 지점에서 뱅크런의 공포가 시스템 전체로 확산한다. 은행 시스템의 구조적 취약성과 시장의 심리적 공황이 맞물리면서, 시장의 유동성은 순식간에 증발해버린다. 어제의 뜨거웠던 환희가 오늘의 차가운 공포로 돌변하는 것은 한순간이다.

이번에는 다르다는 망각의 노래

결국 신용 사이클의 이면에는 인간의 가장 원초적인 두 가지 감정, '탐욕'과 '공포'가 자리 잡고 있다. 사람들은 이성을 잃고 투매에 동참하며 어제까지 믿었던 자산의 가치를 하루아침에 부정한다. 이러한 집단 심리의 진폭은 돈의 유동성이 왜 그토록 변덕스러운지를 설명해 준다.

투자의 대가 워런 버핏이 "남들이 탐욕을 부릴 때 두려워하고, 남들이 두려워할 때 탐욕을 부려라"라고 말한 것은, 바로 이 집단 심리의 파도에 휩쓸리지 말고 역으로 이용하라는 지혜의 발현이다. 하지만 대부분의 사람은 이 파도에 저항하기 어렵다. 특히 과거의 고통스러운 기억이 희미해질수록 탐욕의 유혹은 더욱 강해진다.

경제사학자 존 케네스 갤브레이스(John Kenneth Galbraith)는 "금융 세계에서 기억은 놀라울 정도로 짧다"고 지적했다.[14] 한 세대가 겪은 뼈아픈 위기의 교훈도 시간이 지나면 낡은 이야기로 치부되고, 새로운 세대는 같은 실수를 되풀이한다. 돈의 유동성이 그리는 거대한 사이클은 이처럼 인간의 탐욕과 공포 그리고 망각이라는 세 가지 요소가 빚어내는 영원한 드라마 같다. 그 드라마의 다음 장이 언제, 어떤 모습으로 펼쳐질지 예측하는 것은 누구에게나 어려운 과제로 남아 있다.

잠들지 않는 강, 그대의 돛은 어디로

우리의 여정은 멈춰버린 심장에서 시작하여, 황금의 저주와 홍수 그리고 가뭄을 거쳐 마침내 돈의 심장박동이 만들어내는 거대한 사이클에 이르렀다. 이 모든 이야기는 돈의 유동성이란 단지 마르거나 넘치는 물의 양이 아니라 신뢰와 공포, 기술과 제도가 빚어내는 잠들지 않는 강물임을 보여준다.

영화 「흐르는 강물처럼」은 모든 것이 하나의 흐름으로 연결된 세계를 보여준다. 그 흐름 안에서는 선한 것과 악한 것, 인간의 선택과 우연한 사건이 구분 없이 함께 흘러간다. 돈의 유동성 역시 마찬가지다. 유동성은 특정한 방향이나 가치판단을 담기보다는, 사회 안의 가능성과 위험을 모두 실어 나르며 하나의 흐름으로 작동한다. 그렇다면 이 거대하고 잠들지 않는 강물 위에서, 그 깊은 속삭임을 들으며 살아가는 우리는 어떤 항해사가 되어야 하는가?

바위 아래 감춰진 이야기

유동성의 강물 앞에서 개인은 무력함을 느낄 수 있다. 하지만 항해의 지혜는 강물의 흐름을 멈추는 것이 아니라, 그 흐름을 읽고 자신의 돛을 조종하는 능력에서 나온다. 돈의 유동성이 가진 속성을 이해하는 것은, 이 불확실한 시대를 항해하기 위한 필수적인 나침반이 된다.

유동성이 신뢰에 기반한다는 사실을 아는 사람은 맹목적인 투기 열풍에 휩쓸리기보다 시스템의 안정성을 먼저 살필 것이다. 자산과 유동성이 다르다는 것을 이해하는 사람은 눈에 보이는 부의 크기에 현혹되지 않고 실제 현금 흐름의 중요성을 간과하지 않는다.

유동성의 흐름이 주기적인 사이클을 그린다는 것을 아는 사람은 호황의 정점에서 탐욕을 경계하고 불황의 바닥에서 기회를 엿볼 줄 안다. 이는 단순히 더 많은 돈을 벌기 위한 기술이 아니다. 그것은 거대한 파도 앞에서 자신의 작은 돛단배가 전복되지 않도록 지키고, 나아가 원하는 목적지를 향해 나아가기 위한 생존의 기술이다. 돈의 흐름에 대한 이해는 우리에게 변화에 대한 통찰력과 위험에 대한 겸손함을 동시에 가르쳐준다.

낮은 곳으로 흐르는 물

유동성의 역할과 위험을 모두 경험한 지금, 우리는 이상적인 흐름의 방향에 대해 성찰하게 된다. 동양의 오래된 지혜에서는 "최고의 선(善)은 물과 같다"고 했다. 물은 만물을 이롭게 하면서도 자신을 내세우지 않고, 사람들이 꺼리는 낮은 곳으로 기꺼이 흐른다. 유동성의 흐름도 그러해야 하지 않을까. 이상적인 유동성의 순환이란 경제 구성원 모두에게 골고루 혜택을 주면서도 스스로는 겸손하게 배역을 다하는 것이다.

자금이 가장 필요한 낮은 곳, 취약한 곳까지 스며들 때 비로소 유동성은 본연의 가치를 발휘한다. 그것이 중소기업이든, 혁신에 목마른 스타트업이든, 새로운 아이디어를 가진 예술가이든, 자금의 물줄기가 낮은 곳까지 흘러들어 그들을 일으켜 세울 때 경제는 튼튼한 밑바탕 위에 다음 단계로 도약할 수 있다.

물은 자신의 형상을 주장하지 않지만 그 어디든 스며들어 생명을 키운다. 마찬가지로 유연하고 겸허한 유동성은 경제 시스템의 빈틈을 채우며 지속적인 성장을 뒷받침할 것이다. 정책 입안자들에게 이는 곧 물의 지혜를 경제에 구현하는 일이라 할 수 있다. 유동성 공급을 늘릴 때에는 그 물줄기가 과열된 자산 시장이나 특정 거대 기업에만 고이지 않고, 각 경제 주체에게 고르게 퍼져나가도록 하는 지혜가 필요하다.

또한 완만하고 꾸준한 흐름이 중요하다. 물이 한꺼번에 쏟아지면 홍수가 나듯, 자금이 급격히 풀리면 버블과 붕괴를 낳을 위험이 있다. 이상적인 흐름은 절제와 균형 속에 지속적으로 흘러가는 유동성이다. 그런 환경 아래에서 기업과 개인은 안심하고 창의적 시도와 생산적인 노력을 지속할 수 있으며, 경제는 안정된 토양 위에서 다음 단계로의 성장을 준비할 수 있을 것이다.

유동성의 순기능과 역기능을 모두 겪은 이후, 우리는 새로운 균형 감각을 얻었다. 마치 거센 파도가 지나간 후 잔잔해진 바다를 바라보는 선장의 심정과도 같다. 이제는 물결의 방향과 속도를 가늠하며 먼 항해를 준비해야 할 때다. 경제라는 거대한 흐름을 어떻게 이끌지에 따라 다음 단계의 모습이 달라질 것이다. 유동성이 상선약수(上善若水)의 지혜를 품고 올바른 방향으로 흘러간다면, 우리는 위기에서 얻은 교훈을 바탕으로 더욱 포용적이고 지속 가능한 성장을 이룰 수 있을 것이다.

반대로 흐름의 속도와 방향을 잘못 조절한다면, 언제든 또 다른 소용돌이가 밀려올 수 있음을 명심해야 한다. 유동성은 물과 같아서, 그 흐름을 제어하고 활용하는 지혜 여하에 따라 경제는 다음 단계로 유연하게 나아갈 수도, 혹은 발목을 잡힐 수도 있다. 이제 인류는 그 선택의 기로에 서 있다. 눈앞에 다가온 미지의 바다를 향해 나아가기 위해, 우리는 현명한 항해술과 물을 닮은 겸허함으로 키를 잡아야 할 것이다. 경제의 강은 여전히 흐르고 있고, 그 물결은 다음 세대를 향해 쉼없이 나아간다.

Part 4

돈과 함께 살기
차가운 숫자에 온기를

"숫자의 끝에는 항상 사람이 서 있다.
고단한 노동의 의미를 찾고
가족을 지키며, 진정한 행복을 누리기 위해
돈은 어떤 자리에 있어야 하는가."

10 돈과 일
벌이인가 놀이인가

◀ 미국 우정청(United States Postal Service), 『톰 소여의 모험』 우표, 1972.

"노동이야말로 모든 상품의 가치를
평가하는 실질적인 척도다."
- 애덤 스미스, 『국부론』

강가의 소년과 거리의 남자가 그린 돈의 얼굴

어느 토요일 아침, 미주리주의 작은 마을은 나른한 햇살 아래 잠겨 있었다. 미시시피강에서 불어온 바람이 미루나무 잎사귀를 간질이는 동안, 한 소년은 끝이 보이지 않는 하얀 울타리 앞에서 길게 한숨을 내쉬었다. 그의 손에는 페인트 통과 붓이 들려 있었고, 눈앞의 울타리는 그가 넘어야 할 거대한 의무의 벽처럼 보였다. 자유로운 주말을 통째로 반납해야 하는 이 고역의 시간. 톰 소여에게 '일'은 빼앗긴 자유의 다른 이름이었지만, 그의 머릿속에서는 이내 고역을 놀이로, 의무를 특권으로 바꾸는 유쾌한 상상력이 꽃을 피울 참이었다.

그 시간, 지구 반대편 샌프란시스코의 차가운 밤공기 속에서는 또다른 풍경이 펼쳐지고 있었다. 정장을 입은 한 남자는 어린 아들의 손을 꼭 잡은 채, 잠들 곳을 찾아 도시의 거리를 헤매고 있었다. 그의 어깨를 짓누르는 것은 팔리지 않은 무거운 의료기기만이 아니었다. 오늘 밤 아들을 재울 안전한 공간을 찾지 못했다는 절망감과 내일 아침을 어떻게 맞이해야 할지에 대한 막막함이었다. 지하철역의 차가운 화장실 바닥에 신문지를 깔고 아들을 재우는 크리스 가드너에게 '일'은 잃어버린 존엄을 되찾을 유일한 희망이었다.

나른한 권태와 절박한 분주함. 너무나도 다른 이 두 풍경은 우리를 돈의 가장 근원적인 질문 앞으로 데려간다. 돈은 어디에서 태어나는가. 그것은 크리스 가드너의 땀방울이 적신 아스팔트 위에서만 자라는 고통스러운 열매인가, 아니면 톰 소여의 머릿속에서 피어나는 유쾌한 상상력의 꽃인가. 한 소년의 기지와 한 남자의 눈물, 그 상반된 여정은 앞으로 우리가 탐험할 돈의 가장 본질적인 두 얼굴, 즉 '생존을 위한 현실적 계약'과 '욕망이 빚어낸 심리적 연금술'을 향한 여정의 초대장이다.

땀방울의 값, 생존의 계약

돈의 기원을 찾아 거슬러 올라가면, 그 가장 깊은 곳에는 언제나 인간의 노동이 자리하고 있다. 애덤 스미스는 『국부론』에서 "노동이야말로 모든 상품의 가치를 평가하는 실질적인 척도"라고 단언했다. 그에게 돈이란, 우리가 어떤 물건을 얻기 위해 치러야 하는 '수고와 고생'을 대신하는 증표였다.[1] 금이나 은이 화폐로 사용되기 훨씬 이전부터, 인류는 자신의 땀과 시간을 들여 생존에 필요한 가치를 창조해왔다.

영화「행복을 찾아서」(The Pursuit of Happyness)의 주인공 크리스 가드너의 하루는, 돈이 태어나는 과정을 가장 정직하고도 처절하게 보여주는 무대다. 그의 손에 들린 무거운 의료기기는 단순한 상품이 아니다. 그것은 아들의 저녁 식사이자, 하룻밤의 잠자리를 약속하는 유일한 희망이다. 그는 잠재 고객을 찾아 수없이 문을 두드리고 거절당하며, 자신의 노동시간을 돈과 맞바꾸기 위해 사투를 벌인다. 그의 노동은 시장에서 '돈'이라는 구체적인 교환가치로 환산되어야만 비로소 의미를 갖는다.

여기서 돈은 그의 노동력이 사회적으로 유용했음을 증명하는 '대가'이자, 내일의 생존을 보장하는 '약속'의 역할을 한다. 돈이 없다면 그는 당장 내일의 식사를 걱정해야 하고, 아들에게 안전한 잠자리를 제공할 수 없다. 그에게 돈은 삶과 죽음을 가르는 현실적인 힘이며, 그의 노동은 그 힘을 얻기 위한 유일한 수단이다.

이처럼 절박한 상황에서 돈은 추상적인 가치척도가 아니라 생명을 유지하는 구체적인 에너지원이다. 스미스가 말한 '수고와 고생'은 가드너의 삶에서 땀과 눈물 그리고 거절당하는 모멸감의 무게로 나타난다. 그가 치르는 노동의 진짜 가격은 바로 이것들이다. 그리고 그 모든 것을 견뎌낸 대가로 주어지는 돈은, 그에게 내일 아침 다시 일어설 수 있다는 최소한의 희망을 약속한다. 이것이 바로 돈이 가진 가장 원초적인 속성, 즉 생존을 위한 계약으로서의 얼굴이다.

하지만 돈이 약속하는 희망 뒤에는 언제나 불안의 그림자가 따른다. 크리스 가드너의 손에 쥔 돈은 적고, 그가 맺은 생존 계약은 위태롭다. 단 한 번의 거래 실패, 팔리지 않는 의료기기, 예기치 못한 지출은 그의 희망을 순식간에 절망으로 바꿀 수 있다. 그가 맺은 '내일의 빵을 위한 오늘의 계약'은 매일 아침 새롭게 갱신되어야 하는 너무나도 연약한 약속이기 때문이다.

이러한 불안정성은 그의 노동의 가치가 시장의 냉혹한 현실 앞에서 얼마나 쉽게 평가절하될 수 있는지를 보여준다. 그의 노동이 정당한 대가를 받지 못하거나 그가 가진 돈의 구매력이 하락한다면, 생존 계약은 파기되고 그는 다시 거리로 내몰린다. 결국 돈은 생존을 위한 약속인 동시에, 그 약속이 언제든 깨질 수 있다는 위험을 내포한 양날의 검이다.

이야기의 값, 욕망의 연금술

크리스 가드너의 이야기는 우리에게 돈의 절박한 얼굴을 보여준다. 노동을 통해 돈을 벌고 그 돈으로 생존을 계약하는 이 과정은 낭만적이지 않다. 그것은 매 순간 흔들리는 외줄 위에서 균형을 잡으려는 한 인간의 고독한 분투다. 그렇다면 돈은 언제나 이처럼 고통스러운 노동의 대가로만 주어지는 것일까? 혹시 전혀 다른 방식으로 가치를 창조하고 돈을 얻는 길은 없을까? 이 질문에 대한 유쾌하고도 도발적인 대답을 우리는 미시시피강 가의 한 소년에게서 발견한다.

톰 소여가 시무룩한 표정으로 울타리 앞에 섰을 때, 그가 준비한 것
은 페인트 통과 붓뿐만이 아니었다. 그의 머릿속에는 이 지루한 의무
를 어떻게 하면 즐거운 놀이로 바꿀 수 있을지에 대한 기발한 상상력
이 넘실대고 있었다. 잠시 후, 친구 벤 로저스가 사과를 베어 물며 나타
나 그를 놀려대기 시작한다.

"일하느라 고생이 많구나, 톰!"

바로 그 순간, 톰은 마치 위대한 예술가처럼 붓을 들어 울타리에 획
을 긋고는, 무심한 척 대답한다.

"일이라고? 글쎄, 이런 기회가 어디 흔한 줄 아니?"

톰 소여의 이야기는 돈의 가치가 어떻게 이야기의 힘으로 창조될 수
있는지를 보여준다. 노벨 경제학상 수상자인 로버트 실러가 '서사 경
제학'(Narrative Economics)이라 명명했듯, 때로는 강력한 이야기가 입
소문을 타고 퍼져나가며 실제 경제적 가치를 만들어내기도 한다.[2] 돈
의 가치는 그 대상의 물리적 실체나 투입된 노동의 양에만 있는 것이
아니다. 오히려 그것을 둘러싼 '이야기'와 '인식' 그리고 '사회적 합의'
를 통해 창조되는 경우가 많다. 톰은 페인트칠이라는 행위 자체를 바
꾼 것이 아니라, 그 행위를 하는 '의미'를 바꾸었다. 그는 '벌'이라는 부
정적인 이야기를 '특권'이라는 긍정적인 이야기로 전환시켰고, 그 순
간 가치는 무(無)에서 유(有)로 창조되었다.

톰 소여가 그랬듯, 가치를 창조하는 일의 본질은 종종 물리적인 노
동을 넘어 그 노동에 어떤 의미와 서사를 부여하는가에 달려 있다.『해

리 포터』시리즈를 집필한 조앤 롤링(J.K. Rowling)의 일을 생각해보자. 그녀는 오직 상상력이라는 무형의 자산과 집요한 글쓰기라는 노동을 통해, 현실에 존재하지 않던 마법 세계를 창조했다. 그녀의 '일'은 무(無)에서 시작된 이야기를 통해 수억 명의 마음속에 공유될 수 있는 거대한 서사를 빚어내는 과정이었고, 이는 책과 영화를 통해 막대한 경제적 가치로 전환되었다.

반면, 최고의 레스토랑에서 일하는 요리사의 일은 이미 존재하는 가치를 극대화하는 과정을 보여준다. 평범한 식재료(有)는 요리사의 숙련된 노동과 창의성이 더해질 때 비로소 하나의 예술 작품으로 재탄생하며 기존의 가치를 비약적으로 증폭시킨다. 톰 소여가 페인트칠의 '경험'을 팔았듯 작가는 상상의 '세계'를, 요리사는 미식의 '경험'을 판다. 이처럼 돈의 가치는 종종 객관적인 노동의 양을 넘어, 그 일이 품고 있는 주관적인 서사와 사회적 의미를 먹고 자란다.

의무와 특권의 경계에서

마크 트웨인(Mark Twain)은 톰 소여의 일화를 통해 '일'과 '놀이'의 본질을 꿰뚫는 통찰을 남겼다. 그는 "일이란 어쩔 수 없이 해야만 하는 것이고, 놀이란 의무적으로 하지 않아도 되는 것이다"라고 정의했다. 톰은 바로 이 심리적 경계를 역이용했다. 그는 페인트칠이라는 명백한 '의무'를 아무나 할 수 없는 '특별한 권리'이자 '재미있는 놀이'로 둔갑시켰다. 그의 능청스러운 연기는 친구들의 마음속에 호기심을 불러일으켰고, 지루한 벌칙은 어느새 모두가 참여하고 싶어 하는 선망의 대상이 되었다.

이 유쾌한 기지는 돈의 가치가 어떻게 창조되는지에 대한 중요한 비밀을 우리에게 알려준다. 오스트리아학파의 경제학자 카를 멩거(Carl Menger)는 일찍이 상품의 가치가 투입된 노동량 같은 객관적 요소가 아니라, 그것을 소비하는 개인이 느끼는 주관적 중요성에 의해 결정된다고 주장했다. 그에게 가치는 물건 자체에 내재된 것이 아니었다. 그것은 인간의 마음속 판단에서 비롯되는 것이었다.[3] 톰의 친구들에게 페인트칠의 가치는 톰이 만들어낸 '재미있을 것 같다'는 주관적 기대감에서 생겨났다.

사회학자 비비아나 젤리저의 시선으로 보면, 톰이 한 것은 노동의 본질을 바꾼 것이 아니라, 노동을 둘러싼 '이야기'와 '사회적 의미'를 바꾼 것이다. 그녀는 돈이 중립적 도구로서 단일한 가치를 지니지 않고 사회적 맥락과 관계 속에서 다양한 의미를 부여받는다고 주장했다.[4] 톰 소여는 페인트칠이라는 노동에 '즐거움'과 '특권'이라는 새로운 사회적 의미를 부여함으로써, 무가치했던 행위를 가치 있는 경험으로 탈바꿈시켰다.

이 두 이야기는 '일의 가치'가 고정된 것이 아니고, 그것이 돈으로 환산되는 방식이 사회적 맥락과 개인의 심리에 따라 극적으로 달라질 수 있음을 보여준다. 크리스 가드너의 세계에서 일의 가치는 생존과 직결된 객관적 노동의 양으로 측정된다. 하지만 톰 소여의 세계에서 일의 가치는 주관적 인식과 이야기의 힘을 통해 창조된다. 하나는 현실의 무게를, 다른 하나는 상상의 힘을 보여준다. 그리고 우리 대부분의 '일'과 '돈'은 이 두 세계의 경계 어딘가에 위태롭게 서 있다.

보이지 않는 것을 파는 법

만약 한 사람의 일이 창출하는 가치가 투입된 땀의 양으로만 정직하게 측정된다면, 톰 소여는 친구들이 내놓은 그 어떤 대가도 받지 못했어야 했다. 그는 울타리에 페인트 한 방울 제대로 칠하지 않고도 주머니 가득한 전리품을 손에 넣었기 때문이다. 그의 이야기는 '일의 가치'가 어떻게 물리적 실체를 넘어 '인식'과 '이야기'를 통해 창출될 수 있는지를 보여주는 흥미로운 사례다. 이 창의적인 가치 창출의 비밀을 파헤치기 위해, 우리는 다시 한번 미시시피강 가의 그 울타리 앞으로 돌아가야 한다.

일의 의미를 파는 소년

톰 소여의 울타리 앞은 일의 가치가 어떻게 재창조되는지를 보여주는 완벽한 무대였다. 첫째, 그는 '의무'를 '특권'으로 재정의했다. 친구 벤 로저스가 "일하느라 고생이 많다"며 조롱했을 때, 톰은 마치 예술가가 신성한 작품 활동을 방해받은 듯한 표정으로 답한다.

"이런 기회가 매일 오는 게 아니야."

이 한마디는 페인트칠이라는 지루한 노동을 아무나 할 수 없는 특별한 경험으로 바꾸는 마법의 주문이었다. 그는 이 '일'에 '희소성'이라는 가치를 부여했다. 아무리 친구들이 애원해도, 그는 "이모가 아무에게나 맡기지 말라고 신신당부했다"며 쉽게 붓을 내어주지 않는다.

둘째, 그는 친구들의 '욕망'에 불을 붙였다. 톰의 능청스러운 연기에 속아 넘어간 친구들은, 이제 페인트칠을 하지 못해 안달이 난다. 지루함의 상징이었던 울타리는 이제 선망의 대상이 되었고, 그들은 그 '특권'을 얻기 위해 기꺼이 대가를 지불하려 한다. 톰은 바로 이 순간, 친구들의 욕망을 정확히 꿰뚫어 보고 거래를 시작한다. 그는 자신의 노동력을 판 것이 아니라, '특별한 경험에 참여할 권리'를 판 것이다. 이것이 바로 톰 소여가 보여준, 보이지 않는 가치를 파는 기술의 핵심이다.

이러한 톰의 전략은 '일'의 가치가 어떻게 이야기와 결합하는지를 보여준다. 가령, 한 명의 목수가 정성껏 나무를 깎아 의자를 만드는 '일'을 생각해보자. 그의 일이 단지 '의자를 조립하는 노동'으로만 인식된다면 그 가치는 제한적일 것이다. 하지만 그가 자신의 일에 '수백 년 된 나무의 숨결을 되살리는 장인의 작업'이라는 서사를 부여하고, 그 과정을 사람들과 공유한다면 어떨까. 사람들은 그의 '일' 자체에 매료되고, 그 결과물인 의자에 더 높은 가치를 기꺼이 지불하게 될 것이다. 톰 소여가 페인트칠이라는 일의 의미를 팔았듯, 장인은 자신의 노동과정에 담긴 철학을 파는 셈이다.

마음을 움직이는 노동의 가치

앞서 살펴보았듯, 일의 가치는 종종 우리의 이성적인 계산이 아닌 감성적인 마음의 저울 위에서 매겨진다. 톰의 친구들에게 페인트칠이라는 '일'의 가치는 그 행위 자체가 주는 물리적 결과물이 아니었다. 그것은 톰이 만들어낸 '재미있을 것 같다'는 기대감, 그리고 '나도 저 특별한 일에 참여하고 싶다'는 강렬한 욕망에서 비롯되었다. 그들의 마음속 저울은 자신들이 가진 사과나 구슬 같은 소소한 재산보다 페인트칠이라는 노동의 가치를 더 무겁게 측정한 것이다.

이러한 현상은 우리가 이미 확인한 비비아나 젤리저의 통찰과도 맞닿아 있다. 돈이 사회적 관계 속에서 다양한 의미를 부여받듯,[5] '일'의 가치 역시 고정된 것이 아니다. 톰 소여가 한 일은 바로 페인트칠이라는 노동에 '즐거움'과 '특권'이라는 새로운 사회적 의미를 입힌 것이다. 그는 노동의 본질을 바꾼 것이 아니라, 노동을 둘러싼 이야기를 바꿈으로써 무가치했던 행위를 가치 있는 경험으로 탈바꿈시켰다.

현대판 톰 소여

톰 소여의 기지는 150년 전 미시시피강 가에만 머물러 있지 않다. 이 순간에도 수많은 이가 자신의 '일'에 새로운 의미를 부여하며 그 가치를 재창조하고 있다. 한때 개인의 취미나 일상 기록에 머물렀던 영상 제작은, 유튜브 같은 플랫폼을 통해 '자신만의 콘텐츠로 세상과 소통하고 수익을 창출하는 창의적인 일'이라는 새로운 서사를 얻었다.

자신의 방을 빌려주는 일은 에어비앤비를 통해 '전 세계 여행자와 교류하며 문화를 나누는 근사한 일'로 탈바꿈했다.

이들은 단순히 영상이나 방이라는 상품을 판 것이 아니다. 그들은 자신의 재능과 공간을 활용하는 '일'의 개념 자체를 바꾸었다. '방송인'이나 '숙박업'이라는 전통적인 일의 경계를 허물고, 누구나 자신만의 콘텐츠와 자산을 활용해 유연하게 일하며 돈을 벌 수 있다는 새로운 이야기를 만들어낸 것이다.

사람들이 이 플랫폼에 열광하는 이유는, 단순히 돈을 벌 수 있어서만이 아니다. 톰의 친구들이 그랬던 것처럼, 이전에는 없던 새로운 방식의 '일'에 참여하는 경험 자체가 주는 매력 때문이다. 이 모든 현상의 본질은 톰 소여의 울타리 앞에서 벌어진 '욕망의 거래'와 다르지 않다. 돈으로 환산되는 가치는, 이처럼 '일'에 대한 우리의 인식을 바꿀 때 가장 창의적인 방식으로 탄생한다.

저울 위의 땀방울

돈은 세상의 모든 가치를 올려놓고 무게를 재는 거대한 저울과 같다. 이 편리하고도 냉정한 저울 덕분에 우리는 사과 한 알과 자동차 한 대의 가치를 비교하고, 한 시간의 노동과 한 달의 노동에 각기 다른 가격을 매길 수 있다. 돈이 가진 이 '척도'로서의 속성은 복잡한 세상을 단순한 숫자로 정리해주며, 현대 경제가 원활하게 작동하는 기반이 된다.

하지만 이 저울이 모든 것을 잴 수 있다고 믿는 순간, 우리는 저울의 눈금이 결코 담아내지 못하는 소중한 가치들을 놓치게 될 위험에 처한다.

저울 위에 선 한 인간

차가운 도시의 밤, 우리는 크리스 가드너의 삶을 이 거대한 저울 위에 조심스럽게 올려놓아본다. 저울의 한쪽에는 그의 고된 노동이 낳은 결과물들이 놓인다. 그가 하루 종일 걸어 다니며 판매한 의료기기의 대수, 그의 주머니에 남은 몇 달러의 현금 그리고 그가 내야 할 월세와 식비. 이 모든 것은 돈이라는 명확한 숫자로 측정되고 계산된다. 시장이라는 저울은 그의 생존 가능성을 이 숫자를 통해 냉정하게 평가한다.

하지만 저울의 다른 한쪽에는 숫자로 환산할 수 없는 무수한 가치가 있다. 아들의 손을 놓지 않으려는 부성애의 무게, 거절의 상처 속에서도 다시 일어서는 꺾이지 않는 의지의 무게 그리고 차가운 지하철역 바닥에서도 인간의 존엄을 지키려는 그의 눈물겨운 사투의 무게. 돈의 저울은 이 모든 것을 측정하지 못한다. 저울의 눈금은 그의 가난을 가리킬 뿐, 그의 위대함을 보여주지는 못한다. 여기서 우리는 돈이 가진 척도로서의 명백한 한계와 마주한다. 돈은 노동의 '양'은 잴 수 있을지 몰라도, 그 노동에 깃든 '질'과 '의미'까지는 결코 담아내지 못하는 것이다.

숫자가 된 땀방울

애덤 스미스가 말한 '수고와 고생'은 본래 인간의 육체적·정신적 노력을 포함하는 총체적인 개념이었다. 하지만 시장경제 속에서 이 모든 과정은 결국 '임금'이라는 단 하나의 숫자로 환원된다. 크리스 가드너가 고객의 문을 두드리기 위해 감내해야 했던 불안감, 거절당했을 때의 모멸감, 아들을 보며 느꼈을 미안함과 책임감은 모두 그의 월급 명세서에서 지워진다. 남는 것은 오직 그가 얼마를 벌었는지에 대한 차가운 기록뿐이다.

바로 이 지점에서 카를 마르크스가 지적했던 '노동 소외'(alienation)의 그림자가 드리운다. 마르크스는 자본주의 시스템에서 노동자가 자신의 노동 생산물로부터, 노동과정 그 자체로부터, 궁극적으로는 자기 자신으로부터 소외된다고 보았다.[6] 크리스 가드너의 노동은 자아실현의 과정이라기보다 생존을 위해 자신의 시간과 감정을 팔아야 하는 고통스러운 거래에 가깝다. 그는 자신이 파는 의료기기가 환자에게 어떤 의미를 갖는지 깊이 생각할 여유가 없다. 그의 유일한 목표는 계약을 성사해 돈을 버는 것이다.

이처럼 돈을 벌기 위한 노동이 인간을 자신의 본질로부터 멀어지게 만들 때, 돈은 편리한 척도를 넘어 인간성을 억압하는 기제가 될 수 있다. 노동의 과정에서 느끼는 보람이나 성취감, 동료와의 유대 같은 질적인 가치들은 모두 돈이라는 저울 위에서는 측정되지 않는 무형의 자산이다. 하지만 시장은 종종 이 보이지 않는 가치들을 무시하고, 오직 숫자로 증명되는 결과만을 요구한다. 그 결과, 우리는 돈을 벌기 위해 일하지만, 그 과정에서 정작 삶의 소중한 의미들을 잃어버리는 역설에 빠지게 된다.

0원의 약속

이야기의 클라이맥스에서, 돈의 저울은 가장 기묘하고도 역설적인 측정값을 보여준다. 생존의 벼랑 끝에 서 있던 크리스 가드너는, 6개월 동안 단 한 푼의 월급도 받지 못하는 '무급 인턴십'에 자신의 모든 것을 건다. 시장의 저울 위에서 그의 노동 가치는 명백히 '0원'으로 책정되었다. 그렇다면 그의 땀과 노력은 정말로 무가치했던 것일까?

물론 그렇지 않다. 그가 선택한 '0원'의 노동은 현재의 금전적 가치를 포기하는 대신, 미래의 '기회 가치'에 투자하는 행위였다. 그는 인턴 과정을 통해 금융 지식을 배우고, 업계의 네트워크를 쌓으며, 무엇보다 정규직으로 채용될 수 있다는 희망을 얻었다. 돈의 저울은 이 보이지 않는 미래의 가능성을 측정하지 못했지만, 크리스 가드너는 그 가치를 믿고 기꺼이 현재의 희생을 감수한 것이다.

그의 선택은 오늘날 우리 사회에 깊은 질문을 던진다. 청년들은 더 나은 미래를 위한 '경험'과 '기회'라는 약속 아래 정당한 노동의 대가를 받지 못하는 현실에 내몰리곤 한다. 크리스 가드너의 이야기는 이 딜레마의 양면성을 모두 보여준다. 그의 무급 인턴 생활은 분명 고통스러운 착취의 시간이었지만, 동시에 그에게는 절망의 늪에서 벗어날 유일한 동아줄이었다.

돈의 저울은 이처럼 현재의 가치와 미래의 가능성 사이에서 복잡하게 작동한다. 때로는 '0원'이라는 가격표 뒤에 무한한 잠재력이 숨어 있기도 하고, 때로는 '기회'라는 이름 아래 노동의 가치가 부당하게 평가절하되기도 한다. 이 저울의 눈금을 어떻게 읽고 해석할 것인지는, 결국 우리 사회의 몫으로 남겨져 있다. 돈이라는 척도가 인간의 존엄을 짓밟는 무기가 아니라 모두의 땀과 꿈의 가치를 공정하게 재어주는 희망의 저울이 될 수 있도록, 우리는 끊임없이 그 눈금을 조정하고 바로잡아야 할 것이다.

우리 시대의 톰 소여

매달 당신의 계좌에 찍히는 월급은 지난 한 달간의 노동에 대한 정직한 대가인가, 아니면 당신의 시간과 열정을 사기 위해 회사가 제시한 정교한 베팅인가. 현대의 일터는 단순히 노동력과 임금을 교환하는 장소를 넘어, '돈'을 매개로 보이지 않는 힘겨루기가 일어나는 거대한 게임의 장과 같다. 이 게임에서 기업과 개인은 각자의 전략을 구사하며, 돈의 가치와 규칙을 둘러싼 팽팽한 줄다리기를 벌인다.

의미라는 이름의 화폐

현대의 많은 기업은 톰 소여가 보여준 지혜를 정교하게 활용한다. 그들은 직원들에게 단순히 돈을 벌기 위해 일하는 것이 아니라, '세상을 바꾸는 위대한 사명'을 위해 일하고 있다고 이야기한다. 구글의 '세상의 모든 정보를 조직화하여 모두가 접근하고 유용하게 사용할 수 있도록 한다'는 사명이나, 과거 애플의 '다르게 생각하라'(Think Different)는 슬로건처럼, 기업은 거대한 담론을 통해 지루하고 반복적인 업무에 특별한 의미를 부여한다.

이러한 전략은 직원들의 자발적인 몰입과 헌신을 이끌어내는 효과적인 방법이다. 직원들은 자신이 단순히 돈을 버는 부품이 아니라 위대한 프로젝트에 참여하는 특별한 존재라고 느끼게 된다. 페인트칠이 선망의 대상이 되었듯, 야근이나 주말 근무조차 '성공을 위한 열정'이라는 이름으로 기꺼이 감수하게 되는 것이다. 회사는 톰 소여처럼 노동의 '의무'를 '특권'으로 전환시키는 이야기의 힘을 통해 직원들의 자발적인 에너지를 이끌어내고 더 큰 가치를 창출한다. 돈은 여기서 단순한 임금을 넘어 소속감과 자부심이라는 심리적 보상과 결합한다.

조직행동론에서는 이러한 현상을 '심리적 계약'(Psychological Contract)이라는 개념으로 설명하기도 한다. 공식적인 고용계약서에 명시된 임금과 업무 내용 너머에 회사와 직원 사이에 존재하는 보이지 않는 기대와 약속이 있다는 것이다.[7] "회사는 나에게 성장과 의미를 제공하고, 나는 그 대가로 나의 열정과 창의성을 바친다"는 암묵적인 합의. 이 심리적 계약이 잘 작동할 때, 돈의 가치는 재정의된다. 월급은 더 이상 단순한 노동의 대가가 아니라, 공동의 목표를 향한 여정에 참여하는 티켓의 일부가 되는 것이다.

하지만 이 유쾌해 보이는 게임의 이면에는 그림자도 존재한다. '사명'이나 '열정'이라는 이름 아래, 노동에 대한 정당한 금전적 보상이 이루어지지 않는 경우가 발생하기 때문이다. 소위 '열정페이' 논란은 톰 소여의 책략이 어떻게 노동 착취의 논리로 변질될 수 있는지를 보여주는 현대적 사례다. 회사는 '성장의 기회'라는 무형의 가치를 내세우며 낮은 임금을 정당화하고, 직원들은 미래의 성공을 위해 현재의 희생을 감내한다. 이 게임에서 페인트 붓을 쥔 것은 명백히 회사이며, 직원들은 붓을 한번 잡아보기 위해 자신의 소중한 재화(시간과 노력)를 기꺼이 내어주는 친구들의 역할을 하게 될 위험이 있다.

월급봉투의 주인을 찾아서

기업이 돈에 '의미'를 더해 게임의 규칙을 바꾸려 한다면 개인은 어떻게 대응할까. 오늘날 많은 직장인은 주어진 게임의 규칙에 순응하기보다 돈에 대한 통제권을 되찾으려는 다양한 전략을 구사한다. 'N잡러'나 '사이드 프로젝트' 열풍은 이러한 변화를 상징적으로 보여준다. 본업에서는 크리스 가드너처럼 생존을 위한 돈을 벌지만, 퇴근 후에는 자신이 진정으로 즐거워하는 일을 통해 톰 소여처럼 새로운 가치를 창조하려는 것이다.

자신의 취미나 전문성을 바탕으로 유튜브 채널을 운영하거나 온라인으로 상품을 판매하며, 의무가 아닌 즐거움에서 비롯한 노동을 통해 추가적인 돈을 번다. 이는 주된 일터에서 받는 돈의 권력으로부터 경제적·심리적으로 독립하려는 시도이며, 돈의 파이프라인을 다각화하려는 개인의 전략적 움직임이다.

이러한 현상은 개인이 더 이상 하나의 고용주에게 자신의 모든 경제적 가치를 의존하지 않으려는 시도라는 점에서 의미가 있다. 여러 개의 수입원을 가짐으로써, 개인은 특정 조직의 '보이지 않는 게임'에서 한 발짝 물러나 자신만의 자율성을 확보할 수 있다. 돈 버는 방식을 스스로 설계하고 통제하려는 이들의 노력은 돈이 단순한 생존 수단을 넘어 자기표현과 독립의 도구가 될 수 있음을 보여준다.

계약서의 경계를 긋는 사람들

최근 확산하는 '조용한 사직'(Quiet Quitting) 현상 역시 이 게임의 규칙에 대한 흥미로운 저항으로 해석될 수 있다. 이는 계약된 업무 범위 이상으로 자신을 소모하지 않겠다는 소극적이지만 단호한 태도다. 회사가 제시하는 '사명'이나 '열정'이라는 이야기에 더 이상 현혹되지 않고 오직 계약서에 명시된 '돈'만큼만 일하겠다는 선언이다. 갤럽의 조사에 따르면, 미국 직장인의 절반 이상이 이러한 '조용한 사직' 상태에 해당하며, 이는 일에 대한 몰입도 저하와 깊은 관련이 있다.[8]

이러한 태도는 노동경제학의 '효율성 임금' 이론과도 연결해 생각할 수 있다. 효율성 임금 이론은 기업이 시장 균형 임금보다 높은 수준의 돈을 지불해 직원들의 생산성을 높이고 이직을 막으려 한다는 개넘이다.[9] 하지만 직원의 입장에서 그 높은 임금이 자신의 열정과 추가적인 노력을 살 만큼 '효율적'이지 않다고 판단하면, 그들은 계약서에 명시된 최소한의 노동만을 제공하게 된다. 돈의 가치를 엄격하게 재측정하고, 그 이상의 노동 제공을 거부하는 것이다. 이는 돈이 가진 교환의 속성을 가장 냉정하게 활용하는 개인의 반격이라 할 수 있다.

돈과 권력의 불안한 균형

결국 현대 사회에서 일과 돈의 관계는 누가 이 '게임의 규칙'을 설정하고 주도권을 쥐느냐의 문제로 귀결된다. 기업은 톰 소여처럼 일의 의미를 창조하여 직원들의 자발적 헌신을 이끌어내려 하고, 개인은 스스로 톰 소여가 되어 자신만의 가치를 창조하거나 혹은 조용한 사직을 통해 불리한 게임에서 발을 빼려 한다. 이 팽팽한 줄다리기 속에서 돈은 단순한 화폐를 넘어 사회적 권력과 개인의 자율성이 충돌하고 타협하는 가장 역동적인 무대가 된다.

일과 돈의 관계는 고정된 방정식이 아니다. 그 관계는 시대와 개인의 가치관에 따라 끊임없이 재협상되는 '불안한 균형' 상태에 놓여 있다. 이 게임의 승패는 누가 더 많은 돈을 가졌느냐가 아니라, 누가 돈의 규칙을 더 잘 이해하고 자신에게 유리하게 활용하느냐에 달려 있을지도 모른다. 기업과 개인 사이의 이 보이지 않는 게임은, 앞으로도 계속해서 새로운 양상으로 전개될 것이다. 그리고 그 중심에는 언제나 '돈'이라는 이름의 가장 강력한 플레이어가 서 있을 것이다.

노동의 미래, 일의 의미

우리가 지금까지 살펴본 돈의 얼굴은 모두 인간의 '일'과 깊숙이 연결되어 있었다. 생존을 위해 땀 흘리는 크리스 가드너의 노동은 돈의 '계약' 속성을, 지루한 의무를 유쾌한 놀이로 바꾼 톰 소여의 기지는 일의 가치를 재창조하는 돈의 '창의적' 속성을 드러냈다.

하지만 인공지능과 로봇이 인간의 육체적 노동은 물론 지적이고 창의적인 영역까지 대체하는 시대가 오면서 이 관계는 근본적인 질문에 부딪힌다. 기계가 시를 쓰고 알고리즘이 그림을 그리는 세상에서, '일'의 정의는 송두리째 흔들린다. 직업 없이 부가 생산될 수는 있지만, 과연 의미 있는 '일' 없이도 가치가 창출될 수 있을까? 우리는 이제 '노동'과 '일' 그리고 '놀이'의 경계에서 돈의 새로운 의미를 탐색해야만 한다.

노동 없는 금고

인공지능과 자동화 기술의 발전은 경제 패러다임의 거대한 전환을 예고한다. 과거 산업혁명이 인간의 육체노동을 기계로 대체했다면, 4차 산업혁명은 인간의 지적 노동까지 기계로 대체할 가능성을 열었다. 이미 공장에서는 로봇이 24시간 쉬지 않고 제품을 조립하고, 금융시장에서는 알고리즘이 인간보다 빠르게 데이터를 분석하여 투자를 결정한다. 심지어 작곡이나 소설 창작과 같이 인간 고유의 영역이라 여겨졌던 창의적인 활동마저 생성형 AI가 놀라운 수준으로 해내고 있다.

이러한 기술의 진보는 생산성의 비약적인 향상을 가져올 수 있다. 소수의 기술 자본가와 플랫폼 기업은 막대한 부를 축적하게 될 것이다. 경제학자 로버트 프랭크(Robert Frank)와 필립 쿡(Philip Cook)이 저서 『승자독식사회』에서 예견했듯, 디지털 경제는 소수의 승자가 시장의 대부분을 차지하는 극단적인 불평등을 심화시킬 수 있다. 인간의 노동 없이도 부가 생산되는 시대에 대다수의 사람은 일자리를 잃고 소득의 원천을 상실할 위험에 처하게 된다. 크리스 가드너가 그토록 찾아 헤맸던 '일자리' 자체가 희소해지는 것이다.

이러한 미래 전망은 우리가 지금까지 쌓아 올린 돈과 일의 관계를 뿌리부터 흔든다. 우리가 사회에 기여하는 가치의 주된 척도였던 '노동'이 사라진다면, 돈은 무엇을 근거로 그 가치를 기억하고, 교환하며, 신뢰를 보증할 수 있을까? 이것은 단순히 생존의 문제를 넘어 한 개인의 가치를 어떻게 증명하고 사회적 약속을 이어갈 것인지에 대한 근본적인 질문이다. 텅 빈 지갑 앞에서, 우리는 돈의 새로운 역할을 모색해야만 하는 상황에 직면하게 된다.

새로운 계약의 제안, 기본소득

노동 없는 시대의 대안으로 가장 활발하게 논의되는 개념 중 하나가 바로 '보편적 기본소득'이다. 기본소득은 모든 사회 구성원에게 아무런 조건 없이 정기적으로 일정 금액의 돈을 지급하는 제도다. 이는 돈이 더 이상 노동의 대가가 아니라 사회의 일원으로서 누려야 할 기본적인 '권리'가 될 수 있다는 파격적인 생각에 기반한다. 철학자 필리프 판 파레이스(Philippe Van Parijs)는 기본소득을 "실질적 자유를 위한 자본주의적 길"이라 부르며, 모든 사람이 생존의 압박에서 벗어나 자신이 원하는 삶을 추구할 자유를 얻게 될 것이라고 주장했다.[10]

기본소득의 재원은 주로 기술 발전에 따른 생산성 향상의 이익을 공유하는 방식으로 마련된다. 예를 들어, 로봇이나 AI를 소유한 기업에 높은 세금을 부과하여, 그 세수를 모든 국민에게 나누어주는 것이다. 이는 톰 소여가 친구들의 노동력을 이용해 부를 축적했듯, 소수의 기술 자본이 창출한 부를 사회 전체가 공유하는 새로운 형태의 '가치 재분배'라 할 수 있다. 이 시스템에서 돈은 '생존 계약'이라는 원초적인 속성을 유지하되, 그 계약의 주체가 개별 노동자와 시장이 아니라 사회 전체와 시민으로 바뀐다.

실제로 핀란드, 캐나다 등 여러 국가와 도시에서 기본소득 실험이 진행되었으며, 그 결과는 복합적으로 나타났다. 기본소득은 최소한의 인간다운 삶을 보장하는 안전망이 될 수 있지만, 그것이 일의 동기를 완전히 대체할 수 있을지에 대해서는 신중한 접근이 필요하다. 실험 결과, 사람들의 정신건강과 삶의 만족도는 향상되었지만, 노동시장 참여에 미치는 영향은 미미하거나 불분명했다.[11] 이는 기본소득이 생존의 문제를 해결해줄 수는 있지만, 오히려 일할 기회를 줄이거나 노동 의욕을 꺾을 수 있다는 우려를 낳는다. 일의 상실이 가져오는 삶의 의

미나 사회적 관계의 공백까지 채워줄 수 있을지에 대한 새로운 질문이
남는 것이다.

노동의 종말 혹은 놀이의 시작

기본소득이 보장되는 사회에서 인간은 나태해질까 아니면 더 창의
적으로 변할까? 이 질문은 우리가 '일'을 어떻게 정의하느냐에 따라
답이 달라진다. 만약 기술이 대체하는 것이 생존을 위한 고된 '노동'이
라면, 인간은 그 의무에서 해방되어 더 창의적이고 자율적인 '일'과 순
수한 즐거움을 위한 '놀이'에 몰두할 새로운 기회를 얻을지도 모른다.

경제학자 존 메이너드 케인스 역시 비슷한 미래를 예견했다. 그는
1930년에 쓴 에세이『우리 후손들을 위한 경제적 가능성』에서, 기술
발전으로 인류가 경제 문제에서 해방되면 여가 시간을 어떻게 현명하
게 사용할 것인가가 새로운 과제가 될 것이라고 보았다.[12] 생존을 위
한 '노동'에서 해방된 인류는 예술, 학문, 봉사와 같이 당장의 돈이 되
지는 않더라도 삶을 풍요롭게 만드는 '일'에 더 많은 시간을 쏟을 수
있다. 톰 소여가 페인트칠을 놀이로 만들었듯, 우리는 모든 인간 활동
을 '놀이'처럼 즐길 수 있는 새로운 시대를 맞이할 수도 있다. 돈은 더
이상 생존을 위한 족쇄가 아니라, 자아실현을 돕는 든든한 발판이 될
것이다.

하지만 '직업'의 상실이 곧 '일'의 상실로 이어질 때 문제는 복잡해
진다. 인간은 생리적 욕구가 충족된 후에도 소속감, 존중 그리고 자아

실현의 욕구를 갈망한다.[13] 많은 이에게 '일'은 이러한 상위 욕구를 충족시키는 중요한 통로였다. 따라서 생계를 위한 직업이 사라진 사회에서 우리는 과연 어디에서 소속감과 존중을 얻고, 어떻게 자아를 실현할 수 있을까? 노동 없이 금고는 채워질지 몰라도 텅 빈 마음은 무엇으로 채울지에 대한 고민이 시작되는 것이다.

결국 기술 발전이 우리에게 던지는 질문은 돈의 미래뿐만 아니라 인간의 미래에 대한 것이다. 우리는 일을 통해 돈을 버는 동시에, 그 과정에서 삶의 의미와 관계를 만들어왔다. 일이 사라진 세상에서, 우리는 돈과 어떤 새로운 관계를 맺어야 하며, 무엇을 통해 삶의 의미를 찾아야 할까? 이 질문에 대한 답은 아직 정해지지 않았다. 그것은 다가올 시대를 살아갈 우리 모두가 함께 써 내려가야 할 새로운 이야기의 서문이다. 우리의 땀과 꿈이 녹아 있는 이 돈으로 진정한 행복을 살 수 있을까? 이제 돈의 또 다른 얼굴이자 가장 깊은 수수께끼인 '행복'을 마주할 시간이다.

11 돈과 행복
불행을 막는 방파제, 행복을 비추지 못하는 등대

◀ 정태관, 「행복을 향해 걷는 밤」, 2026.

"모든 인간은 평등하게 창조되었고,
창조주로부터 양도할 수 없는 몇 가지 권리를 부여받았다.
그 권리 중에는 생명, 자유, 행복 추구가 있다."
— 토머스 제퍼슨, 「독립선언서」

초록빛 불빛에 닿을 수 없는 이유

행복은 과연 돈으로 살 수 있는가? 인류가 오랫동안 던져온 이 묵직한 질문은 화려한 파티가 끝난 뒤 찾아오는 정적처럼 우리 마음을 파고든다. 돈은 세상에서 가상 상력한 힘을 가졌다. 하지만 정작 흐르는 눈물 앞에서는 휴지 한 장의 위로조차 건네지 못할 때가 있다. 돈은 우리에게 풍요를 약속하지만, 그 약속의 끝에서 우리는 종종 텅 빈 마음으로 남겨진다.

이 질문에 답하기 위해, 우리는 1920년대 미국의 눈부신 번영 속으로, 한 남자의 위대하고도 허망했던 꿈의 한가운데로 들어가보려 한다. 그곳에서 돈은 사랑을 얻기 위한 수단이었고, 행복을 향한 열망이었으며, 동시에 한 인간의 영혼을 잠식하는 거대한 환상이었다.

황금빛 잔에 담긴 공허

롱아일랜드의 여름밤은 꺼질 줄 모르는 축제의 열기로 가득했다. 제이 개츠비의 대저택에서는 매주 주말 뉴욕의 명사들을 위한 화려한 파티가 열렸다. 최고급 샴페인이 분수처럼 솟아오르고, 오케스트라의 재즈 선율이 밤하늘을 수놓았다. 사람들은 그의 부와 관대함에 열광했지만, 정작 파티의 주인인 개츠비는 그 떠들썩한 군중 속에서 늘 외로운 섬처럼 떠 있었다. 그의 시선은 언제나 파티장을 넘어 바다 건너편 부두에서 깜빡이는 희미한 초록색 불빛을 향해 있었다. 그에게 이 모든 부와 명성은 단 하나의 목표, 즉 과거에 잃어버린 사랑 데이지를 되찾기 위한 수단에 불과했다.[1]

개츠비가 쏟아부은 막대한 돈은 그 자체로 강력한 '사회적 신호'의 속성을 지닌다. 그의 파티는 그저 유흥의 장이 아니라, 자신의 부와 지위를 데이지와 세상에 증명하기 위한 거대한 무대였다. 사회학자 소스타인 베블런이 '과시적 소비'라고 명명했듯, 돈은 때로 실용적 가치를 넘어 타인의 인정을 얻고 자신의 계급을 드러내는 상징적 도구로 작동한다. 개츠비의 돈은 그에게 '성공한 신사'라는 화려한 가면을 씌워주었지만, 그 가면 뒤의 진정한 얼굴을 궁금해하는 사람은 아무도 없었다. 돈이 만들어낸 관계는 돈의 소멸과 함께 사라지는, 차갑고 피상적인 거래에 가까웠다.

이러한 돈의 속성은 '화폐 물신주의'(Commodity Fetishism)라는 개념을 통해 더욱 깊이 이해할 수 있다. 카를 마르크스는 자본주의 사회

파티장의 개츠비
사랑은 오지 않았고, 불빛만이 밤을 채웠다.

에서 인간이 만든 상품과 화폐가 거꾸로 인간을 지배하는 독립적인 힘을 갖게 된다고 보았다.[2] 돈은 더 이상 인간의 노동과 관계를 매개하는 수단이 아니라 그 자체가 목적인 우상이 된다. 개츠비에게 돈은 데이지를 되찾기 위한 수단이었지만, 어느새 그는 돈을 숭배하고 돈의 힘을 맹신하게 되었다. 그가 쌓아 올린 부의 제국은 결국 그의 영혼을 가두는 황금 감옥이 되었고, 그 안에서 그는 진정한 인간적 교감을 나누지 못한 채 고립되어갔다. 이는 돈이 가진 가장 위험한 속성, 즉 인간을 관계로부터 소외시키고 그 내면을 공허하게 만드는 힘을 보여준다.

저 너머의 초록 불빛

개츠비가 그토록 닿고 싶어 했던 부두의 초록 불빛은, 그의 눈에 영원한 희망처럼 보였지만 결국 잡을 수 없는 신기루였다. 이 애틋한 이미지는 돈이 가진 또 다른 본질적인 속성, 바로 '한계'를 상징한다. 돈으로 대저택을 사고, 화려한 파티를 열고, 값비싼 선물을 안겨줄 수는 있지만, 과거의 일을 되돌리거나 타인의 진정한 마음을 살 수는 없다. 돈의 힘은 거래할 수 있는 영역에서는 막강하지만 사랑, 우정, 신뢰와 같은 비시장적 가치의 영역에서는 무력해진다.

이러한 돈의 한계는 경제학의 '한계효용 체감의 법칙'으로 설명될 수 있다. 배고픈 사람에게 첫 번째 빵 한 조각이 주는 만족감은 그 무엇과도 바꿀 수 없이 크지만, 배가 부른 뒤에 먹는 열 번째 빵은 더 이상 큰 기쁨을 주지 못한다. 돈 역시 마찬가지다. 극심한 가난에서 벗어나 기본적인 생활을 누리게 해주는 돈의 효용은 절대적이지만, 일정 수준의 부를 이룬 뒤에 추가되는 돈은 그만큼의 행복을 가져다주지 않는다.

경제학자 리처드 이스털린(Richard Easterlin)은 1974년, 한 국가의 소득수준이 높아져도 국민의 평균 행복도가 그에 비례하여 증가하지 않는다는 '이스털린의 역설'을 발표하며 이 문제를 실증적으로 보여주었다.[3] 그의 연구는 돈과 행복이 단순한 직선 관계가 아님을 시사하며, 경제성장이 곧 국민의 행복 증진을 의미하지는 않는다는 중요한 화두를 던졌다.

사람들은 절대적인 부의 크기보다는 주변 사람들과의 '상대적 비교'를 통해 자신의 행복을 평가하는 경향이 있으며, 소득이 증가하더라도 금세 그 수준에 적응하여 더 큰 만족을 느끼지 못하는 '쾌락의 쳇바퀴'에 빠지기 때문이다. 개츠비의 불행은 바로 이 지점에 뿌리를 두고 있다. 그는 이미 물질적으로 모든 것을 가졌기에 더 많은 돈이 그의 공허함을 채워줄 수는 없었다. 그가 진정으로 원했던 것은 돈으로 살 수 없는 과거의 시간과 데이지의 진심이었고, 돈의 저울은 그 가치를 측정하지 못했다.

재즈 시대의 텅 빈 메아리

1920년대 미국 사회, 이른바 '재즈 시대'는 전례 없는 경제적 풍요와 물질적 낙관이 넘쳐나던 시기였다. 제1차 세계대전의 승전국으로서 누리는 호황 속에서 주식시장은 뜨겁게 달아올랐고, 새로운 소비문화가 사회를 휩쓸었다. 하지만 스콧 피츠제럴드는 그 화려함의 이면에 도사린 정신적 공허와 도덕적 타락을 예리하게 포착했다. 그의 작품 속 인물들은 돈과 쾌락을 좇지만, 그 끝에는 허무와 환멸만이 남아 있다. 이는 돈의 속성이 개인의 삶을 넘어 한 시대의 정신까지도 규정할 수 있음을 보여준다. 사회 전체가 물질적 성공을 유일한 가치로 숭배할 때, 공동체의 유대는 약화되고 개인은 깊은 소외감에 빠질 수 있다.

하지만 돈이 언제나 부정적인 역할만 하는 것은 아니다. 돈은 때로 공동체를 하나로 묶고, 개인의 꿈을 실현하는 긍정적인 동력이 되기도 한다. 예를 들어, 지역 주민들이 십시일반 돈을 모아 동네 도서관을 짓거나, 어려운 이웃을 돕기 위한 자선기금을 마련하는 모습을 상상해 보자. 이때 돈은 개인의 이기심을 채우는 도구가 아니라 공동의 선을 실현하는 따뜻한 연대의 매개가 된다. 또한 재능은 있지만 기회가 부족했던 한 청년이 크라우드펀딩을 통해 자신의 꿈을 펼칠 자금을 마련하는 경우도 있다. 돈은 이처럼 흩어져 있는 개인의 선의와 지지를 모아 새로운 가치를 창조하는 촉매 역할을 하기도 한다.

결국 돈의 속성은 고정된 것이 아니라, 그것을 사용하는 사람의 의지와 사회적 맥락 속에서 결정된다. 개츠비의 비극은 돈 자체가 악하기 때문이 아니라, 그가 돈을 사용하는 방식이 잘못되었기 때문이다. 그는 돈을 통해 '관계'를 사려 했지만, 돈은 본질적으로 '거래'의 속성을 지닌다. 진정한 관계는 상호 존중과 신뢰라는 비시장적 가치를 통해 쌓아 올리는 것이지, 일방적인 부의 과시로 구매할 수 있는 것이 아니다. 개츠비는 이 돈의 근본적인 속성과 한계를 이해하지 못했기에, 결국 자신의 꿈과 함께 파멸하고 말았다.

개츠비의 이야기는 돈이 결코 행복의 동의어가 될 수 없음을 보여주는 서늘한 경고다. 동시에, 돈이라는 도구를 어떻게 사용해야 우리 삶을 진정으로 풍요롭게 만들 수 있는지에 대한 깊은 성찰의 기회를 제공한다. 그의 실패는 우리에게 묻는다. 당신은 돈으로 무엇을 사려고 하는가? 그리고 그것은 정말 돈으로 살 수 있는 것인가? 이 질문에 답하기 위해, 우리는 이제 돈의 또 다른 얼굴, 즉 절망의 벼랑 끝에서 한 인간의 존엄과 희망을 지켜준 돈의 속성을 마주해야 한다.

낡은 구두 한 켤레가 지켜준 온기

차가운 도시의 밤, 한 남자가 어린 아들의 손을 잡고 지하철역 화장실 문을 조심스럽게 잠근다. 바닥에 신문지를 깔고 낡은 재킷을 이불 삼아 아이를 재우며, 그는 문밖에서 들려오는 거친 노크 소리에 숨을 죽인다. 영화 「행복을 찾아서」의 주인공 크리스 가드너, 그의 주머니에는 단 몇 달러의 지폐만이 남아 있다. 개츠비의 화려한 저택과는 너무나도 다른 이 초라한 공간에서, 우리는 돈이 가진 또 다른 얼굴, 생존의 가장 낮은 문턱에서 인간의 존엄을 지키는 최소한의 온기를 발견한다.

그에게 돈은 과시의 대상이 아니었다. 그것은 아들과 함께 내일을 맞이하기 위해 반드시 움켜쥐어야 할 절박한 생존의 동아줄이었다. 이처럼 돈은 한 인간이 최소한의 품위를 지키고 다시 일어설 기회를 제공하는, 현실적이고 강력한 '안전망'의 속성을 지닌다.

생존의 문턱에서 돈이 약속하는 것

경제적 결핍은 단순히 물질의 부족을 넘어 인간의 정신과 가능성까지 옭아매는 족쇄가 된다. 에이브러햄 매슬로(Abraham Maslow)의 욕구 단계 이론에 따르면, 인간은 생리적 욕구와 안전의 욕구라는 가장 기본적인 단계가 충족되어야만 비로소 사랑, 존중, 자아실현 같은 더 높은 차원의 가치를 추구할 수 있다.[4] 크리스 가드너에게 돈은 바로 이 생존의 문턱을 넘기 위한 절박한 수단이었다. 그가 팔리지 않는 무거운 의료기기를 들고 도시를 헤매고, 무급 인턴십의 고된 과정을 견뎌 냈던 이유는, 돈이 그에게 '내일'이라는 시간을 약속해줄 유일한 희망이었기 때문이다.

이러한 돈의 속성은 현대사회의 다양한 정책 실험에서도 그 중요성이 확인된다. 2017년 핀란드에서 시행된 기본소득 실험이 대표적인 예다. 정부는 2,000명의 실업자에게 2년간 매달 560유로를 조건 없이 지급했다. 그 결과, 기본소득을 받은 사람들은 그렇지 않은 사람들에 비해 정신건강과 삶에 대한 만족도가 유의미하게 향상되었다. 그들이 더 빨리 취업한 것은 아니었지만, 최소한의 경제적 안정이 보장되자 미래에 대한 불안감이 줄어들고, 새로운 도전을 시도할 심리적 여유를 갖게 된 것이다.[5] 이는 돈이 가진 '기회의 창출' 속성을 보여준다. 돈은 단순히 재화를 구매하는 힘을 넘어, 인간이 실패를 두려워하지 않고 새로운 가능성을 탐색할 수 있도록 돕는 심리적 자본의 역할을 한다.

쾌락의 쳇바퀴와 행복의 고원

크리스 가드너가 마침내 고난의 시간을 지나 증권사 정규직으로 채용되었을 때, 그는 거리 한복판에서 벅찬 눈물을 흘린다. 그의 행복은 돈의 액수 그 자체에서 온 것이 아니라, 지독한 결핍의 상태에서 벗어나 스스로와 가족을 지킬 수 있게 되었다는 '안도감'과 '성취감'에서 비롯되었다. 이처럼 돈은 행복의 절대적인 증가를 보장하기보다는, 불행을 감소시키는 데 결정적인 역할을 한다.

앞서 언급한 이스털린의 역설과 '쾌락의 쳇바퀴' 현상은 바로 이 지점을 설명한다. 우리는 소득이 증가하면 그 행복이 영원할 것이라 기대하지만, 인간의 마음은 놀라울 정도로 빠르게 새로운 환경에 적응한다. 월급이 오르면 처음에는 기쁘지만, 몇 달만 지나면 그 월급이 당연하게 느껴지고 더 높은 소득을 갈망하게 된다. 또한 자신의 소득을 주변 사람들과 끊임없이 비교하며 상대적 박탈감을 느끼기도 한다. 이처럼 돈이 가져다주는 행복은 절대적인 양이 아니라, 나의 기대치와 주변의 기준이라는 두 개의 저울 위에서 위태롭게 측정된다.

최근의 행복 연구는 이러한 돈과 행복의 관계를 더욱 정교하게 분석한다. 2010년 대니얼 카너먼과 앵거스 디턴(Angus Deaton)의 연구는 연소득 7만 5,000달러를 기점으로 일상의 정서적 행복감이 더 이상 증가하지 않는 '행복의 고원'(plateau) 현상을 발견했다.[6] 하지만 2021년 매튜 킬링스워스(Matthew Killingsworth)의 연구는 이보다 훨씬 높은 소득 구간에서도 경험적 웰빙이 계속 증가하는 경향을 보인다고 보고하며 상반된 결과를 제시했다.[7]

이 두 연구는 2023년 '적대적 협력'(adversarial collaboration)이라는 흥미로운 방식으로 통합되었다. 그들의 공동 연구 결과, 대부분의 사람에게는 소득이 높을수록 행복도가 꾸준히 증가하지만, 이미 정서적으로 매우 불행한 소수 집단에게는 돈이 추가적인 행복을 가져다주지 못한다는 결론에 이르렀다.[8] 이는 돈이 행복에 미치는 영향이 모든 사람에게 동일하게 적용되는 것이 아니라, 개인의 정서적 상태와 삶의 조건에 따라 달라지는 복잡한 함수임을 보여준다.

돈으로 시간을 사고 경험을 채우다

그렇다면 우리는 돈의 '한계효용 체감'이라는 속성을 어떻게 극복하고, 돈을 행복으로 연결할 수 있을까? 그 해답은 돈을 '소유'의 대상이 아니라 '경험'의 도구로 바라보는 인식의 전환에 있다. 심리학자 엘리자베스 던(Elizabeth Dunn)과 마이클 노턴(Michael Norton)은 그들의 저서 『당신이 지갑을 열기 전에 알아야 할 것들』에서, 돈으로 물질을 소유하는 것보다 경험을 구매하는 것이 훨씬 더 오래 지속되는 행복을 가져다준다고 주장한다. 값비싼 명품 가방이 주는 만족감은 시간이 지나면 익숙해지고 다른 사람의 더 좋은 가방과 비교하며 희미해지지만, 사랑하는 사람과 함께 떠난 여행의 기억은 평생 잊히지 않는 행복의 자산이 된다.

돈을 사용하여 '시간을 사는 것' 역시 행복을 증진하는 현명한 방법이다. 청소나 장보기와 같이 우리가 즐거워하지 않는 일들을 다른 사람에게 돈을 지불하고 맡김으로써, 우리는 그 시간을 진정으로 가치 있게 여기는 활동에 사용할 수 있다. 이는 돈이 가진 또 다른 중요한 속성, 즉 '기회비용의 전환' 능력을 활용하는 것이다.

마지막으로, 타인을 위해 돈을 쓸 때 우리의 행복감이 가장 증가한다는 연구 결과는 돈의 '관계적 속성'을 보여준다. 적은 금액이라도 친구에게 선물을 하거나 자선단체에 기부하는 행위는, 우리를 타인과 연결하고 공동체의 일원임을 느끼게 해 깊은 내면적 만족감을 선사한다. 크리스 가드너가 성공한 뒤 자선 재단을 설립하여 자신과 같이 어려운 처지에 놓인 사람들을 돕는 삶을 선택한 것은 돈으로 살 수 있는 진정한 행복이 바로 '나눔'에 있음을 보여주는 감동적인 증거다.

돈은 행복의 저울 위에서 끊임없이 그 무게를 달리하는 변덕스러운 존재다. 생존의 문턱에서는 절대적인 무게를 지니지만, 그 문턱을 넘어서는 순간 점차 가벼워진다. 하지만 우리가 이 돈이라는 도구를 현명하게 사용하여 소유가 아닌 경험을, 고립이 아닌 관계를, 축적이 아닌 나눔을 선택할 때, 돈은 비로소 우리를 진정한 행복의 길로 안내하는 충실한 하인이 되어줄 것이다.

텅 빈 대저택의 외로운 축배

돈이 인간의 기본적인 생존과 안정을 지켜주는 든든한 울타리가 될 수 있음을 확인했다면, 이제 우리는 그 울타리 안에서 벌어지는 또 다른 드라마를 마주해야 한다. 돈이 삶의 수단을 넘어 목적 그 자체가 될 때, 인간은 어떤 내면의 풍경과 마주하게 될까. 개츠비의 대저택에서 밤마다 울려 퍼지던 화려한 축배는 역설적이게도 한 영혼의 깊어가는 고독과 소외를 감추기 위한 공허한 의식이었다.

그의 이야기는 돈이 가진 가장 어두운 속성, 즉 인간을 자기 자신과 타인으로부터 멀어지게 만드는 '소외'의 힘을 우리에게 보여준다. 이 소외의 메커니즘을 이해하는 것은, 돈의 유혹에 맞서 우리 삶의 주도권을 지키기 위한 첫걸음이 될 것이다.

돈이라는 이름의 우상

돈은 어떻게 인간의 주인이 되는가. 카를 마르크스는 자본주의 사회에서 인간이 자신의 노동으로 만들어낸 상품과 화폐가 거꾸로 인간을 지배하는 물신이 되는 과정을 설명했다. 그에게 돈은 단순한 교환의 매개가 아니었다. 그것은 모든 인간의 노동과 관계를 추상적인 숫자로 환원시키고, 스스로 생명력을 가진 듯 행동하는 독립적인 권력이었다. 사람들은 더 이상 서로를 위해 일하는 것이 아니라 돈을 벌기 위해 일하게 된다. 그 과정에서 돈은 수단에서 목적으로 전도되고, 인간은 자신이 만든 우상의 노예가 된다.

개츠비의 삶은 이 '화폐 물신주의'의 비극을 극적으로 보여준다. 그는 사랑하는 데이지를 되찾기 위해 부를 축적했다. 하지만 어느새 부의 축적 자체가 그의 삶을 지배하는 목적이 되어버렸다. 그의 호화로운 파티는 데이지를 유혹하기 위한 전략이었지만, 동시에 그의 부를 과시하고 그의 존재를 증명하는 유일한 방법이기도 했다. 그는 '위대한 개츠비'라는 사회적 인격을 돈으로 사려 했다. 하지만 그 과정에서 가난했던 시절의 순수했던 '제임스 개츠'라는 진짜 자아는 점점 더 깊은 곳으로 소외되었다. 돈이라는 우상 앞에 자신의 영혼을 제물로 바친 것이다.

이러한 물신주의는 현대사회에서 '어플루엔자'(Affluenza), 즉 '부유함이 낳은 병'이라는 새로운 이름으로 나타나기도 한다. 심리학자 올리버 제임스(Oliver James)는 현대인들이 물질적 풍요 속에서도 끊임없이 불안과 우울에 시달리는 이유를, 자신의 가치를 소유물의 크기로 측정하려는 왜곡된 가치관에서 찾았다.[9] 더 비싼 차, 더 넓은 집, 더 화려한 명품을 소유함으로써 자신의 존재 가치를 확인하려는 끝없는 경쟁. 이 경쟁은 우리에게 진정한 만족 대신, 채워지지 않는 갈증과 상대적 박탈감만을 남긴다. 돈이 행복을 약속하는 신이 되었지만, 그 신은 우리에게 구원을 주지 않는 것이다.

거래되는 관계, 소외되는 영혼

돈이 인간관계의 중심에 자리 잡을 때, 그 관계의 본질은 어떻게 변질하는가. 개츠비의 파티에 모여든 수많은 사람은 그의 친구가 아니었다. 그들은 그의 돈과 명성이 제공하는 쾌락을 즐기기 위해 모인, 이름 없는 군중일 뿐이었다. 개츠비가 몰락했을 때, 그 많던 손님 중 그의 장례식에 찾아온 이는 단 한 명도 없었다. 돈으로 맺어진 관계는 돈이 사라지는 순간 신기루처럼 흩어져버리는 것이다.

이는 돈이 가진 냉정한 속성, 즉 모든 것을 '거래'의 대상으로 만드는 힘 때문이다. 사회학자 게오르그 지멜은 화폐경제가 발달하면서 인간관계가 이전의 인격적이고 감정적인 유대에서 벗어나, 계산적이고 비인격적인 계약관계로 변모했다고 분석했다.[10] 돈은 우리를 혈연이나 지연의 굴레에서 해방했지만, 동시에 모든 관계를 '이익'이라는 단 하나의 잣대로 측정하게 했다.

이러한 '관계의 상품화'는 우리 삶의 가장 내밀한 영역까지 침투한다. 사랑과 우정마저도 때로는 상대방의 경제적 가치나 사회적 지위를 고려하는 전략적 선택이 된다. 데이지가 가난한 개츠비를 떠나 부유한 톰 뷰캐넌과 결혼한 것은, 그녀의 사랑이 돈의 논리 앞에서 얼마나 쉽게 변질할 수 있는지를 보여준다. 그녀에게 사랑은 더 이상 순수한 감정의 교감이 아니라, 안락한 삶을 보장해주는 '가장 유리한 거래'였을지 모른다.

이처럼 돈이 관계를 지배할 때, 우리는 진정한 소통과 공감을 잃어버리고 서로에게서 소외된다. 텅 빈 대저택에서 홀로 축배를 드는 개츠비의 모습은 돈으로 모든 것을 살 수 있다고 믿었지만 결국 아무것도 얻지 못한 한 인간의 처절한 고독을 상징한다.

행복의 저울을 다시 맞추다

우리는 돈이 만들어내는 이 소외의 덫에서 어떻게 벗어날 수 있을까? 그 해답은 역설적이게도, 돈의 한계를 인정하고 돈으로 살 수 없는 가치들을 회복하는 데 있다. 앞서 살펴본 크리스 가드너의 이야기는 이 지점에서 다시 한번 중요한 의미를 갖는다. 그는 돈이 없었지만 아들과의 사랑이라는 가장 소중한 관계를 지켜냈다. 그에게 돈은 관계를 대체하는 목적이 아니라 관계를 지키기 위한 수단이었다. 이처럼 돈을 '하인'의 자리에 두고 사랑, 우정, 공동체 같은 가치를 '주인'의 자리에 놓을 때, 우리는 비로소 돈의 지배에서 벗어나 삶의 주도권을 되찾을 수 있다.

하버드 대학교의 85년간에 걸친 성인 발달 연구는 이 사실을 과학적으로 증명한다. 연구 결과, 한 사람의 평생에 걸친 행복과 건강을 결정하는 핵심적인 요인은 부나 명예가 아니라 바로 '따뜻하고 지지적인 인간관계'였다.[11] 외로움은 흡연이나 비만만큼이나 건강에 해로우며, 친밀한 관계를 맺고 있는 사람들은 그렇지 않은 사람들보다 더 오래, 더 행복하게 살았다. 이 연구는 우리에게 행복의 저울을 어디에 맞춰야 하는지에 대한 명확한 답을 제시한다.

돈은 우리를 행복하게 만들 수도 불행하게 만들 수도 있는 강력한 도구다. 그 도구를 어떻게 사용하느냐에 따라, 우리의 삶은 개츠비의 비극이 될 수도, 크리스 가드너의 감동적인 성공 스토리가 될 수도 있다. 돈의 물신성에서 벗어나 그것을 삶의 가치를 실현하는 수단으로 삼을 때, 우리는 비로소 텅 빈 대저택의 외로운 축배가 아닌, 소박하지만 온기 가득한 식탁의 행복을 마주하게 될 것이다.

저울의 균형추를 찾아서

돈은 우리를 빈곤의 절망에서 구출하는 동시에, 부유함의 공허에 빠뜨릴 수도 있는 두 얼굴을 지녔다. 그렇다면 우리는 이 변덕스러운 존재와 어떻게 동행해야 하는가. 행복이라는 위태로운 저울 위에서 돈의 무게에 짓눌리지도, 그 무게를 완전히 무시하지도 않으면서 균형을 잡는 지혜는 어디에서 올까. 그 해답의 실마리는 어쩌면 인류가 오래 전부터 고민해온 '자유'와 '의미'라는 두 개의 무게추에 있을지도 모른다.

행복을 향한 위대한 선언

"모든 인간은 평등하게 창조되었고, 창조주로부터 양도할 수 없는 몇 가지 권리를 부여받았다. 그 권리 중에는 생명, 자유, 행복 추구가 있다."

1776년, 인류는 역사적인 선언과 마주한다. 미국 독립선언서에 새겨진 이 문장은, 행복을 모든 인간이 누려야 할 보편적 권리로 격상시켰다. 이는 영국의 철학자 존 로크(John Locke)가 천명했던 '생명, 자유, 재산(Property)'이라는 자연권 사상에서 한 걸음 더 나아간 것이었다.[12] 토머스 제퍼슨은 '재산'이라는 물질적 소유를 넘어, '행복의 추구'라는 더 포괄적이고 내면적인 가치를 인간의 궁극적인 권리로 제시함으로써, 국가의 존재 이유가 국민의 물질적 안위를 넘어 정신적 번영에 있음을 선언한 것이다.

하지만 '행복을 추구할 권리'가 곧 '행복을 보장받을 권리'를 의미하는 것은 아니다. 행복은 정부가 나누어줄 수 있는 재화가 아니라, 각 개인이 자신의 삶 속에서 주체적으로 찾아 나서야 하는 여정이기 때문이다. 오스트리아의 정신과 의사이자 나치의 강제수용소 생존자인 빅터 프랭클(Viktor Frankl)은 "행복은 직접적인 목표로 삼을 때 오히려 우리를 피해 간다"고 경고했다. 행복은 성공처럼 의도적으로 좇을 때가 아니라 자기 자신을 넘어서는 무언가에 헌신하는 과정에서 예기치 않게 찾아오는 '부산물'이라는 것이다.[13] 이처럼 행복추구권은 우리에게 결과가 아닌 과정을, 소유가 아닌 탐색의 자유를 약속한다. 이 자유로운 탐색의 여정에서 돈은 필수적인 도구이자 때로는 위험한 장애물이다.

돈이 여는 자유, 돈이 닫는 자유

돈이 행복에 기여하는 가장 중요한 속성은, 그것이 우리에게 '선택의 자유'를 확장해준다는 점이다. 경제학자 아마르티아 센(Amartya Sen)은 빈곤을 단순히 소득의 부족이 아니라, 개인이 가치 있는 삶을 선택하고 영위할 수 있는 '역량'의 박탈로 정의했다.[14] 돈이 없다는 것은 단지 좋은 물건을 살 수 없다는 것을 넘어 교육받을 기회, 건강을 돌볼 여유, 사회에 참여할 자유로부터 배제됨을 의미한다. 크리스 가드너가 그토록 처절하게 돈을 벌고자 했던 이유도 아들에게 가난이라는 족쇄를 물려주지 않고 그가 원하는 삶을 선택할 자유를 주기 위함이었다. 이처럼 돈은 우리를 결핍의 감옥에서 해방시켜, 더 넓은 세상으로 나아갈 수 있게 하는 '자유의 문'을 열어준다.

하지만 그 문을 통과한 뒤에도 또 다른 함정이 기다리고 있다. 돈이 우리에게 선택의 자유를 주지만, 동시에 '더 많은 돈'을 향한 끝없는 욕망에 우리를 가두어버릴 수 있기 때문이다. 개츠비는 막대한 부를 통해 과거를 되돌리고 사랑을 되찾을 수 있는 자유를 꿈꿨다. 하지만 돈은 그를 과거의 환영에 더욱 단단히 옭아매는 사슬이 되었다. 그는 돈을 벌기 위해 자신의 모든 것을 바쳤지만, 정작 그 돈으로 무엇을 해야 할지에 대한 내면의 자유는 얻지 못했다. 이는 돈이 가진 또 다른 속성, 즉 '가치의 왜곡'을 보여준다. 돈을 모든 가치의 최상위에 두는 순간, 우리는 돈으로 살 수 없는 다른 소중한 가치들을 보지 못하게 되고, 결국 돈의 노예가 되어 진정한 자유를 상실하게 된다.

결국 돈과 자유의 관계는 아슬아슬한 외줄타기와 같다. 돈이 너무 없으면 선택의 자유가 박탈되고, 돈이 너무 많으면 욕망의 포로가 되어 내면의 자유를 잃을 수 있다. 이 줄 위에서 균형을 잡기 위해, 우리에게는 돈의 무게를 감당할 또 다른 무게추가 필요하다.

관계와 의미라는 이름의 무게추

그 무게추의 이름은 바로 '관계'와 '의미'다. 하버드 대학교 성인 발달 연구 책임자인 로버트 월딩거(Robert Waldinger) 박사는 "좋은 관계는 우리의 몸과 마음을 지켜주는 가장 강력한 보호막"이라고 단언한다.[15] 외로움은 흡연이나 알코올 중독만큼이나 건강에 해롭다. 이는 돈이 제공하는 물질적 안전망을 넘어, 우리를 진정으로 지탱해주는 것은 '정서적 안전망'임을 보여준다.

더 나아가 의미 있는 삶을 추구하는 것은 행복의 또 다른 중요한 축이다. 빅터 프랭클이 자신의 경험을 통해 증명했듯, 인간은 극한의 고통 속에서도 삶의 의미를 발견할 때 살아남을 힘을 얻는다. 현대 심리학 연구 역시 단순히 즐거움을 쫓는 '행복한 삶'보다 자기 자신 너머의 가치를 위해 헌신하고 기여하는 '의미 있는 삶'이 더 깊고 지속적인 만족감을 가져다준다고 보고한다.[16] 이는 행복이 단순히 긍정적인 감정의 합이 아니라, 고통과 역경 속에서도 자신의 삶을 가치 있게 만드는 서사를 써 내려가는 과정임을 의미한다.

행복의 저울은 돈이라는 하나의 무게추만으로는 결코 수평을 이룰 수 없다. 저울의 한쪽에는 생존과 자유를 위한 '적정한 돈'이 놓여야 하고, 다른 한쪽에는 그 돈으로 지켜내고 가꾸어나가야 할 '따뜻한 관계'와 '흔들리지 않는 의미'라는 무게추가 함께 놓여야 한다. 이 세 가지 요소가 조화로운 균형을 이룰 때, 비로소 우리는 돈의 주인이 되어 행복을 향한 진정한 자유를 누릴 수 있게 될 것이다. 이 균형을 찾아가는 여정, 그것이 바로 미국 독립선언서가 말한 '행복의 추구'가 아닐까.

당신의 저울은 어디를 향하는가

우리의 긴 여정은 돈과 행복의 관계를 탐색하며, 마침내 하나의 결론에 다다른다. 행복은 소유하는 것이 아니라 조율하는 것이다. 마치 섬세한 저울의 양팔 저울 위에 돈, 그리고 관계와 의미라는 무게추를 올려놓고 수평을 맞추어가는 예술과 같다. 어느 한쪽으로 저울이 기울어질 때, 우리의 삶 역시 균형을 잃고 흔들린다. 이 마지막 장에서는, 이 저울의 눈금을 어떻게 읽고 우리 삶의 무게중심을 어디에 두어야 할지에 대한 마지막 성찰을 나누고자 한다.

행복을 좇는 그림자

행복을 인생의 유일한 목표로 삼는 순간, 우리는 역설적으로 불행의 그림자와 마주하게 된다. 철학자 존 스튜어트 밀(John Stuart Mill)은 "행복은 그것을 직접 찾지 않을 때 찾아온다"고 말했다. 행복해져야 한다는 강박은 오히려 끊임없이 자신을 평가하고 타인과 비교하게 만들며, 작은 불만족에도 쉽게 좌절하게 만든다. 심리학자 아이리스 마우스(Iris Mauss)의 연구에 따르면, 행복을 지나치게 중요하게 여기는 사람일수록 외로움을 더 많이 느끼고 우울감을 경험할 확률이 높았다.[17] 행복을 손에 넣어야 할 '과제'로 여기는 순간, 우리는 삶의 자연스러운 흐름 속에서 피어나는 작은 기쁨들을 놓치게 되는 것이다.

돈 역시 마찬가지다. '더 많은 돈'을 행복의 유일한 척도로 삼을 때,

우리는 '돈을 좇는 그림자'에 사로잡힌다. 그림자는 우리에게 끊임없이 '아직 부족하다'고 속삭이며, 현재의 만족을 미래의 더 큰 부를 위한 희생으로 여기게 만든다. 이는 돈이 가진 가장 교묘한 속성, 즉 인간의 욕망을 자극하여 '결핍'을 느끼게 만드는 힘 때문이다. 이 그림자에서 벗어나기 위해, 우리는 행복과 돈을 좇는 대신 우리 삶의 저울이 진정으로 가리키는 방향을 들여다보아야 한다.

황금 족쇄를 넘어선 자유

우리는 돈의 무게로부터 어떻게 자유로워질 수 있을까? 그 해답은 돈을 '버는' 행위에서 '쓰는' 행위로 관점을 전환하는 데 있을지 모른다. 앞서 살펴봤듯이, 돈을 물질적 소유를 위해 쓰는 것보다 경험을 위해 그리고 타인을 위해 쓸 때 행복감은 더 커진다. 앞선 논의가 보여주듯 돈은 '축적'될 때보다 '순환'의 과정에 놓일 때 우리의 삶에 더 깊이 관여한다. 돈이 한곳에 고여 나만의 부를 위한 황금 족쇄가 될 때, 그것은 소외와 공허를 낳는다. 하지만 돈이 관계와 경험 속으로 흘러들어 갈 때, 그것은 우리를 더 넓은 세상과 연결하고 삶을 풍요롭게 만드는 자유의 날개가 된다.

또한 돈을 '시간'이라는 희소한 자원을 확보하는 도구로 사용하는 지혜가 필요하다. 현대 사회에서 많은 이가 돈을 벌기 위해 자신의 시간을 기꺼이 희생하지만, 역설적으로 가장 부유한 사람은 자유 시간이 가장 많은 사람일 수 있다. 하기 싫은 일은 돈을 들여 아웃소싱하고, 그 시간을 사랑하는 사람과 보내거나 자신의 성장을 위해 투자하는 것. 이것이 바로 돈의 속박에서 벗어나 돈을 진정한 자유의 도구로 활용하는 방법이다. 돈의 저울 위에서, 우리는 돈의 절대적인 양이 아니라 그 돈으로 얻어낸 '시간의 질'과 '경험의 깊이'를 측정해야 한다.

의미라는 이름의 정원

행복의 저울을 최종적으로 움직이는 것은 '의미'라는 이름의 결정적인 추다. 일본의 철학자 모리오카 마사히로(森岡正博)는 "인간의 존엄성은 행복과 불행이라는 감정에 지배되지 않고, 자신의 삶을 자유롭게 탐색하는 능력에서 나온다"고 말했다.[18] 그의 말처럼, 진정한 행복은 단순히 긍정적인 감정의 총합이 아니라, 고통과 슬픔까지도 끌어안고 자신의 삶을 하나의 의미 있는 이야기로 완성해나가는 과정에 있다.

돈은 이 '의미의 정원'을 가꾸는 데 필요한 훌륭한 도구가 될 수 있다. 최소한의 경제적 안정은 우리가 생존의 걱정에서 벗어나 삶의 더 깊은 질문들을 탐색할 수 있는 토양을 제공한다. 하지만 돈이 정원사 노릇까지 대신할 수는 없다. 어떤 씨앗을 심고, 어떤 꽃을 피울지는 전적으로 우리 자신의 선택에 달려 있다. 어떤 이는 나눔과 봉사를 통해, 어떤 이는 예술과 학문을 통해, 또 다른 이는 소박한 일상 속에서 자신만의 의미를 찾는다. 중요한 것은 돈의 양이 아니라, 그 돈을 사용하여 어떤 가치의 열매를 맺을 것인가다.

이 여정의 끝에서, 개츠비의 공허한 축배와 크리스 가드너의 눈물

젖은 미소를 다시 떠올린다. 한 사람은 돈의 저울 위에서 길을 잃었고, 다른 한 사람은 그 저울 위에서 희망을 건져 올렸다. 그들의 이야기는 돈이 행복의 주인이 될 수도, 충실한 하인이 될 수도 있다는 사실을 보여준다. 이제 우리 각자는 자신의 저울 앞에 서 있다. 그 저울의 눈금은 어디를 향하고 있는가? 그리고 우리는 어떤 무게추를 올려놓을 것인가?

결국 우리 각자는 자신의 저울 앞에 홀로 설 뿐이다. 돈, 그리고 관계와 의미라는 무게추 사이에서 평생에 걸쳐 수평을 찾아가는 고독한 여정. 그 저울의 눈금이 가리키는 곳에, 각자의 행복에 대한 대답이 조용히 새겨져 있다.

12 돈과 가족
사랑과 계산의 공존

◀ 퀜틴 마시스,
「환전상과 그의 아내」(The Money Changer and His Wife),
1514, 루브르 박물관 소장.

"사물의 이치를 연구하여 지식을 완전하게 하고
뜻을 정성스럽게 품어 마음을 바르게 가지며
몸과 마음을 닦아 수양하고 집안을 가지런하게 하여
나라를 잘 다스리고 온 세상을 평안하게 한다."
— 『대학』(大學), 「경일장」(經一章)

탁자 위의 세계

1514년 플랑드르의 한 화실, 화가 퀜틴 마시스(Quinten Matsijs)는 한 부부의 초상 위에, 오늘날 우리가 '가족'이라는 이름으로 겪는 모든 비극과 희극의 씨앗을 그려 넣었다.[1] 어두운 실내, 탁자 하나를 두고 한 남자와 여자가 앉아 있다. 그들의 세계는 이 탁자 위에서 시작되고 완성된다. 남편은 환전상이다. 그의 손에는 금화의 무게를 재는 작은 저울이 들려 있고, 그의 시선은 온전히 저울의 눈금에 고정되어 있다. 아내는 붉은 옷을 입고 경건하게 기도서를 넘기던 중이다. 하지만 그녀의 손가락은 성모 마리아가 그려진 페이지 위에 멈춰 선 채 그 시선은 남편의 손이 다루는 금화의 반짝임을 조용히 쫓고 있다.

이 숨 막히는 정적의 순간, 우리는 가족이라는 이름의 작은 우주가 탄생하는 첫 장면을 목격한다. 사랑이라는 숭고한 언약이 어떻게 돈이라는 세속의 저울 위에서 그 무게를 처음으로 측정당하는지를 말이다. 이 탁자 위의 세계에서, 돈은 가장 원초적인 두 얼굴, 즉 '측정'과 '교환'이라는 법칙으로 자신의 존재를 드러낸다.

계약이라는 이름의 저울

결혼은 두 사람이 하나의 경제 공동체를 이루는 최초의 계약이다. 노벨 경제학상 수상자인 게리 베커(Gary Becker)는 결혼을 '두 사람이 각자의 이익을 극대화하기 위해 맺는 합리적 파트너십'으로 분석했다. 그의 이론에 따르면, 부부는 각자 더 잘하는 일(시장 노동과 가사 노동 등)에 특화하고 그 결과물을 교환함으로써, 혼자일 때보다 더 큰 효용을 함께 생산해낸다.[2]

이러한 분석은 이후 가사 노동의 분담[3]이나 결혼을 통한 재정적 안정 효과[4] 등 다양한 후속 연구로 이어지며 가족경제학의 기초를 마련했다. 이 차가운 분석은 사랑의 낭만을 걷어내는 것처럼 보이지만, 실은 가족이라는 공동체가 어떻게 현실의 토대 위에 서 있는지를 명확히 보여준다.

그림 속 환전상의 저울은 바로 이 계약의 무게를 상징한다. 사랑이라는 눈에 보이지 않는 감정은 결혼과 동시에 생활비, 주거, 미래 설계라는 구체적인 숫자의 무게로 환산되기 시작한다. 노동시간은 얼마의 금화와 교환되는가? 가사 노동과 정서적 지지는 어떤 가치를 지니는가? 저울은 이 모든 것을 냉정하게 측정하려 든다. 돈은 가족 구성원의

314

기여를 하나의 공통된 단위로 '측정'하며, 그 가치를 서로 '교환'할 수 있게 만드는 가장 기본적인 도구다.

하지만 이 저울은 때로 위험한 재판관이 된다. 모든 것을 숫자로 환산하려는 돈의 속성은, 숫자로 표현할 수 없는 가치들을 밀어내기 때문이다. 그림 속 부부의 시선이 서로를 향하지 않고 오직 금화에만 머물러 있는 모습은, 돈의 측정 기능이 관계의 온도를 어떻게 식히는지를 보여준다. 저울의 눈금에만 집중할 때, 우리는 그 저울 위에 올려진 것이 금화만이 아니라 서로의 시간과 사랑이라는 사실을 잊을 위험에 처한다.

탁자 위의 작은 우주

마시스의 그림 속 탁자는 단순히 가구가 아니라, 한 가족의 경제활동이 펼쳐지는 작은 우주다. 그 위에는 저울과 금화 외에도 부부의 삶을 암시하는 여러 사물이 정교하게 배치되어 있다. 선반 위에는 잘 익은 오렌지가 놓여 있고, 아내의 손길이 닿는 곳에는 진주 목걸이가 반짝인다. 오렌지는 당시 부와 국제 교역을 상징하는 귀한 과일이었으며, 진주는 순결과 부유함의 표상이었다. 이 사물들은 부부가 함께 이룬 경제적 성취, 즉 그들의 파트너십이 낳은 달콤한 열매를 보여준다. 돈은 이처럼 갈등의 원인이 되기도 하지만, 동시에 가족에게 물질적 안정과 사회적 지위를 제공하는 긍정적인 힘으로 작동한다.

하지만 화가는 이 풍요의 상징들 옆에 미묘한 경고의 장치를 숨겨두었다. 탁자 전면에 놓인 볼록거울이다. 이 거울은 방 안의 풍경과 창밖의 세상을 왜곡된 형태로 비추고 있다. 거울 속에 비친 창문은 십자가 모양을 하고 있어, 신의 시선이 이 세속적인 공간을 지켜보고 있음을 암시한다.[5] 이는 부부가 돈의 논리에만 매몰될 때 더 큰 가치(신뢰와 도덕)를 잃을 수 있다는 경고처럼 읽힌다. 돈이 가져다주는 풍요는 달콤하지만, 그것이 세상의 전부인 것처럼 착각하게 만드는 위험한 거울이 될 수도 있는 것이다.

기도서와 가계부

아내의 손이 머물러 있는 기도서와 남편이 몰두하고 있는 저울은, 가족 안에 공존하는 두 개의 다른 장부를 상징한다. 하나는 사랑과 믿음, 희생과 헌신이 기록되는 '마음의 장부'이고, 다른 하나는 수입과 지출, 자산과 부채가 기록되는 '현실의 장부'다. 건강한 가정은 이 두 장부가 조화롭게 균형을 이룰 때 유지된다. 마음의 장부 없이 계산만 남은 가정은 차가운 거래 관계로 전락하고, 현실의 장부를 외면한 채 사랑만 외치는 가정은 생존의 기반을 잃고 흔들린다.

그림 속 아내의 흔들리는 시선은 바로 이 두 장부 사이의 긴장을 포착한다. 그녀는 기도서의 책장을 넘기며 영원의 가치를 생각하다가도, 눈앞의 금화가 약속하는 현실의 안락함에 마음을 빼앗긴다. 이 미묘한 심리의 줄다리기는 오늘날 우리 모두의 내면에 존재하는 갈등이기도 하다. 우리는 가족을 위해 헌신하고 사랑을 나누지만, 동시에 다음 달카드값을 걱정하고 노후를 준비해야 하는 현실적 존재다.

게오르그 지멜은 돈이 모든 것을 계산 가능한 것으로 만들지만, 바로 그 속성 때문에 인간의 가장 내밀한 감정적 영역까지 침투하여 그 가치를 변질시킨다고 경고했다.[6] 그의 경고는 그림 속 볼록거울에 비친 희미한 형상에서 더욱 서늘하게 다가온다. 창가에 서서 이 모든 풍경을 지켜보는 한 남자. 아마도 성직자로 보이는 그의 모습은 돈이라는 새로운 권력 앞에서 무력해진 신앙의 초상과도 같다. 그는 더 이상 이 부부의 삶에 직접 말을 건네지 못하고, 그저 왜곡된 거울 속에서 침묵의 증인이 될 뿐이다.

그림 속 부부의 침묵은, 어쩌면 이 두 개의 장부를 어떻게 조화시켜야 할지에 대한 답을 찾지 못한 채, 돈이라는 새로운 권력 앞에서 길을 잃은 현대 가족의 모습을 예언하는 것인지도 모른다. 이 탁자 위의 세계에서 부부는 기도를 멈추고 저울을 들었다. 그 선택이 그들의 남은 날들을 어떤 풍경으로 채우게 될까.

사랑과 계산 사이

현대의 가정에서도 이 저울은 매일같이 움직인다. 맞벌이 부부는 각자의 소득과 지출을 비교하며 가계의 대차대조표를 맞추고, 자녀의 교육비를 계산하며 미래의 수익률을 가늠한다. 이 과정에서 "누가 더 많이 벌고, 누가 더 많이 쓰는가"라는 질문은 필연적이다. 돈은 가족의 협력을 위한 도구지만, 갈등의 불씨가 되기도 한다.

실제로 부부간의 재정적 불화는 이혼의 가장 강력한 예측 변수 중 하나다.[7] 돈에 대한 가치관의 차이, 불투명한 재정 관리, 지출에 대한 서로 다른 기대가 신뢰의 기반을 흔들기 때문이다. 그림 속 아내가 기도서에서 눈을 떼고 금화를 바라보는 그 미묘한 순간은, 바로 이 갈등의 시작을 암시하는지도 모른다. 사랑과 헌신이라는 비계량적 가치와 금화라는 세속적이고 계산적인 가치 사이에서 그녀는 어떤 선택을 내리게 될까.

결국 가족이라는 탁자 위의 세계는 사랑과 계산, 신성과 세속이 위태롭게 공존하는 공간이다. 돈은 이 세계를 구성하는 가장 기본적인 물리법칙이지만, 그 법칙만으로 모든 것을 설명할 수는 없다. 저울이 측정하지 못하는 가치를 어떻게 지켜낼 것인가. 이 질문이야말로 모든 가족이 평생에 걸쳐 풀어야 할 숙제이며, 이 그림이 우리에게 던지는 첫 번째 화두다.

이 탁자 위의 금화가 모두 이들의 것이 아니라면 어떨까? 만약 이 저울이 타인에게 빚지거나 약속의 증표로 잠시 맡아둔 돈을 재고 있는 것이라면, 이 정적인 풍경 아래에는 보이지 않는 미래의 약속과 위험이 도사리고 있는 셈이다. 그 약속을 지키지 못하는 순간, 이 모든 풍요는 한순간에 무너질 수 있기 때문이다. 이 저울의 눈금은 과연 어디로 기울게 될까.

침묵으로 쌓아 올린 바벨탑

환전상의 탁자 위에 놓인 금화는 단지 눈앞의 부를 의미하지 않는다. 모든 돈은 그 자체로 과거의 노동이 응축된 결과물이거나, 미래에 갚아야 할 누군가의 약속일 수 있기에 보이지 않는 '시간의 무게'를 함께 담고 있다. 사랑이라는 이름으로 시작된 두 사람의 세계 역시 종종 '부채'라는 문을 열고 더 넓고 위험한 세상과 연결된다. 대부분의 가정은 그들의 꿈을 실현하기 위해 미래의 소득을 현재로 끌어오는 계약, 즉 대출 계약서에 서명한다.[8] 이 순간, 환전상의 탁자 위에는 보이지 않는 빚의 장부가 한 권 더 놓이게 된다. 이 장부는 침묵 속에서 기록되며, 그 무게는 때로 신뢰라는 이름의 탑을 위태롭게 흔든다.

그림 속 남편의 주름진 미간과 저울을 향한 집요한 시선은, 어쩌면 그가 다루는 논의 무게가 오롯이 그의 것이 아니기 때문일지 모른다. 그의 탁자는 개인의 금고가 아니라, 타인의 신뢰와 미래가 오가는 공적인 무대다. 한 푼의 오차도 용납되지 않는 이 세계에서, 그의 노동은 단순한 부의 축적이 아니라 빚을 갚고 신용을 지키려는 처절한 사투에 가깝다. 돈이 '부채'라는 얼굴을 하는 순간, 그것은 더 이상 소유의 대상이 아니라 지켜내야 할 위태로운 약속이 된다. 이 약속의 실패는 단순한 손실을 넘어, 한 가족의 사회적 명예와 생존 자체를 위협할 수 있다.

그림자 장부

모든 가정에는 공식적인 가계부 외에, 때로는 배우자에게도 공개되지 않는 '그림자 장부'가 존재할 수 있다. 배우자 몰래 사용한 신용카드 대금, 말하지 않은 소액 대출, 가족의 동의 없이 이루어진 투자의 손실이 이 장부에 조용히 기록된다. 이러한 '재정적 외도'는 단순한 금전 문제가 아니라, 가족의 근간을 이루는 '신뢰'에 대한 배신이다.

미국의 전국재무교육기금이 실시한 설문조사는 그 파장을 구체적으로 보여준다. 재정을 공유하는 커플의 43퍼센트가 돈과 관련하여 파트너를 속인 경험이 있다고 고백했는데, 이들 중 75퍼센트는 그 비밀이 관계에 부정적인 영향을 미쳤다고 답했다.[9] 그 영향이란 구체적으로 무엇이었을까? 잦은 다툼과 언쟁이 시작되고, 서로를 향한 믿음에 서서히 금이 가며, 심한 경우에는 별거나 이혼으로까지 이어지는 관계의 파국이었다. '이 정도는 괜찮겠지' 하고 숨겼던 작은 카드값 명세서 하나가, 결국 두 사람의 신뢰라는 탑을 무너뜨리는 첫 번째 균열이 될 수 있는 것이다.

숨겨진 빚은 관계에 보이지 않는 이자를 쌓는다. 처음에는 사소한 거짓말로 시작되지만, 그 빚을 감추기 위해 또 다른 거짓말을 낳고, 결국 부부 사이에는 투명한 소통 대신 의심과 침묵의 벽이 세워진다. 남편은 아내의 갑작스러운 지출을 의심하고, 아내는 남편의 늦은 귀가 뒤에 또 다른 빚이 숨어 있을까 불안해한다.

이처럼 숨겨진 부채는 마치 관계를 파괴하는 지렛대(Leverage)처럼 작동한다. 배우자를 속인 작은 빚이라는 받침점 위에서, 사소한 의심이 거대한 불신을 들어 올리고, 결국 사랑과 신뢰로 쌓아 올린 관계의 탑을 송두리째 무너뜨리는 것이다. 그 시작은 상대를 위한 배려였을지 몰라도, 그 결과는 관계의 파산이라는 비극으로 치닫는다.

빚이 낳은 상처

빚이 남기는 상처는 단순히 통장 잔고의 숫자에만 국한되지 않는다. 재정적 압박은 스트레스와 불안을 유발하고, 이는 곧 가족 구성원 간의 감정적 갈등으로 이어진다. 돈 문제로 인한 잦은 다툼은 부부 관계의 만족도를 떨어뜨리는 가장 큰 요인 중 하나로 꼽힌다.[10] "당신 때문에" "당신만 아니었으면" 하는 비난의 화살이 오가면서, 사랑으로 맺어진 관계는 채권자와 채무자의 냉정한 관계로 변질된다.

찰스 디킨스의 소설 『데이비드 코퍼필드』에 등장하는 미카버 씨는 빚이라는 무대 위에서 희극과 비극을 동시에 연기하는 인물이다. 그는 늘 빚에 쫓기면서도 '곧 좋은 일이 생길 것'이라는 막연한 낙관으로 현실을 외면한다. 그가 내세우는 삶의 원칙은 단순한 산수로 요약된다.

"연 수입 20파운드에 연 지출 19파운드 6펜스, 그 결과는 행복. 연 수입 20파운드에 연 지출 20파운드 6펜스, 그 결과는 비참."

이 말속에는 단 6펜스라는 작은 초과 지출이 한 가정을 어떻게 행복의 정점에서 절망의 나락으로 떨어뜨리는지에 대한 뼈아픈 현실이 담겨 있다. 빚의 무게는 숫자의 크기가 아니라, 삶의 균형을 무너뜨리는

코퍼필드의 암울한 식탁
6펜스의 초과 지출은 행복을 비참으로 바꾸었고, 관계에 상처를 남겼다.

작은 추 하나에서 시작된다. 그 추가 한쪽으로 기울어지는 순간, 가정의 식탁에서는 온기 대신 한숨이 피어오르고, 아이들의 웃음소리는 희미해지며, 미래를 향한 희망은 오늘의 절망으로 대체된다. 미카버 씨의 삶은 이 작은 불균형이 쌓여 결국 삶 전체를 짓누르는 과정을 희극적으로, 그러나 아프게 증언한다.

미카버 씨의 식탁에 드리워진 비참함은 그 혼자만의 것이 아니다. 그 그늘은 아이의 작은 어깨 위로 고스란히 내려앉는다. 부모가 돈 문제로 벌이는 낮은 목소리의 다툼, 밤늦도록 꺼지지 않는 계산기 불빛 아래 드리워진 한숨, 갖고 싶은 것을 차마 말하지 못하고 삼키는 아이의 침묵. 이 모든 것이 빚이 남기는 보이지 않는 상처다. 아이는 돈이 없다는 사실보다 그로 인해 부모가 잃어버린 웃음과 가정의 온기를 먼저 배운다.

실제로 프린스턴 대학교 연구진은 만성적인 가난이 주는 스트레스가 개인의 인지 기능에 상당한 부담을 주어, 마치 하룻밤을 꼬박 새운 사람처럼 판단력이 흐려지는 효과를 낳는다는 사실을 밝혀냈다.[11] 아이는 단지 가난한 것이 아니라, 가난이 주는 불안 속에서 생각하는 힘마저 빼앗기는 셈이다.

빚의 무게를 보고 자란 아이는 어른이 되어 두 갈래의 길에 서기 쉽다. 돈을 병적으로 두려워하며 어떤 도전도 기피하거나, 부모의 결핍을 보상받으려는 듯 무리한 성공에 집착하며 또 다른 빚의 굴레로 걸어 들어가는 것이다. 빚은 한 세대의 실수를 넘어, 다음 세대의 꿈과 가능성을 담보로 삼는 가장 잔인한 대물림이다. 그것은 재산이 아니라 가난이라는 이름의 운명을 상속하는 일과 다르지 않다.

계약서를 넘어선 희망

모든 빚이 반드시 파국으로 끝나는 것은 아니다. 부부가 빚의 존재를 투명하게 공유하고, 함께 갚아나갈 계획을 세우며, 서로를 비난하는 대신 격려하고 지지할 때, 빚은 오히려 관계를 더욱 단단하게 만드는 시련이 될 수 있다. 공동의 위기를 함께 극복한 경험은 어떤 화려한 이벤트보다 더 깊은 유대감과 신뢰를 낳는다.

물론 이것은 희망에 가깝다. 현실에서 거대한 빚, 특히 주택담보대출

은 종종 가족을 시험에 들게 하는 가장 무거운 짐이 된다. 부동산 가격
이 급등하던 시기, 영혼까지 끌어모아 내 집 마련의 꿈을 이룬 부부들
은 금리가 치솟자 순간에 절망의 벼랑 끝으로 내몰린다. 매달 수백만
원에 달하는 원리금이 월급의 대부분을 삼키고, 부부의 대화는 미래의
꿈 대신 오늘의 생존에 대한 불안으로 채워진다. 한때 희망의 상징이
었던 집은 이제 숨 막히는 감옥이 되고, "그때 무리해서 집을 사지 말
았어야 했다"는 뒤늦은 후회와 원망이 사랑의 자리를 대신한다. 이처
럼 빚은 가장 소중한 관계마저 잠식하는 냉혹한 현실이다.

그럼에도 불구하고 이 어두운 터널 속에서 희망의 빛을 찾아내는 가
족들이 있다. 그들은 서로를 탓하는 대신, 함께 허리띠를 졸라매고 작
은 돈이라도 아껴 빚을 갚아나가는 공동의 목표를 세운다. 외식을 줄
이고, 휴가를 반납하며, 그렇게 모은 돈으로 대출 원금이 조금씩 줄어
드는 것을 함께 확인하는 과정은, 고통스럽지만 동시에 유대감을 확인
하는 의식이 된다. 그들은 빚이라는 공동의 적 앞에서 서로의 가장 든
든한 전우가 되어준다. 빚의 무게를 함께 견뎌낸 부부의 신뢰는 어떤
고난에도 쉽게 흔들리지 않는 단단한 뿌리를 내린다.

빚의 상처를 극복한 가족은 이제 돈의 파괴적인 얼굴뿐만 아니라,
그것을 다룰 수 있는 지혜를 함께 얻었다. 생존을 위한 방어를 넘어 그
들은 이제 미래를 향한 새로운 문을 열 준비를 마친다. 그 문 너머에는
현재의 희생을 기꺼이 미래의 희망으로 바꾸는, 가장 길고도 숭고한
약속이 기다리고 있다.

미래를 향한 가장 긴 베팅

빚이라는 겨울을 견뎌낸 가족의 시선은 자연스럽게 미래로 향한다. 생존을 위한 방어의 시기를 지나, 이제는 희망을 쌓아 올릴 시간이다. 환전상의 탁자는 더 이상 어제의 빚을 청산하는 장소가 아니라 내일의 꿈을 설계하는 제도판이 된다. 그 위에서 가족이라는 공동체가 할 수 있는 가장 의미 있는 미래 설계는 무엇일까. 그것은 바로 다음 세대를 길러내는 일, 즉 세상에서 가장 길고 숭고한 '투자'다.

다시 마시스의 그림으로 돌아가보자. 아내가 손을 얹은 기도서는 단지 신앙의 상징을 넘어, 자녀의 미래를 위한 간절한 기도를 은유하는 것일 수 있다. 그녀의 시선이 남편의 금화로 향하는 것은 세속적 욕망 때문만이 아니라, 그 금화가 아이의 미래를 조각할 유일한 도구임을 직감했기 때문일지도 모른다. 이처럼 자녀의 탄생과 함께 돈은 현재를 위한 교환 수단에서 미래를 위한 투자의 씨앗으로 그 성격을 바꾼다. 그리고 이 투자는 세상에서 가장 길고, 가장 불확실하며, 가장 숭고한 베팅이다.

씨앗, 그리고 기다림의 경제학

자녀를 기르는 것은 한 알의 씨앗을 심는 일과 같다. 당장의 열매를 기대할 수 없지만, 꾸준히 물과 거름을 주며 오랜 시간 기다려야 하는 지난한 과정이다. 부모가 자녀에게 쏟는 돈과 시간은 경제학적 관점에서 보면 '인적 자본'에 대한 투자다.[12] 노벨 경제학상 수상자인 게리 베커는 교육, 훈련, 건강 등에 대한 투자가 개인의 미래 생산성과 소득을 높이는 가장 중요한 자본축적 방식이라고 설명했다. 부모는 자녀의 교육비, 의식주, 정서적 지지에 이르기까지 막대한 비용을 지불한다.

이 투자의 직접적인 금전적 수익은 부모에게 돌아오지 않는다. 하지만 그들은 자녀가 더 나은 삶을 살고, 사회에 기여하는 건강한 개인으로 성장할 것이라는 기대를 가지고 기꺼이 이 비용을 감수한다. 2023년 한국보건사회연구원의 보고서에 따르면, 한국에서 자녀 한 명을 대학 졸업까지 키우는 데 드는 총 양육비는 약 4억 원에 달하는 것으로 추산되었다.[13] 이 막대한 돈은 단순한 '비용'이 아니라, 다음 세대를 위한 우리 사회의 가장 중요한 '투자'인 셈이다. 돈은 세대를 이어 미래를 만드는 가장 긴 호흡의 투자 수단으로 작동한다.

보이지 않는 장부 위의 투자

자녀 양육이라는 긴 투자에는 눈에 보이는 비용만큼이나 눈에 보이지 않는 비용도 크다. 한쪽 부모가 경력 단절을 감수하거나, 양쪽 모두 더 많은 돈을 벌기 위해 여가 시간을 반납하는 희생이 뒤따른다. 이 모든 것은 가계부에는 기록되지 않지만, 가족의 대차대조표에는 보이지 않는 부채이자 투자로 쌓여간다. 부모의 시간과 사랑이라는 이 비물질적 자본이 돈과 결합하여 아이의 미래를 빚어내는 것이다.

하지만 이 투자는 언제나 성공을 보장하지 않는다. 아서 밀러(Arthur

Miller)의 희곡 『세일즈맨의 죽음』에서, 늙은 세일즈맨 윌리 로먼은 두 아들의 성공에 자신의 모든 것을 건다. 그는 아들 비프가 한때 촉망받는 미식축구 선수였다는 과거의 영광에 집착하며, 그가 언젠가 위대한 사업가로 성공할 것이라는 환상을 놓지 못한다.

윌리에게 성공이란 곧 돈과 사회적 명예였고, 그는 아들의 삶에 자신이 실패한 '아메리칸드림'을 투사했다. 그는 아들의 재능이나 행복이 아니라 오직 자신의 기대에 부응하는 삶을 살기를 강요했다. 하지만 정작 비프는 아버지의 기대와 달리 도시의 치열한 경쟁보다 광활한 서부에서 땀 흘리며 일하는 삶을 원했다. 아버지의 왜곡된 투자는 아들에게 죄책감과 압박감만을 안겨주었고, 아들은 아버지의 기대를 배신하며 방황한다.

결국 윌리는 아들의 실패를 자신의 실패로 여기며 절망하고, 가족에게 보험금이라도 남기기 위해 스스로 목숨을 끊는다. 돈으로 성공을 사려 했던 아버지의 투자는 아들의 진정한 모습을 보지 못한 채 모두의 삶을 파괴하는 비극으로 끝을 맺는다. 윌리의 마지막 선택마저 돈과 연결되어 있다는 점은, 그의 비극이 돈의 논리에 얼마나 깊이 잠식되었는지를 보여준다.

오늘날 한국 사회의 과도한 사교육 열풍은 이러한 위험성을 잘 보여준다. 부모들은 자녀가 경쟁에서 뒤처지지 않도록 하기 위해 소득의 상당 부분을 학원비로 지출한다. 이 과정에서 아이들은 자신의 진정한 흥미와 적성을 탐색할 기회를 잃고, 부모는 노후 준비를 희생하며 '자녀 리스크'에 모든 것을 건다. 돈은 미래를 위한 투자의 도구지만, 그 투자가 '자녀의 행복'이라는 본질을 잃고 '성공'이라는 단 하나의 목표에만 매몰될 때, 가족 모두가 불행해지는 결과를 낳을 수 있다.

성공과 실패의 갈림길

자녀라는 가장 긴 투자가 끝나는 지점에서, 세상은 두 개의 다른 저울을 내민다. 하나의 저울은 명문 대학 졸업장, 높은 연봉, 안정된 직장처럼 숫자로 증명되는 성공의 무게를 잰다. 다른 하나의 저울은 실패를 딛고 일어서는 회복력, 타인의 아픔에 공감하는 마음, 돈으로 살 수 없는 것들의 가치를 알아보는 지혜처럼 눈에 보이지 않는 성장의 깊이를 잰다. 부모의 역할이란 어쩌면 이 두 저울 사이에서 혹은 두 저울 위에서 아이의 삶이 어떤 무게를 지니는지 가만히 지켜보는 것일지도 모른다. 돈으로 살 수 있는 성공과 돈으로 살 수 없는 성취 사이, 그 아슬아슬한 경계에서 가족의 진짜 서사는 쓰이기 시작한다.

이 질문에 대한 답은 부모의 일방적인 희생이 아니라, 가족 구성원 모두의 소통과 협력 속에서 찾을 수 있다. 자녀의 의견을 존중하고, 그들의 꿈을 지지하며, 실패하더라도 다시 일어설 수 있다는 믿음을 심어주는 것. 이러한 정서적 투자가 돈의 투자만큼이나 혹은 그 이상으로 중요하다. 돈은 자녀에게 더 많은 기회의 문을 열어줄 수 있지만, 그 문을 열고 나아갈 용기와 의지를 길러주는 것은 결국 사랑과 신뢰다.

가족이라는 이름으로 이루어지는 이 미래를 향한 가장 긴 베팅은 성공과 실패의 가능성을 모두 안고 있다. 돈은 그 과정에서 때로는 희망의 씨앗을 뿌리는 비료가 되기도 하고, 때로는 모든 것을 말라 죽게 하는 독이 되기도 한다. 이 투자의 진정한 수익률은 먼 훗날 아이가 성장하여 자신의 삶을 돌아보았을 때 "나는 사랑받았고, 지지받았으며, 스스로의 길을 선택할 수 있었다"고 느끼는 그 마음의 크기로 측정될 것이다. 그 마음의 자산이야말로 돈으로는 결코 살 수 없는 가장 위대한 유산이 된다. 하지만 이 숭고한 투자의 시간이 끝나고, 부모가 세상을 떠난 뒤에 남겨진 것들은 과연 어떤 얼굴로 남은 이들을 마주하게 될까. 부모가 남긴 마음의 자산과 현실의 자산이 충돌할 때, 가족은 또 다른 시험대 위에 오르게 된다.

아버지의 서재에 남겨진 저울

한평생의 투자가 끝나고 시간의 강이 멈추는 순간, 환전상의 분주했던 탁자는 이제 먼지 쌓인 아버지의 서재로 변한다. 그가 평생에 걸쳐 매만졌던 저울과 금화, 아내가 넘기던 기도서는 새로운 주인을 기다리는 침묵의 유물이 된다. 부모가 세상을 떠난 뒤, 남겨진 것은 돈과 집 그리고 보이지 않는 기억들이다. 바로 '유산'이라는 이름의 마지막 장부다. 돈은 이 마지막 무대 위에서 가장 복잡하고 서늘한 얼굴로 가족 앞에 나타난다. 그것은 평생에 걸친 사랑의 증표인가, 아니면 남은 이들을 분열시키는 권력의 칼날인가.

리어왕과 세 딸
유산은 사랑의 증표가 아니라, 위선과 탐욕을 가르는 시험대가 되었다.

윌리엄 셰익스피어의 비극 『리어왕』은 유산 상속이 어떻게 가족을 파멸로 이끄는지를 보여주는 가장 고전적인 예시다. 늙은 리어왕은 세 딸에게 왕국을 나누어주기에 앞서, 자신을 얼마나 사랑하는지 말로 표현해보라고 요구한다. 그는 사랑이라는 측정 불가능한 가치를 땅이라는 유형의 자산과 교환하려 했다. 달콤한 아첨으로 아버지의 환심을 산 첫째와 둘째 딸은 막대한 땅을 상속받지만, 진실한 마음을 꾸밈없이 표현한 막내딸 코델리아는 아무것도 받지 못한 채 쫓겨난다. 돈으로 사랑을 측정하려 했던 리어왕의 어리석은 판단은, 결국 두 딸의 배신과 자신의 비참한 죽음이라는 파국으로 돌아온다. 유산은 사랑의 증표가 아니라 탐욕과 위선을 시험하는 무대가 되어버린 것이다.

마지막 선물 혹은 갈등의 씨앗

부모가 자녀에게 남기는 유산은 표면적으로는 마지막 사랑의 표현이다. 평생의 노력을 통해 쌓아 올린 부를 자녀에게 물려줌으로써, 그들의 삶이 조금 더 안정되고 풍요로워지기를 바라는 마음이 담겨 있다. 실제로 많은 가정에서 유산은 부모 세대의 헌신에 대한 감사와 자녀 세대의 미래에 대한 기대로 가득 찬, 따뜻한 증여의 마지막 단계다. 이 과정에서 돈은 가족의 유대를 확인하고 세대 간의 사랑을 이어주는 긍정적인 매개가 된다.

하지만 유언장의 잉크가 마르기도 전에 이 마지막 선물은 종종 가족을 해체하는 갈등의 씨앗으로 돌변한다. 현대의 상속 분쟁 역시『리어왕』의 비극과 다르지 않다. 재산의 크기와 상관없이, 유산 분배 과정에서 형제자매들은 수십 년간 억눌러왔던 감정의 앙금을 터뜨리며 서로에게 등을 돌리곤 한다. "부모님은 왜 나보다 형(동생)을 더 사랑했는가"라는 해묵은 질문이, "왜 형(동생)이 나보다 더 많은 돈을 가져가는가"라는 현실적인 다툼으로 비화되는 것이다. 돈은 과거의 기억을 소환하고, 사랑의 크기를 측정하려는 욕망을 자극하며, 가족 내에 잠재된 권력투쟁을 수면 위로 끌어올린다.

부의 대물림과 보이지 않는 계급

가족 안에서 시작된 돈의 권력은 사회 전체로 확장되어 눈에 보이지 않는 계급의 벽을 쌓는다. 프랑스의 경제학자 토마 피케티는 그의 저서 『21세기 자본』에서, 지난 수 세기 동안 자본수익률이 경제성장률을 앞질러왔으며, 이로 인해 부의 불평등이 심화되어왔다고 주장했다. 그의 분석에 따르면, 노동을 통해 소득을 버는 것보다 이미 축적된 자본(부동산, 주식 등)을 통해 부를 늘리는 속도가 훨씬 빠르다. 이는 곧 상속을 통해 막대한 자본을 물려받은 사람은 별다른 노력 없이도 부를 계속해서 불려나갈 수 있는 반면, 노동소득에만 의존하는 사람은 그 격차를 따라잡기 어렵다는 것을 의미한다.

'세습 자본주의'는 개인의 능력이나 노력보다 '어떤 부모에게서 태어났는가'가 개인의 사회경제적 지위를 결정하는 사회를 만든다. 한국 사회에서 회자되는 '수저 계급론'은 이러한 현실을 압축적으로 보여 주는 표현이다. 부모의 재력에 따라 금수저·은수저·흙수저로 나뉘는 이 신조어는, 상속과 증여가 개인의 삶에 미치는 결정적인 영향력을 반영한다. 돈은 유산이라는 형태로, 한 세대의 부와 특권을 다음 세대로 이전시키며 사회적 이동의 사다리를 걷어차버린다.

물론 상속 자체를 부정할 수는 없다. 부모가 자녀에게 재산을 물려주고자 하는 것은 자연스러운 인지상정이다. 부모가 평생에 걸쳐 쌓은 부와 지혜가 다음 세대에게 더 나은 출발선을 제공하고, 이는 사회 전체의 인적 자본을 한 단계 끌어올리는 동력이 되기도 한다. 안정된 자본을 바탕으로 새로운 사업에 도전하거나, 실패의 두려움 없이 창의적인 활동에 매진할 수 있는 환경은 혁신의 밑거름이 될 수 있다.

하지만 과도한 부의 대물림이 사회 전체의 기회 불평등을 심화시키고 공동체의 활력을 저해한다면, 이는 사회적 논의의 대상이 될 수밖에 없다. 상속세 논쟁이 뜨거운 이유도 여기에 있다. 높은 상속세는 부의 재분배를 통해 불평등을 완화하는 역할을 하지만, 개인의 재산권과 상속의 자유를 침해한다는 비판에 직면하기도 한다. 돈은 한 가족의 사적인 영역을 넘어 사회 전체의 정의와 공정성에 대한 근본적인 질문을 던진다.

유산을 넘어서는 유산

그렇다면 우리는 자녀에게 무엇을 남겨야 하는가. 돈과 재산만이 유일한 유산일까. 어쩌면 진짜 유산은 돈으로 살 수 없는 것들에 있는지도 모른다. 정직하게 살아가는 태도, 어려움에 굴하지 않는 용기, 타인과 더불어 살아가는 지혜와 같은 무형의 가치들이야말로 한 세대가 다음 세대에게 물려줄 수 있는 가장 위대한 유산일 것이다.

미국의 강철왕 앤드루 카네기는 "부자로 죽는 것은 부끄러운 일"이라며 자신의 재산 대부분을 사회에 환원했다. 그는 자녀에게 막대한 돈을 물려주는 것이 오히려 그들의 삶을 망칠 수 있다고 믿었다. 그는 도서관과 학교, 연구 재단을 설립하여 모든 사람이 지식과 교육의 기회를 누릴 수 있는 사회적 유산을 남겼다. 그의 선택은 돈의 권력이 개인의 소유를 넘어 어떻게 사회 전체를 위한 창조적 힘으로 전환될 수 있는지를 보여준다.

결국 가족이라는 작은 공동체에서 시작된 돈의 이야기는, 사회라는 더 큰 공동체의 미래와 연결된다. 돈은 한 가문의 부를 축적하는 도구가 될 수도 있고, 사회 전체의 발전에 기여하는 씨앗이 될 수도 있다. 선택은 유산을 남기는 자와 그 유산을 받는 자 모두의 몫이다. 돈의 마지막 얼굴인 '유산'은 우리에게 '어떻게 벌고 쓸 것인가'를 넘어 '무엇을 남기고 갈 것인가'라는 가장 근원적인 삶의 질문을 던진다. 그 질문에 대한 우리의 대답 속에, 이 책의 마지막 페이지가 쓰일 것이다.

현관문 앞에서 쓰는 마지막 장, 당신의 첫 질문

돈의 인격을 알기 위해 우리는 골룸의 동굴까지 내려가 반지의 속삭임을 들었고, 돈의 신뢰를 알기 위해 오즈의 에메랄드 시티에서 허상의 커튼을 들춰보았다. 돈이 시간을 어떻게 지배하는지 알기 위해 1분 1초의 생명을 걸고 도시를 달려야 했고, 돈이 빚어내는 거품의 정체를 알기 위해 월스트리트의 가장 높은 빌딩에도 올랐다. 그러나 그 멀고 험한 길 위에서 우리가 배운 것은 단 한 가지였다. 돈에 관한 가장 중요한 질문과 가장 어려운 대답은 언제나 낡은 열쇠로 문을 여는 우리 집 현관문 안쪽에 있다는 사실이다.

격물치지(格物致知), 돈의 이치를 탐구하다

모든 것은 돈이라는 거대한 사물의 본질을 알아가는 것에서 시작되었다. 우리는 돈이 단순한 숫자가 아니라, 우리의 욕망과 두려움을 비추는 존재임을 먼저 알아야 했다. 돈은 인격이 되어 우리에게 말을 걸었고, 기억의 장부가 되어 우리의 어제를 기록했으며, 시간의 강물 위를 흐르며 우리의 유한함을 일깨웠다. 나아가 돈의 진짜 가치는 시장이 매긴 가격표 너머에 숨어 있음을, 그 가치는 결국 실체가 아닌 서로를 향한 신뢰 위에서 피어나는 마법임을 깨달았다. 그리고 그 마법은 교환이라는 광장에서 낯선 이들의 손을 맞잡게 하며 문명이라는 기적을 일구었다.

성의정심(誠意正心), 돈을 다스리는 마음을 세우다

돈의 이치를 알게 된 뒤, 우리는 그 힘을 올바르게 사용하기 위한 마음을 세워야 했다. 우리는 레버리지라는 아슬아슬한 외줄 위에서 희망과 파멸 사이를 오갔고, 부채라는 지울 수 없는 계약서에 우리의 미래를 저당 잡혔다. 유동성이라는 변덕스러운 강물은 한순간에 모든 것을 집어삼키는 홍수가 되기도, 모든 것을 말라 죽게 하는 가뭄이 되기도 했다. 이 위험한 도구들 앞에서 우리는 탐욕을 경계하고 두려움을 다스리며, 돈의 주인이 되기 위한 내면의 규율을 세워야만 했다.

수신제가(修身齊家), 그리고 그 너머

그렇게 돈을 다스리는 마음을 세운 뒤에야 비로소 우리는 나 자신과 우리를 둘러싼 작은 세계를 돌볼 수 있게 되었다. 우리는 생존을 위한 고통을 넘어, 톰 소여의 울타리 앞에서처럼 일이 유쾌한 놀이가 될 수 있음을 발견했다. 돈이 없어 가족을 지키지 못하는 크리스의 아픔을 보며 돈의 무게를 실감했고, 돈이 많아도 사랑을 얻지 못하는 개츠비의 공허를 보며 돈의 한계를 배웠다. 그리고 마지막으로 당도한 가족의 현관문 앞에서, 환전상의 아내가 기도서에서 눈을 떼고 금화를 바라보던 그 순간의 의미를 곱씹었다. 돈을 향한 이 모든 탐구는, 결국 사람에게로 돌아오는 길이었다.

당신의 돈은 지금 어떤 얼굴을 하고 있는가

이 긴 원정의 마지막 페이지를 덮으며, 우리는 다시 첫 질문으로 돌아온다. 당신의 지갑 속에, 당신의 은행 계좌 속에 그리고 당신의 마음 속에 있는 돈은 지금 어떤 얼굴을 하고 있는가.

우리는 이 책을 통해 돈이 스스로 말하지 않음을 이야기해왔다. 돈의 얼굴은 결국 그것을 사용하는 우리의 얼굴이다. 돈은 때로는 우리의 삶을 풍요롭게 만드는 훌륭한 하인이 되기도 하고, 때로는 우리를 지배하고 파멸로 이끄는 끔찍한 주인이 되기도 한다.

이제 책을 덮는 당신의 손에 그 선택의 저울이 들려 있다. 돈이라는 이 강력하고도 매혹적인 존재를 당신의 삶에서 어떤 동료로, 어떤 하인으로, 어떤 도구로 받아들일 것인가.

그 마지막 질문에 대한 답은 이 책의 마지막 페이지가 아니라, 당신이 앞으로 살아갈 모든 날 속에, 당신만의 원정대가 써 내려갈 위대한 이야기 속에 있을 것이다.

당신의 돈은 하인인가 주인인가

• 에필로그

'얼굴'은 '얼이 드나드는 굴', 즉 정신과 혼이 세상을 향해 흐르는 통로다. 우리는 이 책에서 돈을 얼굴에 비유했다. 돈은 혼처럼 사람들 사이를 드나들고, 때로는 우리 삶 깊숙한 곳까지 스며든다. 하지만 그 실체는 손에 잡히지 않는다.

장폴 사르트르(Jean-Paul Sartre)는 이처럼 모호한 개념을 이해하려면 주변의 현상을 관찰하라고 했다. 이 책은 그 조언에 따라 돈이 활동하는 열두 가지 현상을 추적한 기록이다. 한마디로 규정할 수 없는 돈은 인격이 되고 기억이 되며 때로는 시간이 되어 우리 곁에 머물렀다.

기억과 시간, 가치와 신뢰, 교환과 레버리지, 빚과 유동성, 일과 행복, 가족에 이르기까지 돈은 늘 우리 삶의 가장 가까운 곳에서 얼굴을 바꿔왔다. 그렇다면 지금, 당신의 돈은 하인인가 주인인가?

이 질문을 단번에 답하기는 쉽지 않다. 돈의 정체는 우리가 서 있는 위치에 따라 다르게 보이기 때문이다. 돈의 추상적 개념은 산 위에서 보면 선명하게 구분되지만, 그 실체는 우리가 발 딛고 선 산 아래의 삶에서 뒤섞인 채 드러난다.

우리는 일해서 돈을 벌고 가족을 부양하며, 남은 돈으로 투자하고 집을 장만하고 자녀를 교육하며 노후를 준비한다. 이 치열한 현실 속에서 돈은 하인이 되었다가 주인이 되기를 반복한다. 산을 오른 뒤 내려오는 길에서, '돈의 열두 가지 얼굴'은 당신의 삶과 맞닿을 때 비로소 더 또렷해질 것이다.

이처럼 복잡하고 모호한 현실의 산 아래에서 길을 잃지 않으려면 흔들리지 않는 기준이 필요하다. 우리가 마지막 12장 '돈과 가족'을 시작할 때 동양철학의 고전 『대학』(大學)을 펼쳐든 이유도 바로 그 때문이다.

'격물치지 성의정심 수신제가치국평천하'(格物致知 誠意正心 修身齊家治國平天下).

예로부터 이 구절은 세상을 다스리는 평천하(平天下)의 인물, 즉 임금이 될 사람을 위한 말이었다. 왕이 되려거든 먼저 사물을 끝까지 탐구하여 그 근본 이치를 이해해야 한다는 요구다. 그리고 그 탐구해야 할 '사물' 속에는 늘 돈이 포함되어 있었다. 돈은 단순한 교환 수단이 아니라, 세상을 운영하고 백성을 살리는 핵심 도구였기 때문이다. '경세제민'(經世濟民), 곧 세상을 다스리고 백성을 구한다는 말이 경제의 어원이 된 것도 그 때문이다.

우리의 삶도 이와 다르지 않다. 비록 왕은 아닐지라도 내 삶을 닦고 가정을 건사하며 나만의 경제적 세계를 다스리기 위해서는 우리 역시 돈이라는 '사물'을 끝까지 탐구해야 한다.

이 책을 따라 돈을 탐구해온 시간은 결국 돈이라는 사물을 통해 우리 삶의 '얼'을 헤아리는 과정이었다. 앞으로도 우리는 돈의 수많은 얼굴을 만날 것이다. 어떤 얼굴은 시험이 되고, 어떤 얼굴은 유혹이 되며, 어떤 얼굴은 끝내 가족과 삶의 방향을 묻는 질문으로 돌아올 것이다.

그때마다 이 책에서 함께 걸었던 사유의 길을 떠올릴 수 있다면 좋겠다. 돈을 소유하는 사람이 아니라, 돈과의 관계를 성찰하는 사람으로서. 얼굴을 알아보고, 그 이면의 얼을 헤아릴 줄 아는 사람으로서 말이다.

그러하다면 당신의 돈은 더 이상 당신을 끌고 가는 주인이 아니라, 당신이 책임 있게 건너가야 할 단단한 다리가 되어 있을 것이다.

2026년 2월

류상철·박종호·정태관

돈에 대한 정직한 안내서

• 추천사

거의 모든 사람은 "돈이 더 많았으면 좋겠다"라는 생각을 가지고 살아가고 있을 것이다. 돈을 조금 더 많이 가지면 안심이 될 것 같고, 원래 생각했던 안심의 수준이 충족되면 더 충분한 안심이 필요해 보인다. 그런데 그렇게 쌓아 올린 목표들은 어느 순간부터 우리를 보호하기보다는, 오히려 끊임없는 비교와 조급함 속으로 밀어 넣을 소지가 있다.

자연계에서 생존에 필요한 수준을 넘어 물질을 끊임없이 축적하려는 존재가 인간뿐이라는 사실은 그래서 더욱 의미심장하게 다가온다. 우리는 만물의 영장이라는 이름 아래, 과연 어디까지를 욕망이라 부르고 어디부터를 집착이라 말할 수 있을까. '에브리싱 랠리' 'FOMO' '영끌' '빚투' 'FIRE' 같은 신조어가 일상이 된 지금, 돈은 더 이상 단순한 경제적 도구가 아니라 삶의 가치와 선택을 규정하는 중심축이 되어버린 듯하다.

『돈의 열두 가지 얼굴』은 바로 이러한 시대적 현실 속에서, 우리에게 너무 익숙해져버린 돈에 대한 생각을 근본부터 다시 묻는 책이다. 이 책은 돈을 많이 벌 것인지 적게 벌 것인지의 문제를 다루지 않는다. 대신 돈이 인간의 욕망과 두려움, 윤리적 판단과 사회적 관계 속에서 어떤 얼굴로 나타나는지를 하나하나 비추어 보여준다. '돈은 많을수록 좋다'는 가장 단순한 전제에서 출발해, 그 생각이 얼마나 다양한 부분의 문제를 가리고 있었는지를 차분하게 드러낸다.

책 곳곳에 선인들의 명언, 소설, 연극과 영화, 학자들의 논문과 저술, 역사적 사실과 에피소드 등이 풍부하게 인용된다. 그러나 이 방대한 자료는 지식의 과시가 아니라, 독자가 자기 경험과 자연스럽게 연결해 사유할 수 있도록 돕는 장치로 기능한다. 저자들은 서로 다른 분야의 이야기를 유기적으로 엮어, 돈이라는 하나의 주제를 인간 삶 전체의 맥락 속에서 재해석해낸다. 이 과정에서 드러나는 통찰은 저자들의 깊은 독서와 오랜 사유의 결과임을 분명히 느끼게 한다.

특히 인상적인 점은 이 책이 돈을 철저히 물질로서 다루면서도, 동시에 그 이면에 얽혀 있는 윤리와 도덕, 철학과 사상, 사회적 인식의 문제를 결코 놓치지 않는다는 것이다. 경제학, 경영학, 회계학은 물론 철학, 윤리학, 신학, 사회학, 정치학에 이르는 학제적 접근은 돈이 단지 개인의 문제가 아니라 사회 전체의 가치관과 깊이 연결되어 있음을 설득력 있게 보여준다.

이 책을 읽으며 나는 자연스럽게 스스로에게 여러 질문을 던지게 되었다. 나는 지금 돈을 어떤 기준으로 판단하고 있는가, 그 기준은 과연 내 삶을 더 자유롭게 만들고 있는가. 그리고 내가 추구하는 안심 또는 안정과 성공은 정말 나 자신의 언어로 정의된 것인가.『돈의 열두 가지 얼굴』은 이러한 질문에 즉각적인 답을 주지 않는다. 대신 독자가 각자의 삶을 비추어 스스로 답을 찾아가도록 조용히 곁에 머문다.

돈을 추구하며 살아가는 보통의 사람, 한창 돈의 필요를 절실히 느끼는 젊은 세대, 여전히 돈으로부터 완전히 자유롭지 못하다고 느끼는 은퇴 세대에 이르기까지. 이 책은 누구에게나 다른 울림으로 다가갈 것이다. 그러나 분명한 것은, 이 책이 돈의 많고 적음을 넘어 우리가 어떤 삶을 선택하며 살아가고 있는지를 다시 성찰하게 만드는, 깊고도 정직한 안내서라는 점이다.

2026년 2월
전 한국은행 부총재
윤면식

돈, 삶, 현명함
• 추천사

너무 뻔한 말이지만, 돈은 엄청 중요합니다. 살면서 돈만큼 중요한 게 별로 없을 정도로 중요합니다.

그 말은 우리가 돈, 경제, 금융, 화폐를 잘 이해하는 게 매우 중요하다는 뜻이기도 합니다. 꼭 전문가가 될 필요까지는 없지만, 기본적인 원리만 알아도 우리가 내리는 수많은 의사결정이 훨씬 합리적이고 현명해질 수 있습니다.

이 책은 돈을 이해하는 데 도움이 됩니다. 기초를 다지는 데 도움이 되는 좋은 출발점 같은 책입니다. 경제학에 대한 배경지식이 없어도 읽는 데 어려움이 없게 쓰였습니다. 우리에게 익숙한 다양한 예술 작품이 비유로 담겨 있어 반갑고 또 재밌습니다.

이 책은 단순히 경제를 더 잘 알게 해주는 것에서 그치지 않습니다. 돈을 인문학적으로 고찰함으로써 현대를 살아가는 우리에게 꼭 필요한 사유의 기회를 주기도 합니다. 나의 삶을 돌아보고, 더 현명하고 의미 있는 선택에 대해 고민하도록 돕습니다.

개인적으로는 이 책의 시작에 트레바리 커뮤니티가 있다는 점이 특히 큰 기쁨이자 영광입니다. 함께 읽고 쓰며 쌓은 대화가 한 권의 책으로 이어지는 과정은 언제 접해도 가슴 벅찹니다. 책에도 나오지만, 의미 있는 관계는 우리의 건강과 행복에 있어 돈보다도 더 핵심적인 역할을 합니다. 제게 이 책은 커뮤니티가 가진 힘과 가능성을 보여주는 증거이기도 합니다.

이 책이 더 많은 독자에게 닿아, 돈과 삶을 바라보는 시야를 넓히고 스스로의 선택을 조금 더 현명하게 만드는 데 도움이 되기를 바랍니다.

2026년 2월
트레바리 대표
윤수영

주석 및 참고문헌

Part 1. 돈의 정체성: 내면의 거울이자 시간 속에 기록된 기억

1. 돈과 인격: 선택과 가치관을 비추는 거울

1 J.R.R. Tolkien, *The Lord of the Rings*. Crows Nest: Allen & Unwin, 1954-55.

2 Nicholas Epley et al., "On Seeing Human: A Three-Factor Theory of Anthropomorphism," *Psychological Review* vol.114 no.4, 2007, pp.864-886.

3 Xilin Wang, "Money in a 'Safe' place: Money Anthropomorphism Increases Saving Behavior," *Journal of Consumer Psychology* vol.33 no.2, 2023, pp.300-312.

4 Jacob Needleman, *Money and the Meaning of Life*, New York: Doubleday, 1991.

5 Kathleen D. Vohs et al., "The Psychological Consequences of Money," *Science* vol.314 no.5802, 2006, pp.1154-56.

6 Daniel Kahneman and Amos Tversky, "Prospect Theory: An Analysis of Decision under Risk," *Econometrica* vol.47 no.2, 1979, pp.263-291.

7 Richard H. Thaler, "Mental Accounting and Consumer Choice," *Marketing Science* vol.4 no.3, 1985, pp.199-214.

8 Oscar Wilde, "The Picture of Dorian Gray," *Lippincott's Monthly Magazine*, 1890.

9 Honoré de Balzac, *Père Goriot*, 1835.

10 John Maynard Keynes, "Economic Possibilities for our Grandchildren," *The Nation and Athenaeum*, 1930.

11 Andrew Carnegie, "The Gospel of Wealth," *The North American Review*, 1889.

12 Elizabeth W. Dunn et al., "Spending Money on Others Promotes Happiness," *Science* vol.319 no.5870, 2008, pp.1687–88.

13 Paul Tassi, "The Gaming Community Is In Full-Scale Revolt Against 'Diablo Immortal'," *Forbes*, June 4, 2022.

14 Michael C. Jensen and William H. Meckling, "Theory of the Firm: Managerial Behavior, Agency Costs and Ownership Structure," *Journal of Financial Economics* vol.3 no.4, 1976, pp.305–360.

15 Charles Dickens, *A Christmas Carol*, London: Chapman & Hall, 1843.

16 Viviana A. Zelizer, *The Social Meaning of Money: Pin Money, Paychecks, Poor Relief, and Other Currencies*, Princeton: Princeton University Press, 1994.

17 Uri Gneezy and Aldo Rustichini, "A Fine Is a Price," *The Journal of Legal Studies* vol.29 no.1, 2000, pp.1–17.

18 Aristotle, *Nicomachean Ethics*, 4th Century BCE.

2. 돈과 기억: 사회적 기억장치

1 Metropolitan Museum of Art, *Cuneiform tablet*, administrative account of barley distribution with cylinder seal impression of a male figure, hunting dogs, and boars, n.d., accessed July 14, 2025, https://www.metmuseum.org/art/collection/search/329081.

2 Narayana Kocherlakota, "Money Is Memory," *Journal of Economic Theory* 81 no.2, 1998, pp.232–251.

3 Milton Friedman, "The Island of Stone Money," Hoover Institution Working Paper Series, 1991.

4 New York Fed, "Gold Vault," Federal Reserve Bank of New York. n.d., July 14, 2025, https://www.newyorkfed.org/aboutthefed/goldvault.html.

5 Thomas J. Sargent, "The Ends of Four Big Inflations," edited by Robert E. Hall, *Inflation: Causes and Effects* Chicago: University of Chicago Press, 1982, pp.41–

97.

6 Satoshi Nakamoto, "Bitcoin: A Peer-to-Peer Electronic Cash System," 2008, Accessed July 14, 2025, https://bitcoin.org/bitcoin.pdf.

3. 돈과 시간: 가격표가 붙은 오늘

1 Andrew Niccol, "In Time," 20th Century Fox, 2011.

2 Shane Frederick et al., "Time Discounting and Time Preference: A Critical Review," *Journal of Economic Literature*, 2002, pp.351–401.

3 Sendhil Mullainathan and Eldar Shafir, *Scarcity: Why Having Too Little Means So Much*, New York: Times Books, 2013.

4 Irving Fisher, *The Theory of Interest*, New York: The Macmillan Company, 1930.

5 David Bach, *The Automatic Millionaire*, New York: Crown Business, 2004.

6 Franco Modigliani, "Utility Analysis and the Consumption Function: An Interpretation of Cross-Section Data," edited by K. Kurihara, *Post-Keynesian Economics*, New Brunswick: Rutgers University Press, 1954, pp.388–436.

7 Thomas Piketty, *Capital in the Twenty-First Century*, translated by Arthur Goldhammer, Cambridge: The Belknap Press of Harvard University Press, 2014.

8 Milton Friedman, *The Counter-Revolution in Monetary Theory*, London: Institute of Economic Affairs, 1970.

9 Lucius Annaeus Seneca, *De Brevitate Vitae*, c.62 AD.

Part 2. 세상으로 나온 돈: 교환으로 드러난 돈의 가치

4. 돈과 가치:명목과 실질 사이의 거리

1 이 장에서는 마이클 루이스(Michael Lewis)의 논픽션을 원작으로 한 베넷 밀러(Bennett Miller) 감독의 영화 「머니볼」(Moneyball, 2011)의 서사를 주로 참조했다. 하지만 이론적 배경과 실제 사건은 원작의 내용을 바탕으로 재구성했다.

영화에서는 빌리 빈의 조력자가 '피터 브랜드'라는 가상의 인물로 등장하지만, 원작 소설에서는 실존 인물인 '폴 디포데스타'가 그 역할을 수행했다.

2 Michael Lewis, *Moneyball: The Art of Winning an Unfair Game*, New York: W. W. Norton & Company, 2003.

3 세이버메트릭스(Sabermetrics)는 미국야구연구협회(the Society for American Baseball Research, SABR)의 머리글자에서 유래했으며, 야구 역사학자이자 통계학자인 빌 제임스에 의해 만들어졌다.

4 William Stanley Jevons, *Money and the Mechanism of Exchange*, New York: D. Appleton, 1875.

5 Sports Illustrated, "Moneyball impact after 10 years," *Sports Illustrated*, September 22, 2011.

6 New York Sports Show, "The Stats Behind The 2002 Moneyball Season," 2021, https://www.newyorksportsshow.com/post/the-stats-behind-the-2002-moneyball-season?utm_source=chatgpt.com.

7 같은 기사.

8 Adam Smith, *The Wealth of Nations*, 1776.

9 같은 책.

10 William Stanley Jevons, *The Theory of Political Economy*, London: Macmillan and Co., 1871.

11 Irving Fisher, *The Money Illusion*, New York: Adelphi Company, 1928.

12 Robert Shiller, *Irrational Exuberance* 3rd ed., Princeton: Princeton University Press, 2015.

13 Chris Gaither and Dawn C. Chmielewski, "Fears of a dot-com bubble bust grow," *Los Angeles Times*, March 17, 2008.

14 Charles Mackay, *Extraordinary Popular Delusions and the Madness of Crowds*, London: Richard Bentley, 1841.

15 Charles P. Kindleberger and Robert Z. Aliber, *Manias, Panics, and Crashes: A History of Financial Crises* 6th ed., New York: Palgrave Macmillan, 2011.

16 George Akerlof, "The Market for 'Lemons': Quality Uncertainty and the Market Mechanism," *The Quarterly Journal of Economics* 84 no.3, 1970.

17 Eugene Fama, "Efficient Capital Markets: A Review of Theory and Empirical Work," *The Journal of Finance* 25 no.2, 1970.

18 Robert Shiller, *Irrational Exuberance* 3rd ed., Princeton: Princeton University Press, 2015.

19 Banksy, " 'The urge to destroy is also a creative urge'–Picasso," Instagram, October 6, 2018.

20 Thorstein Veblen, *The Theory of the Leisure Class*, London: Macmillan, 1899.

21 Georg Simmel, *The Philosophy of Money*, Berlin: Duncker & Humblot, 1907.

5. 돈과 신뢰: 종잇조각에 불어넣은 숨결

1 U.S. Department of the Treasury, "History of 'In God We Trust'," n.d.

2 같은 글.

3 Barry Eichengreen, *Exorbitant Privilege: The Rise and Fall of the Dollar and the Future of the International Monetary System*, Oxford: Oxford University Press, 2011.

4 Georg Simmel, *The Philosophy of Money*, Translated by Tom Bottomore and David Frisby, Milton Park: Routledge, 1978.

5 Bank of England, "Money creation in the modern economy," *Quarterly Bulletin*, 2014 Q1.

6 Federal Reserve System, "Money Stock Measures H.6," Federal Reserve Statistical Release, 2024.

7 Bank of Korea, "Money Supply Statistics," Economic Statistics System, 2024.

8 Carmen M. Reinhart and Kenneth S. Rogoff, *This Time Is Different: Eight Centuries of Financial Folly*, Princeton: Princeton University Press, 2011.

9 Hyman P. Minsky, "The Financial Instability Hypothesis," The Jerome Levy Economics Institute of Bard College, Working Paper No.74, 1992.

10 Financial Crisis Inquiry Commission, *The Financial Crisis Inquiry Report*, U.S. Government Printing Office, 2011.

11 Charles P. Kindleberger and Robert Z. Aliber, *Manias, Panics, and Crashes: A History of Financial Crises* 6th ed., London: Palgrave Macmillan, 2011.

12 Financial Stability Board, "FSB Chair's letter to G20 Leaders," November, 2010.

13 Robert D. Putnam, *Bowling Alone: The Collapse and Revival of American Community*, New York: Simon & Schuster, 2000.

14 Gregory Maguire, *Wicked: The Life and Times of the Wicked Witch of the West*, New York: ReganBooks, 1995.

15 Agustín Carstens, "The soul of money," Speech at Princeton University, 2019.

6. 돈과 교환: 이기심이 만든 공감의 질서

1 William Stanley Jevons, *Money and the Mechanism of Exchange*, New York: D. Appleton and Co., 1875.

2 George J. Stigler, "The Economics of Information," *Journal of Political Economy* vol.69 no.3, Chicago: University of Chicago Press, 1961, pp.213-225.

3 Adam Smith, *An Inquiry into the Nature and Causes of the Wealth of Nations*, London: W. Strahan and T. Cadell, 1776.

4 Matt Ridley, *The Rational Optimist: How Prosperity Evolves*, New York: Harper-Collins, 2010.

5 Peter Temin, *The Roman Market Economy*, Princeton: Princeton University Press, 2013.

6 Richard von Glahn, *Fountain of Fortune: Money and Monetary Policy in China, 1000-1700*, Berkeley: University of California Press, 1996.

7 Adam Smith, *An Inquiry into the Nature and Causes of the Wealth of Nations*, 1776.

8 David Ricardo, *On the Principles of Political Economy and Taxation*, London: John Murray, 1817.

9 Karl Marx, *Economic and Philosophic Manuscripts of 1844*, 1844.

10 Émile Durkheim, *The Division of Labor in Society*, 1893.

11 Adam Smith, *An Inquiry into the Nature and Causes of the Wealth of Nations*, 1776.

Part 3. 돈이 여는 기회: 가능성의 도약과 그 무게

7. 돈과 레버리지: 현재의 한계를 뛰어넘는 지렛대

1 Ploutarchos, *Parallel Lives*, "Marcellus," n.d.

2 Michael Lewis, *The Big Short: Inside the Doomsday Machine*, New York: W. W. Norton & Company, 2010.

3 F. Modigliani and M.H. Miller, "The Cost of Capital, Corporation Finance and the Theory of Investment," *The American Economic Review* vol.48 no.3, 1958, pp.261-297.

4 F. Modigliani and M.H. Miller, "Corporate Income Taxes and the Cost of Capital: A Correction," *The American Economic Review* vol.53 no.3, 1963, pp. 433-443.

5 Deutsche Ban, "Shorting Home Equity Mezzanine Tranches," February, 2007.

6 Hyman P. Minsky, "The Financial Instability Hypothesis," The Jerome Levy Economics Institute of Bard College, Working Paper No.74, 1992.

7 D. Kahneman and A. Tversky, "Prospect Theory: An Analysis of Decision under Risk," *Econometrica* vol.47 no.2, 1979, pp.263-291.

8 R.J. Shiller, *Irrational Exuberance* 3rd ed., Princeton: Princeton University Press, 2015.

9 Bank for International Settlements, "Basel III: Finalising post-crisis reforms," 2017.

10 2008년 글로벌 금융위기 이후, 금융 시스템의 안정성을 강화하고 소비자를 보

호하기 위해 2010년 미국에서 제정된 광범위한 금융개혁법이다. 대형 금융기관에 대한 감독 강화, 파생상품 규제, 소비자 금융 보호국(CFPB) 설립 등의 내용을 담고 있다.

8. 돈과 부채: 가장 무거운 약속

1 한국회계기준원.『재무보고를 위한 개념체계』. 2018.

2 Friedrich Nietzsche, *On the Genealogy of Morality*, Leipzig: C.G. Naumann, 1887.

3 David Graeber, *Debt: The First 5,000 Years*, New York: Melville House, 2011.

4 Bengt Holmström, "Moral Hazard and Observability," *The Bell Journal of Economics* vol.10 no.1, 1979, pp.74-91.

5 Eldar Shafir et al., "Money illusion," *The Quarterly Journal of Economics* vol.112 no.2, 1997, pp.341-374.

6 박종화, "'영끌'에 '빚투'까지… 대한민국은 부채 공화국,"『한겨레』, 2021년 10월 15일.

7 Diana B. Henriques, *The Wizard of Lies: Bernie Madoff and the Death of Trust*, New York: Times Books, 2011.

8 Barry Eichengreen, *Exorbitant Privilege: The Rise and Fall of the Dollar and the Future of the International Monetary System*, Oxford: Oxford University Press, 2011.

9 Adair Turner, *Between Debt and the Devil: Money, Credit, and Fixing Global Finance*, Princeton: Princeton University Press, 2015.

10 Paolo Hernando, "Japan's Fiscal Crossroads: Navigating High Public Debt and Aging Challenges," *AMRO Blog*, March 26, 2025.

11 Carmen M. Reinhart and Kenneth S. Rogoff, *This Time Is Different: Eight Centuries of Financial Folly*, 2009.

12 David Graeber, *Debt: The First 5,000 Years*, 2011.

13 Lucinda Cory, "A Historical Perspective on Bankruptcy," *On the Docket* vol.2

no.2, 2000.

14 Acton Institute, "Forgive Us Our Debts," *Religion & Liberty* vol.33 no.2, 2023.

9. 돈과 유동성: 흐르는 강물이 마를 때

1 Yuval Noah Harari, *Sapiens: A Brief History of Humankind*, London: Harvill Secker, 2014.

2 Douglas W. Diamond and Philip H. Dybvig, "Bank Runs, Deposit Insurance, and Liquidity," *Journal of Political Economy* vol.91 no.3, 1983, pp.401-419.

3 Federal Reserve History, "Banking Panics of 1930-31," Federal Reserve History, n.d. Accessed July 22, 2025.

4 John Maynard Keynes, *The General Theory of Employment, Interest and Money*, London: Macmillan, 1936.

5 Ovid, *Metamorphoses*, c.8 AD.

6 The Financial Crisis Inquiry Commission, "The Financial Crisis Inquiry Report," U.S. Government Printing Office, 2011.

7 Laura E. Kodres, "Liquidity Risk (Mis)Management: The Failure of Silicon Valley Bank and the liability-Driven Investment Episode in UK Gilt Markets," *MIT Golub Center for Finance and Policy Briefs and Blogs*, 2023, Accessed July 22, 2025.

8 Don Mathews, "How Averting Disaster Caused Inflation," *Reg Murphy Center for Economic and Policy Studies, College of Coastal Georgia*, January 26, 2024, Accessed July 22, 2025.

9 ResiClub Analytics, "U.S. home prices have soared 47% since the pandemic began," ResiClub Analytics, June 18, 2024, Accessed July 22, 2025.

10 Milton Friedman, *The Counter-Revolution in Monetary Theory*, The Institute of Economic Affairs, 1970.

11 Michael Evans, "What Happened to Silicon Valley Bank(SVB) and Is It Still in Business?" *Investopedia*, May 21, 2024, Accessed July 22, 2025.

12 Ray Dalio, *Principles for Navigating Big Debt Crises*, Westport: Bridgewater Associates, 2018.

13 Carmen M. Reinhart and Kenneth S. Rogoff, *This Time Is Different: Eight Centuries of Financial Folly*, 2009.

14 John Kenneth Galbraith, *A Short History of Financial Euphoria*, Knoxville: Whittle Direct Books, 1990.

Part 4. 돈과 함께 살기: 차가운 숫자에 온기를

10. 돈과 일: 벌이인가 놀이인가

1 Adam Smith, *An Inquiry into the Nature and Causes of the Wealth of Nations*, London: W. Strahan and T. Cadell, 1776.

2 Robert J. Shiller, *Narrative Economics: How Stories Go Viral and Drive Major Economic Events*, Princeton: Princeton University Press, 2019.

3 Carl Menger, *Principles of Economics*, Zillbach: Wilhelm Braumüller, 1871.

4 Viviana A. Zelizer, *The Social Meaning of Money: Pin Money, Paychecks, Poor Relief, and Other Currencies*, Princeton: Princeton University Press, 1994.

5 Viviana A. Zelizer, *The Social Meaning of Money: Pin Money, Paychecks, Poor Relief, and Other Currencies*, 1994.

6 Karl Marx, *Economic and Philosophic Manuscripts of 1844*, Moscow: Marx-Engels-Lenin Institute, 1844.

7 Denise M. Rousseau, *Psychological Contracts in Organizations: Understanding Written and Unwritten Agreements*, Thousand Oaks: Sage Publications, 1995.

8 Jim Harter, "Is Quiet Quitting Real?" *Gallup Workplace*, September 6, 2022.

9 Carl Shapiro and Joseph E. Stiglitz, "Equilibrium Unemployment as a Worker Discipline Device," *The American Economic Review* vol.74 no.3, 1984, pp.433-444.

10 Philippe Van Parijs, *Real Freedom for All: What (If Anything) Can Justify Capitalism?* Oxford: Oxford University Press, 1995.

11 Evelyn L. Forget, *Basic Income for Canadians, The Key to a Healthier, Happier, More Secure Life for All*, Toronto: James Lorimer & Company, 2018.

12 John Maynard Keynes, "Economic Possibilities for our Grandchildren," in *Essays in Persuasion*, London: Macmillan, 1930.

13 Abraham H. Maslow, *Motivation and Personality*, New York: Harper & Row, 1954.

11. 돈과 행복: 불행을 막는 방파제, 행복을 비추지 못하는 등대

1 F. Scott Fitzgerald, *The Great Gatsby*, New York: Charles Scribner's Sons, 1925.

2 Karl Marx, *Das Kapital, Kritik der politischen Ökonomie*, Hamburg: Verlag von Otto Meissner, 1867.

3 Richard A. Easterlin, "Does Economic Growth Improve the Human Lot? Some Empirical Evidence," in *Nations and Households in Economic Growth: Essays in Honor of Moses Abramovitz*, edited by P.A. David and M.W. Reder, pp.89-125, New York: Academic Press, 1974.

4 Abraham H. Maslow, "A Theory of Human Motivation," *Psychological Review* vol.50 no.4, 1943, pp.370-396.

5 Evelyn L. Forget, *Basic Income for Canadians: The Key to a Healthier, Happier, More Secure Life for All*, 2018.

6 Daniel Kahneman and Angus Deaton, "High income improves evaluation of life but not emotional well-being," *Proceedings of the National Academy of Sciences* vol.107 no.38, 2010, pp.16489-93.

7 Matthew A. Killingsworth, "Experienced well-being rises with income, even above $75,000 per year," *Proceedings of the National Academy of Sciences* vol. 118 no.4, 2021.

8 Daniel Kahneman et al., "Income and emotional well-being: A conflict resolved," *Proceedings of the National Academy of Sciences* vol.120 no.10, 2023.

9 Oliver James, *Affluenza: How to Be Successful and Stay Sane*, London: Vermilion, 2007.

10 Georg Simmel, *The Philosophy of Money*, Berlin: Duncker & Humblot, 1907.

11 Robert Waldinger and Marc Schulz, *The Good Life: Lessons from the World's Longest Scientific Study of Happiness*, New York: Simon & Schuster, 2023.

12 John Locke, *Two Treatises of Government*, London: Awnsham Churchill, 1689.

13 Viktor E. Frankl, *Man's Search for Meaning*, Boston: Beacon Press, 1946.

14 Amartya Sen, *Development as Freedom*, Oxford: Oxford University Press, 1999.

15 Robert Waldinger and Marc Schulz, *The Good Life: Lessons from the World's Longest Scientific Study of Happiness*, 2023.

16 Emily Esfahani Smith, "There's More to Life Than Being Happy," *The Atlantic*, January 9, 2013.

17 Iris B. Mauss et al., "Can seeking happiness make people happy? Paradoxical effects of valuing happiness," *Emotion* vol.11 no.4, 2011, pp.807-815.

18 Masahiro Morioka, "Human dignity and the manipulation of the sense of happiness: From the viewpoint of bioethics and philosophy of life," *Journal of Philosophy of Life* vol.2 no.1, 2012, pp.1-14.

12. 돈과 가족: 사랑과 계산의 공존

1 Quentin Matsys, "The Money Changer and His Wife," Musée du Louvre, 1514.

2 Gary S. Becker, "A theory of marriage," *Journal of Political Economy* vol.81 no.4, Chicago: University of Chicago Press, 1973, pp.813-846.

3 Beth Anne Shelton and Daphne John, "The division of household labor," *Annual Review of Sociology* vol.22, 1996, pp.299-322.

4 Linda J. Waite and Maggie Gallagher, *The Case for Marriage: Why Married People Are Happier, Healthier, and Better Off Financially*, New York: Double-day, 2000.

5 Alexandra Tuschka, "Quentin Massys The money changer and his wife," *The Art Inspector*, January 4, 2021.

6 Georg Simmel, *Philosophie des Geldes*, Berlin: Duncker & Humblot, 1907.

7 Jeffrey Dew et al., "Examining the relationship between financial issues and divorce," *Family Relations* vol.61 no.4, Hoboken: Wiley, 2012, pp.615-628.

8 Teresa Mauldin, "The use and extension of credit by newly married couples," *Journal of Consumer Affairs* vol.24 no.1, Hoboken: Wiley, 1990, pp.130-149.

9 National Endowment for Financial Education, "Financial Infidelity: A Survey of American Adults," NEFE, 2021.

10 Lisa M. Papp et al., "For richer, for poorer: Money as a topic of marital conflict in the home," *Family Relations* vol.58 no.1, Hoboken: Wiley, 2009, pp. 91-103.

11 Anandi Mani et al., "Poverty impedes cognitive function," *Science* vol.341 no. 6149, 2013, pp.976-980.

12 Gary S. Becker, *Human Capital: A Theoretical and Empirical Analysis, with Special Reference to Education*, Cambridge: National Bureau of Economic Research, 1964.

13 한국보건사회연구원, 「자녀 양육비용 조사 및 정책 지원 방안 연구」, 한국보건사회연구원, 2023.

돈의 열두 가지 얼굴
당신의 행복을 위한 돈의 인문학

지은이 류상철·박종호·정태관
펴낸이 김언호

펴낸곳 (주)도서출판 한길사
등록 1976년 12월 24일
주소 10881 경기도 파주시 광인사길 37
홈페이지 www.hangilsa.co.kr
전자우편 hangilsa@hangilsa.co.kr
전화 031-955-2000~3 **팩스** 031-955-2005

부사장 박관순 **총괄이사** 김서영 **관리이사** 곽명호
경영이사 김관영 **편집주간** 백은숙
편집 박홍민 노유연 배소현 임진영
관리 이희문 이진아 고지수 **마케팅** 이영은
디자인 창포 031-955-2097
CTP출력·인쇄 예림 **제책** 예림원색

제1판 제1쇄 2026년 3월 16일

값 22,000원

ISBN 978-89-356-7920-1 03320